THE STORY OF MANKIND

人类简史

[美] 亨德里克·威廉·房龙◎著

沈性仁◎译

北京理工大学出版社

BEIJING INSTITUTE OF TECHNOLOGY PRESS

图书在版编目（CIP）数据

人类简史 / (美) 亨德里克·威廉·房龙著；沈性仁译. —北京：北京理工大学出版社，2020.4

ISBN 978-7-5682-8124-9

Ⅰ.①人… Ⅱ.①亨… ②沈… Ⅲ.①社会发展史—通俗读物
Ⅳ.①K02-49

中国版本图书馆CIP数据核字（2020）第031573号

出版发行 / 北京理工大学出版社有限责任公司
社　　址 / 北京市海淀区中关村南大街5号
邮　　编 / 100081
电　　话 / （010）68914775（总编室）
　　　　　（010）82562903（教材售后服务热线）
　　　　　（010）68948351（其他图书服务热线）
网　　址 / http://www.bitpress.com.cn
经　　销 / 全国各地新华书店
印　　刷 / 三河市金元印装有限公司
开　　本 / 880毫米 × 1230毫米　　1/32
印　　张 / 14　　　　　　　　　　　　　责任编辑 / 李慧智
字　　数 / 320千字　　　　　　　　　　文案编辑 / 李慧智
版　　次 / 2020年4月第1版　2020年4月第1次印刷　　责任校对 / 刘亚男
定　　价 / 64.00元　　　　　　　　　　责任印制 / 施胜娟

发现摩西

特洛伊木马的建造

木马进入特洛伊城

埃及壁画

罗马的胜利

刺杀恺撒

罗马遗迹

罗马广场

哥特式教堂的内部

菲利普二世

法国国王路易十四

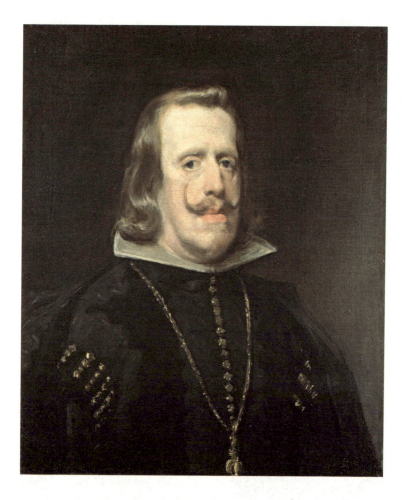

法国国王路易十四的岳父，西班牙国王菲利普四世

法国大革命

阿姆斯特丹

序　言

致汉斯和威廉：

我在十二三岁时，那位使我对于图书产生兴趣的叔父，答应带我做一次值得纪念的探险。我须随他上鹿特丹的老圣劳伦斯教堂的塔巅。

于是，在一个天气明媚的日子，一个管理教堂的人拿着一把极大的钥匙，开了一扇神秘的门。他对我们说："你们回来时，想要出来，便按这个铃。"一声生了锈的铁钮响后，他已将我们两人隔绝在了闹市的扰攘之外，将我们锁进一个经验新奇的世界里了。

这是我生平第一次遇到的可以听得见的寂静。我们登上第一层楼梯时，在我的对于自然现象的有限知识上增加了一个新的发现——就是可以摸得出的黑暗。一根火柴的光辉指示了我们向上的路径。我们登上第二层，于是一层又一层地直至数不清的层数，后来又上一层，忽然我们面前大放光明。这一层与教堂的屋顶一样高，一向被当作一间储藏室。室内积起几寸厚的灰尘，陈列着几尊在许多年前被良善市民所遗弃的信仰的标志。从前我们的祖宗视为性命交关的东西，如今在这里已然被贬为垃圾废物了。而这些偶像堆里甚至于筑满了老鼠窝，结满了蜘蛛网。

再上一层，找到了我们眼前的光明的来处。几扇有铁栏的敞开的大窗，使这间高而且空的屋子变成数百鸽子栖宿的地方。风从铁栏缝中吹过，空气里充满怪异的愉悦的音乐。这是我们脚下的都市里的声音，不过是已被距离滤清、涤净了的。载重的大车的"辚辚"，马蹄的"嘚嘚"，起重机与滑车的"辘辘"，以及使人们演出千百样工作的蒸汽的"噬噬"——这些嘈杂的声音融成一片轻柔的沙沙声，给了鸽子的战栗的"咕咕"声一个美丽的背景。

楼梯到此地为止，梯子从这里起首。登上了第一梯（这是一件光滑的老古董，你得小心用脚去探索你的路），又有一个新的更大的怪物，就是那只大市钟。我看见了时间的核心。我可以听到急速的秒针的沉重的跳动1——2——3——一直到60。于是来了一个突然的震动，那时仿佛一切的齿轮戛然停止，这是又一分钟从无穷上被切下了，并不间断地重新开始它的1——2——3——一直到最后，在一个警告的轰声与许多齿轮的摩擦之后，高高在我们头顶之上，报告世上的人们此时已是正午了。

再上一层是几只吊钟。正中间是一只大吊钟，它在半夜里报告火警或水警时，可以把我吓呆的。这钟的孤高，仿佛反映过去的600年间它与鹿特丹人民共受甘苦的情景。大钟的周围，挂着一些像是旧式药铺里排列齐整的蓝色罐子似的小把戏，它们每星期奏两次悦耳的曲子，给进城来做买卖的，或来听新闻的乡下人一点消遣。但在一个犄角上——独自一个，为别的吊钟所远避的——有一只寂静而且严肃的大黑钟，那是报丧钟。

于是又经过黑暗，又登上几条梯子，这些比我们先前登过的更陡更危险，忽然吸着了无边天空中的新鲜空气。我们已然达到最高一层的行廊了。这时在我们的头顶是天空。我们的脚下是都市——一个玩具式的小都市，一些蚂蚁在那里匆忙地爬来爬去，每个都在注意他的或她的各自的职业。在一堆乱石的那边，乃是城外的一大片绿野。

这是我生平第一次对于这大千世界的一瞥。

从这日起，我每遇机会，就到塔顶去消遣。虽说这是件艰难的工作，但只须费登几级楼梯的力，就可以得到心满意足的报酬。

何况我又知道我的报酬是什么。我会看见天空与陆地，我会听到我的慈祥的朋友讲的故事。他是塔的看守人，住在走廊一角的一间小茅棚里。他的职务是照管市钟与吊钟，并负报告火警的责任，但他也享受不少闲暇的时间，有时抽一筒烟，想想他个人的宁静的思想。差不多在50年之前，他也进过学校，他很少读书，但在这塔顶上住过这许多年，也就吸收了他周围大世界里的不少知识。

他对于历史知道得很清楚，因为历史对于他是一件活东西。"那里，"他指着河的曲折处说，"那里，我的孩子，你看见那些树了吗？那就是奥伦治公爵掘堤灌水以救莱顿的所在处。"或者他告诉我老默兹河的故事。他说，在这条宽广的河不再做便利的港口，而变成很好的交通要道之先，德·鲁依特与特伦普的著名的最后一次航行是从这里经过的，那一次他们两人为了人类能自由地航行在茫茫的海洋之上，而牺牲了性命。

还有许多小的村子，丛集在那座保卫教堂——就是在许多年前那些保佑圣徒住的地方——的周围。在远远的地方，我们可以望见代尔夫特的斜塔。在它的高穹的视线之内，就是那位沉默的威廉被刺的地方，也就是格劳秀斯初学拉丁文的地方。再远一点，是一长条矮的建筑，就是那个幼年受人抚养的伊拉斯谟的家乡，这人的智慧大家认为比很多皇帝的军队的势力还大。

最后是那无边的大海的银色线，与它对照的，正在我们脚下的，是一大片充满了屋顶、烟囱、房屋、花园、学校以及铁路等的补缀物，我们称之为我们的家乡。这塔使我们对这老家有一个新的看法：那些街道、市场、工厂的扰攘变为人类的精力与目的的有秩序的表现了。最好之点，是在看过这周围的光荣的过去之后，回到我们每日的工作时，我们可以得到新的勇气，以应对将来的问题。

历史是一个经验的巨塔，由时间在逝去的岁月中建造起来的。要达到这座古代建筑的顶尖纵览全景，不是件容易的工作。因为此地没有升降机可乘，但是年轻人的脚劲是强的，是可以做到的。

现在我把那个打开世界之门的钥匙给你。等你回来的时候，你也就会明白我所以如此热心的缘故了。

亨德里克·威廉·房龙

我们住
在这里

我们的历史被放置在一个小行星上，迷失在浩瀚的宇宙中

敬吉米

"没有图片的书有什么用？"爱丽丝说。

在北部一个叫斯维乔德的地方，矗立着一块岩石。它有100英里①高，
100英里宽。每1 000年有一只小鸟来到这块岩石上磨尖它的嘴。
当岩石就这样被磨掉时，永恒终于才过了一天。

---

① 1 英里 =1.609 344 千米。

目 录 Contents

1

1. 人类舞台的起始

我们是谁？我们从哪里来？我们往哪里去？

我们活着有几个极大的疑问：我们是谁？我们从哪里来？我们往哪里去？

我们已把这些疑问慢慢地鼓着坚执的勇气推到不能再推的地方，希望在那里可以得到我们想要的答案。

我们所推的不远，所以知道的事情不多；但我们已经达到一个由此可以猜想出许多事情的地方了。

在这一章内，我要告诉读者人类的舞台最初是怎样（按我们十分的相信）成立的。

我们所以要研究人的历史，是因为他在地球上虽然最后出现，但是最早能运用他的脑力去支配自然的势力。猫、狗、马以及其他动物，虽然也有它们有趣的历史，但没有人类所有的这种特色。

雨不停地下

　　我们现在所居的星球，最初原是（按我们现在所能知道的）一个大火球，在那漫无边际的太空中，仅仅是一点小小的烟雾。在无数年代的过程中，星球的表面渐渐被烧尽后，结起一层稀薄的石皮。无休无尽的雨水，不断地冲击这些没有生命的石块，把它们击成细沙尘埃，带入热气腾腾的地球上的高峰之间的山谷里。

　　到后来，太阳从云端探首出来，望见这小小的星球上现出几个小水潭。这些小水潭以后逐渐变成东、西两半球的大洋。

　　于是有一天一个大奇迹发生了。那没有生命的得到了生命。

　　最初的有生命的小细胞在海面上漂浮，没有目的地随波逐浪了无数年。但在这些年代内，它却形成了一种习惯：就是容易生存在这凄凉的地球上的习惯，其中有的小细胞非常欢喜住在小河与池塘的昏暗的深底里。它们就在从山顶冲下来的黏土中生根，长成了植物。有的宁愿到处移动，就生出奇怪的有关节的腿，像蝎子似的开始在海底的植物与像水母似的淡绿东西之间爬行。此外又有些遍体有鳞的东西，靠着一种游泳的动作，到处来往寻食物；它们逐渐在海洋内繁殖了无数的鱼类。

人类的祖先

同时那些植物也增加了数目。海底已无它们的容身之地，于是它们不得不离开海水，去到山脚的泥滩或湿地上另筑新家。海潮每天上来两次，将它们全身泡在咸水内。其余时间，它们就在不舒服的情况中将就对付，并且设法在包围星球表面的稀薄空气里生活着。

经过许多年代的训练，它们学会了如何在空气内生活与当年在水里生活同样地舒服。它们的枝干长大了，长成了大小的树木，到最后，学会了如何开美丽的鲜花，引动大野蜂与飞鸟的注意，这些蜂与鸟替它们到处去传播种子，使全世界都铺满了绿沉沉的草地和阴森森的树林。

有的鱼类也渐渐离开了海水，学会了如何用肺呼吸与用鳃呼吸一样方便。我们称这类动物为两栖类动物，意思就是它们既可以陆居，又可以水居。你在半路遇到的小青蛙就可以告诉你两栖类的二重生活的快乐。

植物离开海洋

这些动物，一旦离开水，渐渐能适应陆居的生活。有的变成爬虫类（像壁虎之类会爬的）。它们与昆虫同享树林里的安静。它们为要在松土上来去得快些，便把它们的腿改良了，体格增长了，直到这世上充满无数庞大的动物（生物学教科书上将它们分为鱼龙、斑龙和雷龙三种）。这种动物长大到三四丈之长。

有的爬虫类起始迁居到树顶，那时的树往往高至10余丈。它们不用腿走，所以必须另有方法迅速地往来于树林间。于是它们把身体上一部分的皮肉变成一对翅膀与足趾间的掌皮，翅膀渐渐长满了羽毛，又把尾巴当作舵，如此便可以自由飞翔，最后就发展成真正的飞鸟。

这时又发生一件奇怪的事情，所有的庞大爬虫类统统在一个短时期内死绝了。我们不知为什么，也许是为骤然改变气候的缘故，也许是为它们长得太大，以至于不能游泳，不能走，也不能爬，即在它们近旁的蕨类植物与树叶，只是可望而不可即的，后来因此而被饿死。不管是什么原因吧，总之，百万年的庞大爬虫类的世界是完了。

现在的世界渐被许多不同样的生物所占据。这些生物都是爬虫类的后裔，但与它们绝对不同，因为它们抚养孩子是用母亲的乳的。这种动物现在称为"哺乳动物"。它们身上脱落了鱼鳞，没有羽毛，而披满了毛发。这些哺乳动物后来发展出许多别的习惯，使它们的种族得到一个比任何动物都占便宜的极大利益。母的哺乳动物怀卵在腹内，直到孵生之日。别的动物一向都把它们的孩子丢在一旁，任凭它们受冻受热，或被野兽吞食，独有哺乳动物与它们的孩子相处得很久，在孩子们尚无能力抵抗仇敌之前，永远庇护它们。这样，小的哺乳动物有极好的生存机会，因为它们从它们的母亲们身上学到许多本领。你只要看一只老猫教导它的小猫如何保护身子，如何洗脸，如何捉老鼠，你就可以明白了。

关于这些哺乳动物用不着我多说，因为你知道得很清楚了。你的周围都有它们，不论你出门或在家，它们无时无地不是你的同伴；在动物园的木栅里，还有你远房的从兄弟呢。

现在我们走到歧路口了，那时人类忽然脱离过哑巴生活的动物所走的无穷尽的行程，开始运用他们的理性来定他们种族的命运。

有一种哺乳动物的寻食与找居处的能力仿佛比一切的动物都要强。它们学会用前足拿食物，靠着天天练习的功效，前足就变成手样的爪子。又经过无数次的试验，它们学会如何使全身支撑在两条后腿上（这是一件艰难的工作，人类虽已有过100万年以上的经验，然而每个小孩尚需重新学过）。

这种半猿、半猴式的，但优胜于此二者的动物，后来成为最成功的猎户，且在任何气候下都可以生活。它们为求安全起见，出游时都结队而行。它们学会做一种怪声去警告将要遇险的孩子。如此又经过几千百年之后，他们渐渐用喉音说话了。

这种动物，虽然很难相信，确是你的"类人"的祖先。

2. 我们最早的祖宗

我们所知道的极有限，其余的还是漆黑的一团

我们关于原始的"真"人知道得很少。我们从不曾见过他们的图像。有时我们在最深的地层里，寻出几片他们的枯骨来。这些枯骨大概都混杂在早已绝种的动物的碎骨中。人类学者（那些有学问的科学家把人当作动物界中的一分子，去做终身的研究）居然将它们极精细地构成我们最早的祖宗。

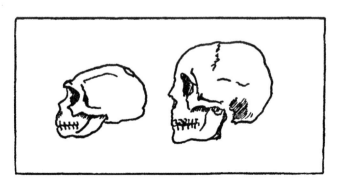

人类头骨的演变

人类最早的祖宗是一种寒碜、不讨人喜欢的哺乳动物。他的体格很小，比较现在的人小得多。他的皮肤因为风吹日曝，成为棕褐色。他的头部、身体的大部分以及两腿两臂都长满了粗长的毛发。他有细而有力的手指，使他的手颇像猴子的。他的前额是低的，他的颚像那些用牙齿代刀叉的野兽的颚，他不穿衣服。除去火山的火焰，他没有见过火。

他同现在非洲的矮人一样，住在潮湿黑暗的森林里。他饿了，就以树叶和树根来充饥，或从一只发怒的鸟身旁抢蛋来喂他自己的小孩。有时他耐着性子追逐许久，也会猎得几只麻雀和野狗或野兔。这些他都拿来吃，因为他还不知熟食比生食的味美。

这种原始人白天专是出来寻食吃。

夜来了，便把他的家小藏在树洞里或一块大石的背后：因为他的周围尽是凶猛的喜欢吃人肉的野兽，天一黑，这些野兽都要出来劫取食物给它们的配偶和儿女。这是一个你不吃人便被人吃的世界，生命很苦，充满着恐怖和艰难。

在夏天，大人们需受烈日的熏炙；在冬天，小孩们又得冻死在他们的怀抱里。那时候的人需受如此的折磨（又有野兽时常会来咬断他的骨，扭伤他的踝）而没有一个人来保护他，焉得不死于非命呢？

原始的人像动物园内那些做无数怪声的动物一样，嘴里爱哆嗦。他永远反复调弄那个不能了解的声音，因为他喜欢听自己的声音。在相当的时期内，他知道用喉音警告他将要遇险的同伴们了，他做某种小小的叫声，表示"老虎来了！"或"来了五只大象"。于是他的同伴们回答他一个叫声，表示"我们看见了"，或是"我们逃罢，藏起来罢"。这种叫声，大概就是各种言语的起源。

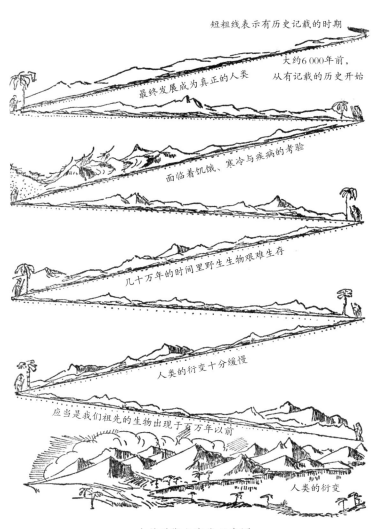

短粗线表示有历史记载的时期

大约6 000年前，
从有记载的历史开始

最终发展成为真正的人类

面临着饥饿、寒冷与疾病的考验

几十万年的时间里野生生物艰难生存

人类的衍变十分缓慢

应当是我们祖先的生物出现于百万年以前

人类的衍变

史前时期之字线示意图

但是，我在前面已经声明过，关于这些起源我们知道得很少。原始人没有器具，不盖房子。他在世一生，除去几根锁骨与头盖骨之外，并未遗留别的关于他生存的痕迹。这些枯骨告诉我们在许多万年之前，这世界曾有一种与别的动物完全不同的哺乳动物生存过——他们大概是从一种为我们不知道的，能用后足走，前足拿东西的，类猴子的动物变成——这一种大概与直接做我们祖宗的动物有关系。

我们所知道的极有限，其余的还是漆黑的一团。

3. 历史以前的人

人在这种生活内过了几千年，只有头脑聪明的人得以生存

原始人不知时间的意义。他的生日、婚期与死期都没有记录。他也没有日子、星期与年的观念。他只用一种大概方法以记春夏秋冬四季。他知道寒冬一过，接着就是温和的春季来了；春季又渐渐进行到炎热的夏季，那时候果子都成熟了，野麦也可以吃了；夏季之末，突然的疾风扫尽树头的枯叶，一部分的动物也要准备入蛰了。

但在这时，一件非常可怕的事情发生了。这是一件与天气有关系的事情。这一年热天来得很迟，果子都未成熟，原来长满青草的山顶此刻还是深深地被掩埋在积雪之下。

于是一天早晨，从一个高山顶上来了一队与附近居民不同的野人。他们身上显得很瘦，仿佛是挨饿的样子。他们说的话无人能懂。他们好像说他们饿了。但是那地方的食物不够旧有与新来的两伙人吃。偏偏新来的人想在那里多住几天，于是双方发生了一场肉搏的恶战，结果新来的都是全家被杀死，剩下的几人逃回他们原来的山坡里，等到明年风雪时，一齐冻死了。但是森林里的居民可受

惊了。不久白天渐渐短下去，夜里渐渐冷起来，冷到不应该如此冷法的。

后来在高山间的一个峡里，露出一小点绿色的冰来。这一小点冰扩大得很快，不久成为一个极大的冰河溜下山来，将大的石块都推到山谷里。突然像一阵急雷暴雨声，无数冰块、泥块、石块，纷纷滚入森林里，把酣睡的人们都给压死了。数百年的老树都被压成乌焦木材。于是又下起雪来了。

接连下了几个月雪。所有的植物都冻死了，动物都逃往南方去寻和暖的阳光。人也背起他的孩子跟着动物走。但是因为他走得没有野兽那样快，所以他不得不另寻善法；他若不能立刻想出活着的方法，便须束手以待毙。他似乎情愿选择前一样，因为在那四次可怕的可以灭尽地面上一切人类的冰河时代内，他居然设法活下来了。

第一，人必须穿衣服，不然，就得冻死。他知道怎样在地下挖洞，盖上树枝树叶，做成陷阱，捉到野熊或野狗，然后用大块石头砍死它们，剥它们的皮来给他自己与他家小做衣服穿。

第二，便是房屋问题。这倒是简单的。许多野兽都有睡在黑洞里的习惯。现在有人也效法它们，将野兽逐出，自己占据它们暖和的巢穴。

虽然如此，天气实在冷得厉害，大部分的人还是忍受不了；那些老人、孩子都在一个极冷的时候冻死了。于是有一位天才想出用火的方法。他记得有一次打猎，曾被困在一个火烧的树林里，几乎被火焰烤死。火一向是他的仇人，现在却成为他的朋友了。他牵一棵死树到洞里，又从一棵着火的树上取下一条冒烟的树枝来，把它点着了。如此将这洞变成一间舒服的小屋子。

冰川在消融

北海

波罗的海

大西洋

易北河

人类迁徙回欧洲
大陆上因冰川而
荒芜的平原

泰晤士河

莱茵河

多瑙河

黑河

比利牛斯山

阿尔卑斯山脉
仍白雪皑皑

森林再一次向北延伸

地中海开始形成

非洲

史前的欧洲

有一天晚上，一只死鸡适巧掉进火里，直到烤得很好了，才被取出来。人于是发现烤过的肉比生的味美。此后他便抛弃了与别的动物相同的旧习惯，开始料理他的食物了。

人在这种生活内过了几千年，只有头脑聪明的人得以生存。他们日夜须与饥寒做斗争。他们被逼到不得不发明器具了。他们学习如何把石块削成斧子，做成锤子。他们为那没有尽期的冬天，不得不储藏大宗的粮食，于是他们发明了用土做碗，做罐子，在阳光里晒干了，用来盛东西。由此看来，这个可以毁灭人类的冰河时代反给了人类极大的教训，强迫他去运用他的头脑。

4. 象形字

埃及人给欧洲带去了新的生机

在欧洲大陆上我们最早的祖宗很快地学会了许多新东西。我们可以这样说：倘有相当的时间，他们可以抛弃野蛮的生活而发展一种自己的文明。但是他们的隔离生活忽然告终，被别人发觉了。

一个来自南方的旅行家，翻山过海地找到欧洲大陆上的野人这里来。他是从非洲来的。他的家是在埃及。

尼罗河流域，远在西方人还梦想不到有刀叉、车轮、房屋的可能数千年之前，早已有发展程度很高的文明了。现在且把我们穴居的祖宗放在一旁，先来研究地中海南岸与东岸的历史，因为那里已有人类最早的文化。

埃及人教给我们许多东西。他们是很好的农业家。他们知道种种灌溉的方法。他们建造了庙宇，后来希腊的建筑就是模仿他们的，现在欧美的教堂，也以它们为最早的模型。他们又发明了日历，这个有用的计时方法，后来稍加变化，一直保存到今日。但是埃及人许多发明中最重要的一件，就是他们用以保存言语传给后代的写字技术。

如今看惯报纸、书籍、杂志的我们，以为世上人向来就是能读能写的。但在许多的发明中，最重要的写字技术，乃是很新的。假如没有文字的记载，人将与猫狗无别；猫狗只能教给小猫与小狗一些简单的动作，因为它们不会写字，所以便无法利用过去的猫狗所有过的经验。

在公历公元前1世纪内，罗马人来到埃及，发现那里充满了许多奇怪的，似乎与埃及历史有关系的小书。罗马人向来对于外国的东西不产生兴趣，便也不追究这些在庙宇与宫殿的墙壁上，以及无数芦苇制的纸版上雕刻的奇形怪状的图像的起源。埃及最后一位能懂得制造这些图书的神圣技术的僧侣已在数年前去世了。埃及自从失去自主之后，便成为一所富藏重要的历史档案的仓库，这些档案，无人能解释，并且于人于动物都是毫无用处的。

过了17个世纪之后，埃及依旧是一个神秘的地方。1798年适逢法国的大将拿破仑要讨伐英领印度的殖民地，到了非洲东部。他没有渡过尼罗河，便打了个败仗。但令人意外的是，这次著名的法国远征竟将古代埃及图画字的问题解决了。

有一天，一个法国的少年军官在罗塞塔河边的小炮台（尼罗河的一个要口）把守得厌烦了，决意费几个钟点去搜寻尼罗河三角洲的遗址。他居然找到一块莫名其妙的石碑。这石碑也像其余的埃及东西一样，雕满了小像。但这块别致的黑色玄武石与从来所发现的东西有不同的地方。上面载着的是3种文字。其中一种是希腊文，希腊文是懂得的。所以他想"只将埃及的图像与希腊的文字一对照，立刻就可以知道它们的意义了"。

这方法说来虽然很简单，但足费20余年的工夫，才把这个谜解决。在1802年，一位法国的大学教授商博良，开始将这著名的罗塞塔石的希腊字与埃及字互相对照。直至1823年他才宣布找到了14个小像的意义。不久，他因工作过劳而死，但是埃及文字的主要原则已经明白。我们之所以知道尼罗河流域的历史比密西西比河的历史清楚些，是因为我们有一部包含4 000余年编年历史的记载。

古代埃及的象形字既然在历史上占有如此重要的位置（有几个与原字略有变化的字，居然可以在现在欧洲的文字中找出来），那么，在5 000年前如何保存言语以利后代的巧妙方法，你应该知道一些。

古代的埃及字并不是一种符号字。尼罗河岸的聪明的居民早已经过这个阶级了。他们的图画除去所代表的物象之外，还有许多别的意义。我现在设法告诉你。

比方你是商博良，你在研究一叠载满象形字的芦苇纸。忽然你看到一张一个人手里拿着一把锯子的画。你准会说："唔，这意思当然是一个农夫出门去砍树。"你又拿起另一张纸来，上面讲的是一个皇后在82岁时逝世的一段故事。在字句之中，你又发现那个手里拿着锯子的人的画。82岁的皇后手里不会拿锯子的。那么，这画必另有意义了。可是什么呢？

这就是被那位法国人解决的谜。他发现埃及人是最早用我们现在所谓的"表音文字"的人——就是在字母之外，再用点、画、钩的帮助，表现出准确的语音的写字方法。

让我暂时再回到那张小人与锯子的画。"锯"（注：英文是saw）"saw"字有两种意义，一种可做木匠的某种器具讲，一种可做动词to see（看）的过去式。

这字在几千年中是这样演变成的。最初的意思只是代表某种器具。后来把原意遗失了，变成一个动词的过去式。再过几百年，埃及人把后两种意义都遗失了，而这画代表S这个字母了。有一句短句可以使你明白我的意思。这里有一句用象形字写成的现代的英文句子。

这图可做"eye"（眼睛）讲，又可做"I"（我）讲（注：英文"eye"与"I"音相同）。

这图可以代表"bee"（蜜蜂），又可以代表动词"to be"，又可以作为动词的前半例，例如，"Become"或"Behave"。在现在所举的例下跟着是这是代表"leaf"或"leave"或"lieve"（注：这3字的音全相同的）。关于"eye"（眼睛）的画你已经明白了。

最后你看到的是一只长颈鹿。

这是老的符号字的一部分，象形字就是从这里变化的。

现在你可以毫不费事地读这句子了。

"I believe I saw a giraffe."（我相信我看见了一只长颈鹿。）

埃及人发明这个方法之后，几千年来逐渐将它发展到他们爱写什么就可以写什么的程度。他们用这些"罐头文字"来与朋友通信，写账，记载国家的历史，使后代人有了前车之鉴，便可不致重蹈覆辙。

5. 尼罗河流域

当人不再为了温饱问题烦恼的时候，便有了更高的思想

人类的历史是饥民求食的记载。哪里食物多，人就找到哪里去居住。

尼罗河流域的著名必在极早时即已传扬了。从非洲内部，阿拉伯沙漠，西亚先后来了许多人到埃及要求分享富饶的农产品。这些侵入的人民联合起来成为一种新民族。他们很应该感谢命运把他们带到这个狭长的地上来。每年夏天尼罗河在它的流域泛滥一次。水退之后，所有的稻田、牧场都积起一层几寸厚的肥土。

埃及有这一条仁慈的河流为这百万人民工作，养活这些最古的大城内繁盛的居民（关于这些大城的历史，我们有些记载）。但是适于耕种的土地并不全在流域一带。因为还有许多错综的小河与更复杂的、纵横全域的灌溉的渠沟。

当史前的人一天24点钟之内需费16点钟为他自己与他的家族寻食的时候，埃及农民与市民，已经得到相当的空闲了。他们利用这空闲制造许多物品，但是这些物品只为装饰用的，一点不是为实用的。

埃及山谷

　　不但如此。有一天他发现他的脑筋可以发生与衣、食、住问题无关系的各种思想。从此埃及人便开始研究在他眼前的种种稀奇的问题：天空的星斗是从哪里来的？使他害怕的雷声是谁做的？尼罗河潮水的涨落有如此的规则，可以根据它定年历的，这是谁管的？他自己，一个渺小的怪物，一生中无非是死亡疾病的苦痛，依然在那里高兴快乐，究竟是谁呢？

　　他提出这许多问题之后，便有人出来愿尽他们的力答复这些问题。埃及人称这班人为"僧侣"。他们做了人类思想的保卫者，很受社会的尊敬。他们都是极有学问的人，负有保管历史的神圣责任。他们觉得人只顾世上的利益是于他无益的，所以引他注意到死后：人的灵魂要住在西方高山的那边，他的生前一切行为要在奥赛里斯前受审判。这位全能的上帝是生者与死者的治理者，他必按照各人的功过审判他们。这些僧侣说了许多关于将来在伊西斯与奥赛里斯国内的情形，因此使埃及人渐渐把生命看作暂时的只为将来准备，而尼罗河富饶的流域遂变成崇拜死者的地方了。

很奇怪的，埃及人相信肉体是灵魂在今世的住宅，没有肉体的灵魂不能入奥赛里斯的国境。所以人一死，他的亲属立刻把他的尸体敷以香膏，浸在碱液里数星期，再盛满松脂。松脂这字在波斯为"木米埃（Mumiai）"，所以敷过松脂的尸体便称"木乃伊（Mummy）"。这个木乃伊缠以数丈特制的细麻布，然后盛在一个特制的，准备抬往他最后的家去的棺材里。埃及的坟墓是一个真的家，尸体的周围有器皿、乐器（为消遣惨淡的光阴）与厨子、面包师、剃头师的小像（使这黑屋子里的主人有很像样的饭菜，出门时脸上不至于长满胡子）。

原先的坟墓都是在西方山上挖掘而成，自从埃及人迁居到北方，便不得不把坟墓筑在沙漠上，但沙漠上满是些凶猛的野兽，还有同样凶猛的偷棺盗尸的匪徒。埃及人为防止这类亵渎神圣的行为出现，便在坟上筑起一个小石丘，这类小石丘后来渐渐加高，因为富者要与贫者比赛，看谁的造得最高。结果以生在公元前3 000年的皇帝胡夫的为最高，一直高至500英尺①，就是我们所称的金字塔。

这塔在沙漠上占据面积13英亩②，比基督教会的建筑最大的罗马圣彼得教堂的面积还大3倍。

① 1英尺=0.305米。
② 1英亩=4 046.86平方米。

金字塔的建造

费了20年的功夫，10多万的工人天天忙着到尼罗河那边去搬运石块（他们怎样费力做的，我们可不知道），常需经过长的距离，穿过沙漠，才安放到适当的地位。可是金字塔的工程非常坚固，那条直达皇陵的甬道，周围虽有数千吨重石的压力，而它的形象，从没有丝毫改变。

6. 埃及的历史

在自由与被侵占之间徘徊

尼罗河虽是一个好朋友，但有时也是一个严厉的监督者。它教给沿岸的居民为什么叫"团队工作"。百姓间因为彼此帮助筑沟、修路，便养成与邻居往来的习惯。这样的彼此有利益的结合，很容易发展成一个有组织的国家。后来有一个比一般人特别有能力的人做了社会的领袖，等到他们的西亚敌人进攻这繁盛的流域时，他被推举为大元帅。他便渐渐地做了他们的国王，治理由地中海起一直到西方诸山一带地方。

但是坚忍劳苦的田间农民对于老法老（意思是"住在大房子里的人"）的政治活动不生兴趣。假使他们不必给国王纳他认为过分的租税，他们一定承受法老的治理，如同承受全能的奥西里斯的一样。但是异邦的侵略者进来劫夺他的财产时，情形当然不同了。他们过了2 000年的独立生活之后，一个阿拉伯的游牧部落，名为希克索斯的来侵埃及，占领了尼罗河流域足有500年之久。他们很不受欢迎。而那些在沙漠上漂游许久，到高逊来寻一个寄身的地方，后来竟扶助埃及的侵略者，做了他们的税吏与各种官员的希伯来人也遭到埃及人民的极大忌恨。

但在公元前1700年后不久的时候，底比斯人起了革命，经过长时间的战争，将希克索斯人逐出国境，于是埃及一度恢复了自由。

又经过1 000年，亚述人征服了西亚全地，埃及成为萨丹纳帕勒斯帝国的属地。公元前700年间，埃及又一度成为自主的国家，受治于那位住在尼罗河的三角洲的塞易斯城内的国王。但至公元前525年，波斯的冈比西斯王又把埃及占领了。到了公元前400年时，波斯被亚历山大王战胜之后，埃及又成为马其顿的属地。后来亚历山大的一个将官自立为新埃及的国王，建国号为托勒密，住在新建的亚历山大城里，那时埃及又得到一度名义上的独立。

最后，到了公元前39年，罗马人来了。埃及最后的皇后克娄巴特拉用尽方法救她的国家。她的美貌对于罗马的军官比埃及六个军队的势力更厉害。她两次袭击罗马军官的心都成功了。但在公元前30年，恺撒的侄子又是恺撒的承继者的奥古斯都，驻扎在亚历山大城内，他可不像他的舅父受这位可爱的皇后的迷惑。他歼灭了她的军队，但是饶了她的性命，要把她当作一个战利品，叫她在凯旋队里游行。克娄巴特拉听到这个消息，便服毒自尽。埃及于是又变为罗马的藩属。

7. 美索不达米亚

一个神秘的奇境，世界文明第二中心

我要把你带到最高的金字塔顶，再要你想象你有一双老鹰的眼睛。很远很远的，一直在黄色沙漠之外，你会望见一点绿色闪亮的东西。这是两河中间的流域，就是《圣经·旧约》中所说的天国。这是一个神秘的奇境，希腊人称之为美索不达米亚——"两河间的地方"。

这两条河，一名幼发拉底河（巴比伦人称之为普拉土河），一名底格里斯河（原名迪克雷脱河），都是发源于亚美尼亚山的积雪中，就是以前诺亚方舟停泊的地方，它们缓缓经过南部的平原，直达波斯湾。这两河成就了一件很有功用的事业，使西亚荒芜的土地变为肥沃的庭园。

尼罗河流域之所以能受人欢迎，是因为它在极容易的条件之下供给人食物。"两河间的地方"的著名也有同样的理由。它是一个最有希望的地方，所以北方山中的居民与南部沙漠的游牧民族，都争着要把它作为自己的领域。他们之间的争执引起了无尽期的战争。只有强壮、勇敢的一方，方有存在的希望。这就可以解释美索不达米亚之所以成为一个强有力的民族的理由。他们很有能力创造一个与埃及同样重要的文化。

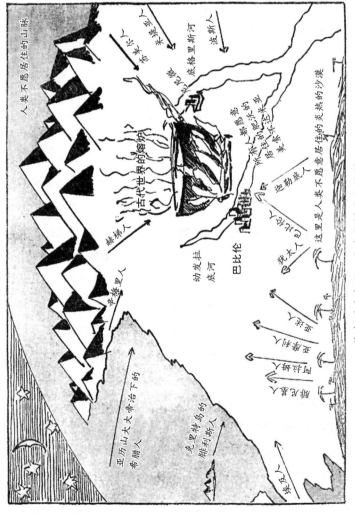

美索不达米亚，古代世界的大熔炉

8. 苏美尔人

人类最早的楔形文字，全世界已知最早的文明

15世纪是一个大发现的世纪。哥伦布欲寻一条通往香料群岛（Kathay）的路，不想撞见一个意外的新大陆。一位奥地利的僧人正要做东方的旅行，并且要探访莫斯科公爵的家，但是他的旅行完全失败了，一直到一代之后，莫斯科才有西方人的足迹。

同时一个威尼斯人巴贝洛探寻西亚的古迹，看见刻在设拉子庙的石上与无数焙干的泥板上的许多怪字，就带回不少关于这个奇怪文字的报告。

但是欧洲人正忙着许多别的事情，所以这最早的"楔形字"直到18世纪之末，才被一位丹麦的测量家尼布尔，带到欧洲。30年之后，一位富有耐性的德国学校老师，格罗得芬特，才认出最先的四个D，A，R，SH；这四个字就是波斯王大流士的名字。又过了20年，那位发现著名的贝希斯顿文字的英国军官，亨利·劳林生，给了我们一个辨认楔形字的有用的钥匙。

相比那解释楔形字的问题，当初商博良之解释埃及字容易多

了。埃及人是用画的。但是美索不达米亚最早的居民——苏美尔人，想出在泥板上画字的方法，从画里演化出一种与画很少关系的V形图，将画完全废弃。下面有几个例，可以指示你。

起初用钉子在砖上画一个"星"如图：这个符号太累赘，不久又把天的意义加在星上，将上图简化成这样子：其实这样更使人模糊。同样将"牛"字由变为，"鱼"字由变为。太阳本来是一个很简单的圆圈，后来变成。

假使我们现在仍用苏美尔人的写字方法，我们会把画成样子。用如此方法来记下我们的思想，未免太复杂。但是苏美尔人、巴比伦人、亚述人与波斯人以及所有迁居到这富饶的流域来的各种人，用这方法竟有3 000余年之久。

美索不达米亚民族的历史是一部无尽期的战争与凯旋的记载。第一是从北方来的苏美尔人。他们是山居的白种人，一向敬奉山上的神。后来他们移入平原，便以人工建造许多小山，在山顶上筑起祭台。他们不知道怎样砌台阶，就在塔的周围筑出上升的走廊。我们现在的大车站，从这层到那层的上升的走廊乃是我们的工程师从苏美尔人那里学来的。

我们也许从他们那还学到许多别的方法，这可不得而知了。苏美尔人完全被外来的民族并吞了。但是他们的塔仍然耸立在美索不达米亚的废址中。后来犹太人出奔巴比伦，看见这些塔，称之为巴别塔。

巴别塔

苏美尔人在公元前4 000年迁入美索不达米亚。不久他们就被阿卡德人所征服。阿卡德族是从阿拉伯沙漠来的说同样方言的闪米特族诸部落之一。他们都称为"闪米特族"，因为从前的人相信他们是诺亚的3子中的闪的嫡系子孙。

1 000年后，阿卡德人又屈服于沙漠上闪米特族的另一部落——亚玛力人的治理之下。亚玛力人的有名的汉谟拉比王，在巴比伦圣城内造起一座极大的王宫，给人民制定了许多法律，遂使巴比伦成为古代治理最好的国家。其次赫旦支族（你亦可在《旧约》里看见他们）又来蹂躏这富饶的流域，并且毁尽凡是他们不能带走的东西。

尼尼微城

以后轮到赫旦支族被那些信奉沙漠上的阿休神的人征服了；这些人自称为亚述人，将尼尼微城做他们的强大帝国的中心。亚述帝国征服了西亚与埃及的全地，征收了无数臣服的民族的赋税，一直到公元前7世纪之末。此时，闪米特族的又一部落，迦勒底人重新建造巴比伦为当时最重要的都城。他们的最著名的尼布甲尼撒王奖励人民研究科学，我们近代的天文与数学的知识，都是根据于迦勒底人所发明的几个最初的原理。

在公元前538年，一个残暴的波斯的游牧部落来侵扰这个古国，推翻了迦勒底帝国。但200年后，他们又被亚历山大王征服了。这个富饶的流域，做过无数闪米特族的大熔炉，遂变为希腊的藩属。以后，又来了罗马人，罗马人之后又来了土耳其人。这时世界文明第二中心的美索不达米亚，已变成一片广大无边的荒野，只剩了许多的大土丘告诉我们它在古代光荣的历史。

巴比伦圣城

9. 摩西

将犹太人从患难中解救出来的领袖

在公元前20世纪的一个时期，闪米特游牧民族中一个无足轻重的小部落，离开他们在幼发拉底河口的乌尔老家，打算在巴比伦王的领土内寻一片新牧场。他们被国王的军队驱逐之后，便往西去寻点没人占据的小地方来安置他们的帐篷。

这个游牧部落，原称希伯来民族，就是现在所称的犹太民族。他们南北东西地漫游，经过多少年凄凉的漂泊生活，才在埃及找到一个安身的地方。他们与埃及人同处了500余年，后来他们所寄养的国家（埃及）被希克索斯盗匪侵略时，他们设法为那些侵略者（希克索斯人）效力，因此他们的牧场没有被骚扰。但经过一个长时期的独立战争，埃及人把希克索斯人从尼罗河流域驱逐之后，犹太人便堕入苦境了。他们被降为普通的奴隶，被强迫去做修理皇家大路与金字塔的工作。那时各边境都有埃及的军队看守，所以犹太人无法逃遁。

他们受了许多年的苦，才被一个犹太少年，名摩西的，从患难中救出来。摩西曾在沙漠上住过很久，在那里他学会尊敬他最早的祖宗所遵守的天真的德性，就是远避城市与城市的生活，不受异邦文明的安逸与奢侈的诱惑。

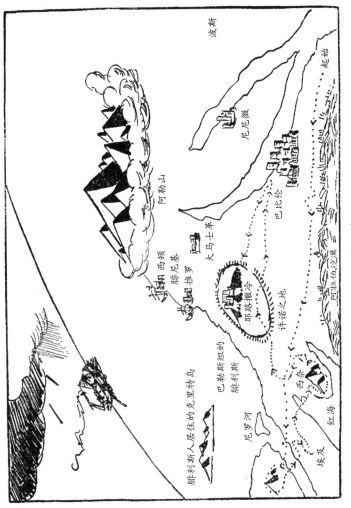

犹太人的迁徙

摩西决意要劝告他的人民恢复他们祖先的生活方法。他率领他的同胞逃脱了追逐他的埃及军，直至西奈山下平原的中心。以前他在沙漠上过长久寂寞的生活时，曾学会尊敬那位治理上天的，为牧人的生命，光明与呼吸，所依赖的雷电风雨大神的权力。这个大神是西亚全体民族所信仰的万神之神，称为耶和华。因为摩西的教训，他便成为希伯来人唯一的主宰。

一天，摩西在犹太军营中忽然失踪，大家私相传说他去搬运两块石碑。那天下午，山顶被一片乌云遮蔽得一丝不见。但到摩西来时，碑上已刻着耶和华从雷电中指示以色列人的教训。从此后，所有的犹太人才认识耶和华是定他们命运的最高主宰，是那位吩咐他们遵守他的10条诫命，教训他们怎样过圣洁生活的独一无二的真神。

摩西吩咐以色列人继续他们在沙漠上的行程，又告诉他们哪样可吃，哪样可喝，哪样应该回避，以免在炎热的天气里生病，他们都一一服从了他。后来经过许多年的漫游，犹太人终于来到一块快乐而富饶的土地。此地名为巴勒斯坦，意思是"皮利斯塔人的国度"。皮利斯塔人属于克里特人的一支，他们被赶出自己的海岛后，就在西亚海岸定居下来。

很不幸的是，此时的巴勒斯坦内陆已经被另一支闪米特部族迦南人占据。然而犹太人奋力冲开道路，进入山谷，建立起许多城市。他们修筑了一座敬奉耶和华的宏伟庙宇，并将庙宇所在的城市命名为"耶路撒冷"，意思是"和平之乡"。

至于摩西，此时的他已不再是犹太人的领袖了。他安详地望着远方巴勒斯坦的群山，然后永远闭上了疲倦的双眼。他一直虔诚而勤勉地工作，取悦耶和华。他不仅把族人从外国的奴役中带到了一个自由独立的新家园，还使犹太人成为历史上第一个敬奉唯一神的民族。

摩西看到了圣地

10. 腓尼基人

创造欧美字母的始祖

与犹太人为邻的腓尼基人是一个闪米特族的部落。他们在很早时就住在地中海沿岸。他们建造了两座防御坚固的城：一名提尔，一名西顿。在很短的期间，他们攫得了西海贸易的专利权。他们的商船按期开到希腊、意大利、西班牙，甚至于冒险渡过直布罗陀海峡到西利群岛去买锡。他们每到一地方，必建造许多小商场，做他们的殖民地。其中好些处，如卡迪斯与马赛等城，便是近代都市的滥觞。

他们只要能获利，什么买卖都做。他们不受良心的拘束。如果我们相信他们邻人说的是实话，他们是不懂诚实与廉洁的意义的。他们认为盛满钱柜，才是良善市民的最高理想。他们实在是不讨人喜欢的人，所以没有一个朋友。虽然如此，他们却给了后代一个很有价值的贡献，就是供给现在欧美人所用的字母。

腓尼基人已经熟悉了苏美尔人所发明的写字技术，但他们认为这种钩形字是一种太费时间的呆笨方法。他们是讲实际的生意人，不能费去许多钟点只刻二三字，所以开始研究，发明了一个胜过旧的万万倍的新的写字法。他们采用有限的几个埃及象形文字中的图画，又简单化了一部分的苏美尔楔形字，为求简洁起见，牺牲了旧法的美观，把几千个不同样的像缩成22个简便的字母。

腓尼基人的商船

经过相当的时间，这种字母渐渐由爱琴海传入希腊。希腊人添上了几个自己的字母，将这改良的制度运入意大利。罗马人把字体略加修改，又教给做今日欧美人祖先的欧洲西部的野蛮民族。如今欧美人所用的字母，所以根据腓尼基字母，而不用埃及的象形字或苏美尔的楔形字，原因在此。

11. 印欧人

富饶流域上新民族的诞生

在这富饶的流域上的这些可尊敬的埃及、巴比伦、亚述与腓尼基诸民族生存了约有3 000年，如今已渐渐地衰老。在一个强盛的新民族出现时，他们的命运就完了。我们称这个新民族为印欧民族，因为它不但征服欧洲民族，而且还统治现在称为英属印度的土地。

这些印欧人与闪米特民族一样，同是白种人，但他们的言语却不同。他们的言语，可认为全欧洲除去匈牙利、芬兰与西班牙北部的巴斯克的方言以外的言语的共同始祖。

我们初次听说他们时，他们已在里海沿岸住过好几百年了。有一天他们扎起帐篷出游去寻一个新家。其中的一部分搬到中亚的山中，就在环绕伊朗高原的许多山峰间住了数百年，我们现在称他们为雅利安人。其余的随着日落的方向进行，占据了欧洲平原，以后我讲希腊与罗马的历史时，再告诉你他们的故事。

现在我们必须来谈谈雅利安人。许多雅利安人在他们的大教师查拉都斯脱（今译琐罗亚斯德，又译查拉斯图特拉——编者注）率领之下，离弃了他们的山居，沿着急流的印度河住下。

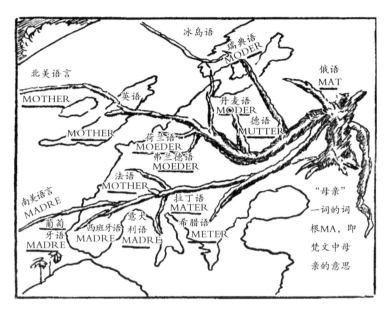

一个单词的故事

　　其余部分，情愿住在西亚的山中，在那里建立了米堤亚人与波斯人的两个半独立的社会。公元前第7世纪间，米堤亚人建立了一个国家，号称米堤亚。但后来安禅部落的酋长居鲁士，统治波斯的诸部落，起首做侵略的事业，不久他与他的子孙成为西亚与埃及全地的唯一的主人时，米堤亚也就灭亡了。

　　这些印欧波斯人如此努力地向西推进他们的凯旋军队，致使他们不久便与别的印欧部落——就是那些在数百年前移入欧洲占据希腊半岛与爱琴海群岛的部落发生了极严重的冲突。

　　结果希腊与波斯之间发生了三次著名的战争。在战争期间，波斯的大流士王与薛西斯王进攻希腊半岛的北部，劫掠希腊各处地方，并且竭力想在欧洲大陆上占得一个立足地。

但是这一层他们并未成功。雅典的海军是无法征服的。希腊的海军只要切断波斯军后援的路线，便可以迫使亚洲的君主们永远退回本土。

这是那位老先生亚洲，与那位奋发的青年学生欧洲第一次的交锋。这部书里以后还有许多章讲到东西之间至今尚未停止的冲突。

12. 爱琴海

爱琴大帝国的兴起和覆亡

海因里希·谢里曼幼年时，他的父亲讲特洛伊的故事给他听。在他听过的许多故事中，他最爱这个故事。他立志等他长大到可以离开家庭时，一定要到希腊去寻特洛伊。虽然他不过是麦克仑堡村里一个乡下穷牧师的儿子，但是他是不管的。他知道他必须用钱，于是决定先弄一笔钱，再做发掘的工作。他居然在很短的时期弄到一笔钱。一到他的钱够他出行了，他便出发到小亚细亚的西北角，因为他猜想特洛伊就在那个地方。

特洛伊木马

在小亚细亚的那个特殊的角上，立着一个完全被稻田掩蔽的高丘。相传这是特洛伊的普里阿摩斯王的家。谢里曼是个热心有余、智力不足的人，所以并没有做初步的试探工作。他一起首就掘，掘得如此热心，如此之快，致使他的沟道一直穿过他天天所盼望的城市的中心，到了另一个，比荷马所写的特洛伊城至少要早1 000年的城市的废址。于是很有趣味的事情发生了。

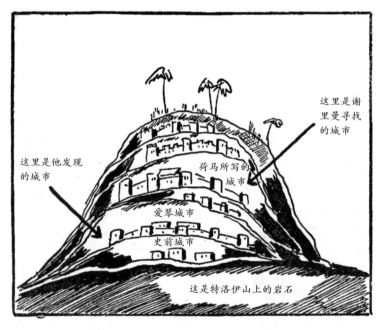

这里是谢里曼寻找的城市

这里是他发现的城市

荷马所写的城市

爱琴城市

史前城市

这是特洛伊山上的岩石

谢里曼发掘特洛伊

如果谢里曼发现一些磨光的石槌，或几件粗粝的陶器，那倒没有人会惊奇的，因为以前的人以为在希腊人未来之先，那些史前的人所有的物品不过这几件而已。谢里曼没有发现这些东西，但发现好些美丽的小像、珍贵的珠玉与一种为希腊人所不知道的形式的带花纹的花瓶。他断定在特洛伊大战前足足1 000年，曾有一种神秘的民族，住在爱琴海的沿岸。这个民族在许多方面都优胜于那些侵略他们的国家，毁坏他们的文明，或吸收他们的文明直至失掉了它的本来面目的、野蛮的希腊部落。这已被证明了是事实。

迈锡尼

1870年以后，谢里曼又去发掘迈锡尼故址，这些故址年代之湮远，就是罗马的指南书也都为之惊叹。在一座小小的围墙的石板下，谢里曼又碰到那个神秘民族所遗下的一个非凡的宝藏。那个神秘民族曾在希腊海岸建筑许多城市与伟大坚固的城墙，希腊人称之为泰坦神族的工作。

仔细地研究这些遗物，便失去故事中离奇的部分。这些古代艺术品的制造者与坚固的炮台的建筑者，并不是什么魔术家。他们就是普通的水手与商人。他们住在克里特岛与爱琴海的许多小岛上。他们是勇敢的航海家，把一个爱琴海变成文化最高的东方与进化延缓欧洲大陆之间的商业中心。

他们的海岛帝国维持了 1 000 余年，发展出一种高尚的艺术。在克里特北岸的最重要的克诺索斯城内的居民讲究卫生与生活的舒服，是非常近代化的。宫殿下挖得很好的地沟，室内设火炉，克诺索斯人是第一个每天使用澡盆的人。他们的王宫之所以著名，是因为有曲折的楼梯与大的宴会厅。

爱琴海

王宫下有贮藏酒、谷、橄榄油等的地窖，它的规模之宏大，给了最初去的希腊人极深的印象，使他们编出"迷宫"的故事（迷宫是一所有许多复杂的路径，关起大门使人找不着出路的房子）。

　　但后来这个爱琴大帝国变成什么样子，并且什么事情使它忽然覆亡，我可不知道。

　　克里特人精通写字的技术，但至今尚无人能了解他们的文字。所以我们无从知道他们的历史。我们需从爱琴人的故址中重新构造他们的冒险事迹的纪录。由这些故址中可以看出这个爱琴帝国忽然被一个新的从欧洲北部平原来的不很开化的民族征服了。除非我大大地弄错了，我相信这些负有毁坏克里特与爱琴的文明之责的野蛮民族，不是别人，乃是那个才占据亚得里亚海与爱琴海间的半岛，我们称为希腊人的游牧部落。

13. 希腊人

古希腊人的猖獗和希腊文明的开始

老金字塔矗立千年，初次显露衰颓模样，巴比伦的聪明的汉谟拉比王也已去世数百年。这时一个游牧的小部落离开他们多瑙河流域的老家，向南漫游去寻新牧场。他们依据多卡林与巴埃拉的儿子希仑的名字，自称为古希腊人。据老神话里说，在无数年前，人民轻视奥林匹斯山的宙斯（那位全能的上帝），所以上帝降洪水灭尽全世界，当时逃出的只有多卡林与巴埃拉两个人。

关于这些早年的古希腊人的情形我们什么也不知道。那位写雅典灭亡的历史学家修昔底德，描写他的祖宗是"不算什么的"。这句话大概是有道理的。他们的行动很野蛮。他们的生活与猪的一样，常把他们的仇敌丢给保护羊群的野狗吃。他们不尊重别人的权利，屠杀希腊半岛的土民（名为皮拉斯基人），劫夺他们的田地，掳掠他们的牛羊，奴使他们的妻女，还写了无数赞美亚该亚人的勇敢的诗歌，因为亚该亚人曾引导古希腊的先锋队进塞萨利与伯罗奔尼撒的山里。

位于希腊的爱琴的城堡

占领了爱琴人的都市

但他们在高的岩石上望见到处都有爱琴的城堡，这些他们是不攻击的，因为害怕爱琴兵的金属刀枪，知道他们的笨重的石斧不能与爱琴人抗衡。

他们从这山谷到那山谷，从这山边到那山边地继续漫游了数百年。直至这全地都被他们占据了，他们的游牧生活也就告终了。

那个时候就是希腊文明的开始。住在爱琴殖民地附近的希腊农民产生了好奇心，去拜访他的高傲的邻人。他们发现他可以从迈锡尼与梯林斯高墙后的居民学到许多知识。

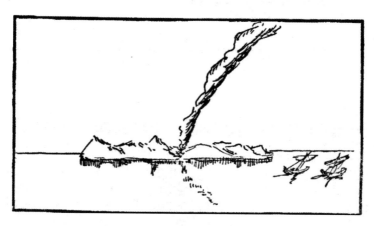

克诺索斯城的衰落

他们是聪明的学生。在很短期间，便精通了爱琴人从巴比伦与底比斯学来的诸般武艺。他们也明白了航海的秘诀，开始建造自己用的小船。

等他们学会了凡是爱琴人能教给他们的一切事物，便反抗起他们的老师，将他们赶回本岛。不久他们直驱海上，征服了爱琴所有的都市。最后在公元前15世纪中，他们洗劫了克诺索斯城。古希腊人自从出现以来经历了1 000年之后，便成了希腊、爱琴海以及小亚细亚沿岸的独一无二的治理者。古文明最末一个商业的大壁垒特洛伊，是在公元前17世纪时毁灭的。从此欧洲的历史便郑重地开始了。

14. 希腊城邦

自从古希腊的小都市国家失去独立，古希腊的精神便死了

我们近代的人都喜欢听那个"大"字。我们得意我们是属于世上"最大"的国家，拥有"最大"的海军，产生"最大"的橙子和山芋。我们喜欢住在一个有"几百万"居民的大都市里，死后愿意葬在全国"最大"的坟墓里。

一个古希腊的市民，如果听了这个话，是不会懂我们的意思的。"凡事取乎中庸"是他理想的生活，"大"是不能感动他的。爱好中庸，不仅仅是在特殊情形时用的一句空话：它影响希腊人的一生，自生以至于死。他们的文学，他们的小而完美的庙宇，以及男子穿的衣服，女子戴的戒指、手链，都有中庸的表现。甚至戏院的听众们也都带着这种精神，有敢违反这有风味与意义的铁律的戏剧家，大家都会大声骂他下台。

希腊人甚至要求他们的政治家与著名的运动家须有中庸的性质。当时有一个赛跑的人到斯巴达来夸赞他自己能一只脚站立，比任何古希腊人所能的时间都长久。人们因为他会为这一点连普通一

只鹅都可以胜过他的区区本事骄傲，便把他驱逐出城了。你一定会说："那都是很好的，能够这样注意中庸与完美确是一种很好的道德，但为什么古时只有希腊人发展这种性质呢？"我要答复你的问话，必须把希腊人的生活状况告诉你。

众神居住的奥林匹克山

以前埃及人或美索不达米亚人，都是一位神秘的至高无上的主宰的"顺民"，而这位至高的主宰住在万里之外，一个黑暗的王宫里，很少与人民相见。希腊人则不然，他们是100个独立的小都市里的"自由民"，其中最大都市的人口还比不上现在大村庄的人数。如果住在乌尔的一个农夫说他是巴比伦人，他的意思是他是给适巧在当时做西亚主人的进贡的几百万人民中之一个。如果一个希腊人，很自负地说他是雅典人或底比斯人，他是说他是一个小城里的人，这小城既是他的家，又是他的国，在那里没有主人，只有市场里的人民的意志。

希腊人所谓的祖国，便是产生他的地方；他幼年时曾在雅典卫城的岩石间玩过捉迷藏的地方，他与若干的他所熟识的，连各人的诨号都叫得出的男女孩子，一同长成的地方。他的祖国是他父母埋葬的圣地；是一所在高墙内他的妻子儿女安居的小房子；是一个仅仅占据23亩石地的完整的世界。你不知道如此的环境会如何影响一个人的行为、言语、思想吗？巴比伦、亚述与埃及的人民是大的群众里的一分子。他在群众中便消失他独立的存在了。希腊人则不然，永远不会失去与他直接的环境的接触。他永远不失为人人相识的小城里的一分子。他知道他左右的聪明人时刻都在注意他。无论他做什么事，写剧本、雕石像、作诗歌，他总不忘记他的作品要受本城里内行的自由市民们的批评。因此之故，他不得不力求完美，但是他从幼时受过的教育，知道没有中庸，完美是不可能的。

希腊人在这种严厉的训练之中，做了许多出类拔萃的事情。他们创造新的政体、新的文学体裁、新的艺术理想，这些都是我们所不能胜过的。他们在那些方圆不到四五里的小村子里成就了这许多的奇迹。

但是结果怎样了？

公元前400年，马其顿的亚历山大征服了世界。他的战事一完，便决心要把真正的希腊天才的贡献赐给所有的人类。他将它从小都市里与小村子里带出来，使它在他新获得的帝国的王家大厦里开花结果。但是希腊人一旦离开他们所习见的庙宇，与曲折的街道上熟悉的声音与气味，那种从前在他们为自己的老都市国家的光荣工作时，感动他们的手与脑的愉快的精神和那种可惊奇的中庸的见识便立刻消失了。这时候他们却变成甘心做次等工作的平凡的工匠。自从古希腊的小都市国家失去独立，被迫成为大国的属地，古希腊的精神便死了。

15. 希腊的自治政府

这种由人民主持的政体教给了希腊人自立

希腊人本来都是一般穷富的，各人都有一定数目的牛羊。他的土房子便是他的城堡。他可以自由来去。遇有讨论公共大事的必要时，所有的市民都聚集在市场里，一个在村中较老的前辈被选为主席，他的责任是照顾每人皆需有发表意见的机会。遇有战事时，一个特别能干而有自信力的村民被推举为司令，但是原来推举这人做领袖的百姓们要求危险一过，就有同样的权力撤销他的职务。

但是渐渐地这乡村发展成为都市。有的人工作很勤苦，有的人很懒惰。少数人运气不好，有的人专以欺诈邻人而发财。结果，这都市里的居民便不是一般贫富了：少数人是极有钱，多数人是极贫穷。

此外还有一种变化。那个知道如何率领百姓们打胜仗，而被推举为"领袖"或"国王"的老司令已经不在场了。他的地位被贵族们——一班曾在相当时间获得一份过多的田产的富人——占据了。

这些贵族享受了许多为普通自由民所不能享受的利益。他们有钱买到地中海东岸市场上的上好兵器。他们有闲工夫练习战术。他们住在建筑坚固的房子里，并且雇用军人为他们打仗。他们为争都市的管理权，彼此间发生了不断的冲突。那个得胜的贵族便自居为一种君王，统治全城，直到他被另一个有野心的贵族暗杀或驱逐为止。

希腊城邦

这样一个仰仗他的军队的拥戴的国王被称为"霸王"。在公元前6、7两世纪内，每个希腊都市都有一个时期为这类霸王所统治，霸王之中有许多位却是很有才干的人。但是日子一长久，这种情形便不成了。于是设法改革。在许多改革之中产生了第一个民主政体，关于这事我们有记录的。

在公元前第7世纪之初，雅典人民决心整顿他们的内政，使大多数的自由民在政治上恢复他们的发言权，这个权利他们以为在亚该亚祖宗时代曾经享受过。他们请教一位名叫德拉古的人，制定几条使穷人不受富人侵犯的法律。德拉古便起首工作。不幸的是，他是一位操律师职业的，与普通生活没有接触过。在他眼里，犯罪便是犯罪。等他的法律定出之后，雅典人才发觉德拉古的法律严厉得不能实行。在他们的新法律之下，偷了一个苹果便应定死罪，那就没有这样多的绳子来吊死所有的罪人了。

因此雅典人想要找一位比较合乎人道的改革家，结果他们访到一位比任何人都高明的，能担任这事的人。他的名字叫梭伦。他是贵族出身，曾周游世界，研究过许多国不同的政体。梭伦将这问题详细研究一番，便给雅典人定出一个足以表现希腊人一部分的特性——就是可惊奇的中庸原则的法典。他设法改良农民的状况，但是不妨害贵族的繁昌，因为这些贵族是（或可以是）于国家有过很大功绩的军人。为保护贫穷阶级不受审判官（审判官都是由贵族中选出，因为他们是不受薪俸的）的欺凌起见，梭伦规定凡有冤情的市民都有权在30个雅典同胞的陪审员之前，陈诉他的案情。

梭伦所定的法律之中最重要的便是强迫一般自由民对于都市的事务皆须有自己的直接的主意。他们不能再躲在家里说："喔，我今天太忙。"或是说："下雨了，我还是不出门好。"他必须尽他一分子的天职；必须出席市议会；必须对于国家的安全与繁昌，负起一部分的责任。

这种由人民主持的政体往往去成功甚远，因为无聊的议论太多，还有为争地位而发生可恶的、讨厌的口角也太多。但是，它教给希腊人自立，教给希腊人知道要得救需依赖自己，这倒是一件好事情。

16. 希腊人的生活

希腊人生活的历史不但是一部中庸的，并且是一部简单的历史

你一定会问：如果古代的希腊人永远到市场去讨论国家大事，哪里还有工夫照料他们的家庭与私事呢？我在这章中告诉你。

希腊的民治在一切政务上只承认一个阶级的市民——自由民。每个希腊都市都是由一小部分的自由市民，一大部分的奴隶，与几个零星的外国人所组织成的。

希腊人在很少的时候（通常总是在战争时需要人的时候），才肯把市民的权利让与"夷狄"（他们对外国人是如此称呼的）。但这也是例外。所谓市民乃是血统的问题。你之所以为雅典人，因为你的父亲，你的祖父以前都是雅典人。但是不论你做商人或军人的功劳有多大，只要你的父母不是雅典人，你就永远是"外国人"。

因此，希腊的都市只要不受国王或霸王治理时，就受自由民治理。但若他们没有大批的，比自由民多五六倍的奴隶替他们工作——就是现代人为养活家小与付房租，差不多不得不费全部的时间与精力的那些工作——他们是没有办法的。这些奴隶给全城的人煮饭，烤面包，造烛台。他们做裁缝，做木匠，做珠宝工，做学校的教师与管账先生；此外在他们的主人出去开会讨论战争或和平的问题，或到戏院去听埃斯库罗斯新编的戏剧或听讨论欧里庇得斯（就是那个对于宙斯的全能敢发生怀疑的人）的革命思想时，还替主人照顾商店与工厂。

古代的雅典真像一个近代的俱乐部。一切的自由市民都是世袭的会员，而一切的奴隶都是世袭的仆役，供应他们的主人；能做团体里的一分子是很快乐的。

希腊学会

但是我所说的奴隶，并非指你读过的《汤姆叔叔的小屋》里的人物。那些耕地的奴隶的地位固然很苦，但普通的自由民到了不得不受雇做田工时所过的生活也是同样的不幸。况且，都市里许多的奴隶比穷苦的自由民还幸福得多啊。因为希腊人凡事都爱中庸，所以不愿采用像后来在罗马通行的待遇奴隶的方法；罗马的奴隶简直像近代工厂里的机器一样的没有权利，只需一点极小的借口，就会被扔给野兽吃。

希腊人认为奴隶制是一种必需的制度，假使没有此制度，便没有一个都市可以成为真正开化人民的家。

这些奴隶还担任现代的商人与各种职业所做的工作。关于必须占据你母亲许多的时间，与你父亲从公事房回来必须操心的家庭事务，那些懂得闲暇价值的希腊人将它们减到可能的最低限度，过一种极端简单的生活。

第一，他们的家很俭朴。就连有钱的贵族所住的也不过是一所土坯的房子，室内连我们现在的工人认为应有的一切舒服都没有的。希腊人的家只有4面墙壁、一个屋顶、一扇通大街的门，而无窗子。他们的厨房、起坐间、卧房等都设在一个天井的周围，天井里还有一个小小的喷泉、一尊石像、几棵树，这些都是为美观的。在没有雨或不十分冷的日子全家都在天井里。天井的一角是厨子（他是奴隶）预备饭食的地方；又有一角是一位教师（他也是奴隶）教孩子们字母与乘法表的地方；还有一角是那位不大出门的女主人（因为他们认为已结婚的女子常在街上抛头露面是没有体统的）和一个女裁缝（她也是奴隶）在那里修补她丈夫的外套，还有靠着大门的小公事房里是那位男主人正在审查那本方从他的田地的管理人（他是奴隶）送来的账簿。

等到饭齐了，全家的人都聚集在一堆，但是饭菜非常简单，吃饭不必费许多工夫。希腊人仿佛把吃饭当作一种不能避免的罪过，不是一种消磨许多讨厌的时间，结果也消磨许多讨厌的人的消遣。他们的饭食是面包、酒、一点点肉与一些青菜。他们在没有别的饮料时，才喝点水，因为他们以为水是不大卫生的。他们也爱彼此请吃饭，但是像我们使人人吃得过饱的宴会，他们不欢迎的。他们聚在一桌上，乃是为一同谈天、喝酒，但他们是爱中庸的人，对于豪饮的人是看不起的。

在他们餐室内流行的那种简单势力，同样地支配了他们的服装的选择。他们喜欢洁净，喜欢收拾整齐，把头发、胡须，修理得很齐楚，他们练习体操、游泳，使他们的身体健康，但他们不学亚洲人的风气，穿颜色浓艳、花样新奇的衣服。他们穿白色的长褂，打扮得像现在穿藏青短斗篷的意大利军官那样漂亮。

他们也愿意自己的妻子戴首饰，但他们以为在人前显露他们的财富（或妻子）是最俗不过的，所以女子出门时务必以愈不触目为愈好。

总之，希腊人生活的历史不但是一部中庸的，并且是一部简单的历史。我们日常应用的东西，如桌椅、书籍、房屋、马车等，都要费去它们主人的许多时间。结果，主人反而永远做了它们的奴隶，主人的工夫完全费在它们的需要上，给它们油漆洗刷。希腊人最讲究的是"自由"，不但在思想上而且还在身体上。他们为要维持他们的自由，使精神上有真正的自由，所以他们把日用的需要降低到可能的最低限度。

圣殿

$17.$ 希腊的戏剧

一旦悲剧成为希腊人生命中的必需部分，人民将它看得异常重要

希腊人在最早的时候就开始采集那些为赞美当初驱逐皮拉斯基人与消灭特洛伊势力的勇士们所写的诗歌。这些诗歌都是在公共地方朗诵，让人人来听。但是在我们生命中几乎成为必需的那种娱乐的形式——戏剧——并不是从那些在人前朗诵的英雄的故事里产生的。戏剧有一个很奇怪的起源，我必须专写一章告诉你。

希腊人向来欢喜游行的事情。他们每年为敬狄俄尼索斯酒神举行很郑重的游行会。因为在希腊人人好喝酒（希腊人以为水只是为游泳、行船用的），所以当初这位酒神，像现在美国的冰淇淋神那样地受民众的欢迎。

大家以为这位酒神是住在葡萄园里一群欢乐的萨提尔（萨提尔是一种半人半羊的怪物）之中，所以游行的人身上都披羊皮，嘴里都学羊叫。在希腊文山羊是"tragos"，唱歌人是"oidos"。所以游行时学羊叫的人称为"tragosoidos"；这个古怪的名字后来变成现在的"tragedy"（悲剧）这个词。按戏剧的意义，悲剧是一本结果悲哀的戏剧，喜剧（comedy，原意是歌唱快活的事情）便是一本结果喜悦的戏剧。

你一定会问：这种戴假面具，学野羊走，闹嚷嚷的唱歌队后来如何会变成2 000年来风行全世界戏院的高尚的悲剧呢？

实在学羊叫的唱歌队与莎士比亚的《哈姆雷特》（悲剧中的代表）之间的关系是很简单的，我在下文告诉你。

那种唱歌队在一起头是很好玩的，吸引了大批的观众站定了在路旁笑。但不久这种唏呵之声的玩意便令人讨厌了，希腊人认为沉闷的东西是一种只可与丑和病相比拟的坏事。他们需要比较更有趣味的东西。于是在阿提卡的伊卡里亚村子里一位有创造力的青年诗人想出来一个新的，后来非常成功的主意。他令合唱歌队里的一个人向前来，同那个走在游行队前面吹笛子的乐队里的领袖说话。这个人可以走出行列之外。他说话时，挥手做手势（就是说他一个人"演"，别人只是在旁站着唱），问了一大堆的话，那个乐队长便按着诗人在开演之先写在纸卷上的话回答他。

这种述说狄俄尼索斯酒神或另一个神的故事的现成的草率的谈话——对话——立刻受到民众的欢迎。从此以后，每逢狄俄尼索斯神会时，必有"扮演"的一幕，不久这"扮演"被看作比神会本身与咩咩之声重要得多了。

埃斯库罗斯是"悲剧作家"中之最成功者，在他长长的一生中（自公元前526年至前455年）写了不下80出戏，他大胆进行一步，将一个"演员"改为两个。一代之后，索福克勒斯又由两个"演员"改为3个。后来欧里庇得斯在公元前5世纪中开始写他可怕的悲剧时，他愿意用多少"演员"就用多少。在阿里斯托芬所写的嘲笑一切的人与物，连奥林匹斯山上的神也被嘲笑到的著名的喜剧里，唱歌队已经变为旁观者，站在主要演员的后面，当剧中的英雄在舞台的前部犯一件违背上帝的意志的罪恶时，只唱一声"这是一个可怕的世界"。

这种新方式的戏院需要一个适当的布置，不久每个希腊都市都在附近的山上切出一个戏院来。观众们坐在长条的木凳上，面向着一个大圆圈（就是中国戏院的池子或花厅）。这边的半个圆圈便是戏台，演员与唱歌队站在此处。他们的后面是一个帐幕，他们在那里化装，用大的泥制的面具表现演员们的快乐与笑，或不快乐与哭。

一旦悲剧成为希腊人生命中必需的部分之后，人民将它看得非常重要，从来没有人到戏院子去让他的脑筋休息过。一出新排的戏变成与一次选举一样的重要，一位成功的戏剧作家比一位刚凯旋的军官所受的光荣还大。

18. 波斯战争

亚洲与欧洲的第一次战争

希腊人从那些做过腓尼基人的学生的爱琴人那里学会贸易的技术。他们开辟了腓尼基式的殖民地，且又改良了腓尼基的贸易方法，与外国雇主通商时更多用银钱交易。在公元前6世纪时，他们在小亚细亚沿岸设立很坚固的根据地，并且很快地夺了腓尼基人的商业。这事情当然使腓尼基人不满意，但他们不够强盛，所以不敢冒险与他们的敌人作战。他们坐待机会，居然没有等空。

在前面一章内我已经告诉你一个低微的波斯游牧部落，怎样地忽然出征，征服了西亚大部分的地方。但是波斯人太文明了，不愿劫掠他们的新臣民。每年的进贡他们已经满意了。他们到了小亚细亚沿岸时，要求在吕底亚的希腊殖民者承认波斯王为他们的宗主，纳给他们一宗规定的税。希腊的殖民地拒绝这个要求，而波斯人不听。希腊的殖民地于是求救于本国，战局因此便开展了。

实在的情形是如此的，波斯王认为希腊的都市国家是一个很危险的政治制度，给别的认作大波斯王奴隶的人民一个坏榜样。

希腊人因为他们的国家远在爱琴海之外，当然相当的安全。但是他们的老仇人，腓尼基人，挺身出来，允诺给波斯人援助。如果波斯王肯出兵，腓尼基人便担保供给他们所需要的船只，运送他们到欧洲。这是在公元前492年，亚洲准备去剿灭欧洲新起的势力。

波斯王给希腊人一个最后的警告，派了几个使者去向他们要"土与水"，作为他们顺服的象征。希腊人立刻把这些使者投在附近的井里，请他们尽量去取"土与水"。如此之后，和平当然是不可能的了。

但是奥林匹斯高山的神们已经看好了他们的子女，所以载着波斯军队的腓尼基舰队到了亚多斯山边时，那位风神便吹起他的嘴巴，直吹到他脑门上的血管几乎破裂了。腓尼基的舰队便消灭在一个可怕的飓风里，波斯的军队全体都溺死了。

波斯舰队在亚多斯山附近被摧毁

两年之后，开到了更多的波斯军队。这一次他们渡过爱琴海，在马拉松附近登岸。雅典人一听到这个消息，立刻派出10 000兵去守住马拉松平原周围的小山。同时派了一个善于疾走的人到斯巴达去求救。但是斯巴达向来嫉妒雅典的声望，拒绝他们的要求。别的希腊都市效法斯巴达，不肯相助，只有一个微小的普拉提亚是例外，送去了1 000个人。在公元前490年的9月12日的那一天，雅典的司令米太亚德，率领这一小队去与浩大的波斯军应战。他们冲破了波斯的箭雨，他们的枪林震撼了向来没有遇到如此劲敌的、溃乱的亚洲军队。

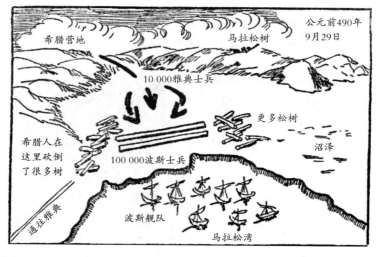

马拉松之战

那天晚上，雅典人仰望着被那些燃烧的船的火焰所映的酱紫的天空，人人心里都很焦虑地等待新消息。来向北去的路上飞起一团小小尘土。这是那个善于疾走的人，斐力庇第斯。他倒下了，气息奄奄地已经离死不远了。只在几天前，他刚从斯巴达送信回来，立刻就赶上了米太亚德。那天早上他还在前线作战，后来他自告奋勇要给他所爱的城市报告胜利的消息。人们看见他跌倒在地上，急忙过去扶他，他低声说一句"我们得胜了"，便死了。他这样的一个光荣的死，是无人不羡慕的。至于波斯人呢，自从失败之后，设法在雅典附近的地方登岸，但是他们看见沿岸都有军队驻守，便悄悄地走了。因此希腊的土地又得到一度的和平。

他们等待了8年，在这时期内希腊人没有懈怠。他们知道最后的攻击是必来的，但对于避免危险的良法，大家主张不一致。有人主张扩充陆军。有人说一个强大的海军是胜利所必要的。两党的领袖一个是阿里斯蒂底斯（陆军的领袖），一个是狄密斯托克利（海军的领袖），争执得很厉害，所以什么事都没有做。直到阿里斯蒂底斯被逐之后，狄密斯托克利才有机会尽量建造军舰，将比雷埃夫斯改成一个强大的军港。

温泉关战役

德摩比勒

公元前481年，浩大的波斯军队又在希腊北部的色萨利省出现了。在这个危险期间，希腊的陆军大都市斯巴达，被推为希腊联军的军事领袖。但是斯巴达人只要他们自己的地方不受攻击，希腊北部发生任何危险他们是不管的。他们忽略了保守希腊各处的要隘。

列奥尼达统率的一小队斯巴达人，受命去保守那条在高山与大海之间的要隘，这就是色萨利通南部诸省的要道。列奥尼达谨遵这个命令，奋勇应战，以保守那个险要。但有一个名叫艾菲阿尔蒂斯的奸细，认识梅立斯小路，偷偷地带了一队波斯兵，穿过几座小山，来抄列奥尼达的后路。他们在温泉关（德摩比勒隘口）附近打了一场恶战。等到夜间，列奥尼达同他的忠心的兵士们全都战死，埋在敌尸之下。

波斯主力军队向雅典行进

一小队希腊士兵
驻守温泉关

一支波斯军队
在叛徒的带领下穿过山脉行进

埃维厄岛

德摩比勒之战

这个险要一失，希腊大部分的土地便都落入波斯人手中。他们开进雅典城，将雅典的守备队从雅典卫城的山顶上抛下来，放火把城烧了。人民都逃往撒拉米斯岛。一切好像都完了。但在公元前480年的9月12日那一天，狄密斯托克利迫使波斯的兵舰在撒拉米斯岛与大陆之间的海峡里开战。在几小时之内，他将波斯舰队毁去了四分之三。

这样一来，德摩比勒隘口的胜仗尽成泡影。薛西斯王被迫退兵。他声明在明年一定要有一个最后的分晓。他带了他的军队到色萨利，在那里等待春天的到来。

波斯人焚烧雅典

这一次，斯巴达人才知道时局的紧急。他们离开了在科林斯地峡所建筑的墙壁的安全地带，在保萨尼亚斯的统率之下，去与波斯的马多尼斯将军应战。在普拉提亚附近，希腊联军（从12个都市里招募的十来万人）进攻30万敌兵。希腊的重步兵又冲破了波斯的箭锋。波斯的军队像以前在马拉松一样又打了败仗，这一次他们可是一去不复返了。很奇怪的就是在希腊的陆军在普拉提亚打胜仗的同一天内，雅典的舰队在小亚细亚的米卡尔海角附近也歼灭了敌人的舰队。

亚洲与欧洲的第一次战争这样结束了。雅典获得很大的光荣，斯巴达也打得很好很勇敢。这两个都市若能彼此和好，若能忘掉他们的嫉妒，可以成为强大的希腊合众国的领袖。

但是可惜，他们把那个得胜的热烈的时间轻轻放过，同样的机会再也不回来了。

19. 雅典与斯巴达之拮抗

从此雅典人不能再为希腊定命运，但依然继续它的生存，并且比以前更精彩

雅典与斯巴达两个皆是希腊的都市，他们的人民说同样的言语，但在别的方面都是不同的。雅典在高高的平原之上。她是一个受新鲜海风荡漾的都市，愿以一双快乐的小孩子的眼睛看这世界。斯巴达，正与她相反，躲在一个山谷的深凹里，周围有高山做抵御外来思想的屏障。雅典是一个商业荟萃的都市。斯巴达是一个武装的军营，那里的人民都为当兵而当兵。雅典人喜欢坐在日光之下讨论作诗，或听一位哲学家聪明的谈论。斯巴达人，正好相反，从没有写过一行有文学意义的字句，但他们知道如何战争，他们喜欢战争，他们为军备观念，牺牲一切人类的感情。

无怪那些性情沉闷的斯巴达人仇视雅典人的成功了。以前雅典为防卫他们共同的国家所发展的精力，如今都用在性质更和平的事业上了。他们把雅典卫城改造为一座大理石的雅典娜女神庙。

雅典民主政治的领袖伯利克利，派人到各处去聘请有名的雕刻

家、画家、科学家来建设他们的都市，使它更美观，并且训练他们的青年成为更有价值的市民。同时他又时刻注意着斯巴达。他在雅典与海滨之间造起很高的城墙，使它成为当时最坚固的要塞。

这两个希腊小都市因为一点小小的龃龉，引起最后的冲突，雅典与斯巴达之间持续打了30年的仗，结果雅典吃了大亏。

在战事发生的第三年，瘟疫传进城里。过半数的人民与他们的领袖伯利克利，都死在其内。瘟疫之后，接着是一个在不良与不可信任的领袖治理之下的时代。

当时有一个名为阿尔西比亚德的有才干的少年，很得民众会议的欢心。他提议去袭取斯巴达在西西里的叙拉古殖民地。他们预备远征都已齐备。但是阿尔西比亚德因为在街上加入一个格斗被迫出逃。那位继任的军官是一个冒失鬼，他先丧失了海军，又丧失了陆军，余下的几个零落的雅典兵被投入叙拉古的石矿中，饥渴而死。

这次的出征，牺牲了所有雅典的青年。这个都市算完了。经过长时期的包围，这城便在公元前404年的4月投降。高的城墙被拆毁了，海军也被斯巴达夺去了。雅典在它的强盛时代经营了殖民的大帝国，而做了这帝国的中心，现在，它把这个地位也丧失了。

但是它的自由市民在强盛时代所表现的特色，那个可惊的求学求知与好研究的精神，并没有随着它的城墙和军舰同亡。它依然继续它的生存，并且比以前更精彩。

从此雅典人不能再为希腊定命运，但是现在它以最古学术发源地的地位，开始支配希腊的小范围以外的聪明人的思想了。

20. 亚历山大大帝

亚历山大以幼稚的野心及愚妄的虚荣心，却成就了一件极
有价值的事业

以前亚该亚人离开他们多瑙河沿岸的老家去寻一个新牧场时，曾在马其顿的山里住过些时。从那时起，希腊人与这些北部的人民多少维持着一种形式上的关系，所以在马其顿方面时常听到希腊的情况。

正在斯巴达与雅典为争执希腊的牛耳的战事收束时，马其顿适巧在一位非常聪明的人（名为菲利普）的统治之下。他羡慕希腊人文字上与艺术上的精神，但他藐视希腊人在政治上缺少克己的能力。他看着如此完善的民族将人力与财力完全耗费在无结果的战争上发起气来了。他要由自己统治希腊全境以解决这个困难。于是他要求他的新臣民加入他的波斯的旅行，这次旅行是回答150年前薛西斯王到希腊的拜访。

不幸，菲利普在这次准备很好的远征出发之前，遇刺身死。他将为雅典复仇的事业留给他的儿子，希腊最聪明的学者亚里士多德

的得意门生，亚历山大。亚历山大在公元前334年的春天告别了欧洲，7年之后，到了印度。在那7年中，他消灭了希腊商业的老劲敌腓尼基，征服了埃及，被尼罗河流域的居民尊为法老的后裔。他打败了最后一位波斯王灭了波斯帝国——下令重建巴比伦——他更率领他的军队开入喜马拉雅山的中心，将全世界都变成马其顿的藩属。这时他才停止他的进行，宣布出野心更大的计划来。

这个新成立的帝国必须受希腊思想的支配。人民必须学习希腊的言语，他们所居的城市必须仿照希腊的形式。亚历山大的军人现在变成学校的教师。昨日的军营现在变成新输入的希腊文化的和平中心。但正在希腊的风俗习惯的潮水一天长一天的时候，亚历山大忽然得了热病，便在公元前323年死在巴比伦的汉谟拉比法王的昔日宫殿里。

这时潮水退了，但是留下一片文化较高的肥土。亚历山大以幼稚的野心及愚妄的虚荣心，却成就了一件极有价值的事业。他的帝国的寿命不比他的寿命长久。几个有野心的军官瓜分了他的疆土，但是他们依然忠于那个融合希腊与亚洲的观念与知识的大同世界的迷梦。

他们维持他们的独立直到罗马人将西亚与埃及收归他们的版图为止。于是这个奇怪的希腊文化的遗产（有希腊的，有波斯的，还有埃及的与巴比伦的）落入战胜的罗马人的手里。在以后的几世纪内，这个文化在罗马的世界里有如此大的势力，连我们现在每日的生活都能感受到它的影响。

希腊

21. 一个撮要

第1-20章短小的撮要

直到如今，我们一向是站在高塔顶上向东看的。但是从今以后，埃及与美索不达米亚的历史渐渐地没有什么趣味了，所以我只好领你去研究西方的风景。

在未看新的以前，让我们暂时停顿一下，将我们已经看过的逐一弄清楚了。

最初我告诉你的是历史以前的人——一种习惯很简单，行为不讨人喜欢的动物。我告诉过你，他们是漫游五大洲的旷野的许多动物之中最无抵抗能力的，但是天赋予他们一个较大较强的脑筋，所以他们可以设法维持住他们的地位。

以后来了冰河与数百年的严寒天气，在这个地球上生活非常困难，人若想要活着，必须比过去更加努力地思考。虽然如此，因为"求生的欲望"向来是（现在还是）使每个人终生永远努力的原动力，所以在冰河时期人的脑筋便已起着重要作用了。这些耐苦的人，不但设法度过那个冻死许多猛兽的长久的寒冷时代，并且等到这地球又暖过来重新得到舒服的时候，他们已经学会了许多东西，使他们比知识不如他们的同伴们，占到如此大的便宜，连灭绝的危险（这是有人类以来最初50万年里一个最大的危险）都离得远远的了。

我又告诉你正在我们最早的祖宗们缓缓前进的时候，忽然（什么原因那是不得而知的），住在尼罗河流域的人民突向前进，差不多在一夜之间创造了文化的第一中心。

后来我又说到"两河间的地方"美索不达米亚做了人类文化的第二中心。我又给你画了一张爱琴海的岛桥图，这个海输送老东方的知识与科学到希腊人所在的新西方。

其次我又告诉你一个称为古希腊人的印欧的部落，在几千年前离开了亚洲的中心，在公元前11世纪时侵入希腊半岛，从那时起，我们才称他们为希腊人。我又告诉你那些实际就是国家的希腊小都市的故事，在那里那个老埃及与亚洲的文化变成一个完全新的比先前更高尚更优美的文化。

你看地图，便可以知道在这时候文化的趋势正成一个半圆形。从埃及起，经过美索不达米亚到爱琴群岛然后向西一直到欧洲大陆。在最初的4 000年内，埃及人、巴比伦人、腓尼基人与闪米特人的一大部分（你须记住犹太人不过是闪米特民族的大部分中之一罢了）曾为世界文化的先驱。现在将这文化传授给印欧族的希腊人，而这些希腊人又成为另一个印欧部落称为罗马人的教师。但是正在闪米特人将他们的势力沿着非洲的北岸向西扩张，统治了地中海西半部的时候，这东半部却成了希腊的（或印欧的）藩属。

不久你便知道，这件事情引起了两个劲敌间的一场可怕的冲突，在他们的冲突之中兴起一个战胜的罗马帝国。它要将埃及、美索不达米亚、希腊的文化输入欧洲大陆的最远的角上，这文化便在那里成了我们现代文化的基础。

我知道这一切似乎是很复杂，但是假如你捉到几个原则，那其余的历史便简单得多了。用话说不明白的地方，地图可以解释清楚。在这个小小的停顿之后，我们再回到我们的故事，告诉你迦太基与罗马之间的著名的大战。

22. 罗马与迦太基

前后历时百余年的三次战争

腓尼基的小商埠迦脱哈特夏脱，是位于一个俯视非洲海——就是介乎非、欧两洲间的一片90英里开阔的大海——的小山之巅。这是一个理想的商业中心，几乎太理想了。它发展得太快了，变得太富了。在公元前6世纪内，巴比伦的尼布甲尼撒王灭了提尔城之后，迦太基便与它的祖国断绝一切关系，自成一个独立国——一个闪米特族最西的中心。不幸，这个都市承受了许多足以代表1 000年来腓尼基人民的性情的特点。这都市是一座大商店，有一个强大的海军保护它，它对于人生的许多优美方面是不注意的。它与它的四乡以及远处的殖民地由一个很有势力的富豪的小团体所统治。希腊人称这种为"富豪政治"。迦太基是一个富豪政治的国家，国内实在的权力是握在12个大船主、大矿主与大商人的手中，这些人聚集在一个公司的后面一间屋子里召开会议，把他们共同的祖国看作一个必须分给他们相当利润的贸易的企业。可是他们很警醒，精力很充足，工作很勤劳。

时间渐渐地过去，迦太基对于它的邻邦的势力也渐渐地增加，直到非洲沿岸的大部分以及西班牙与法兰西的几个区域尽成迦太基的属地且给这个非洲海上的大都市进贡、纳税与分红利。

迦太基

这样的"富豪政治"当然是永远受制于群众的。只要有工作，工价高，大多数的市民便很满足了，便也容让他们的"高级人民"治理他们，不与他们为难。但是一旦码头上没有出口货船，熔炉里没有矿物，船坞与码头的小工们失业之后，怨声便起来了，并且要求召集从前迦太基自治政府时代的那种民众会议。为防止这类事变起见，富豪政治必须使都市的事业轰轰烈烈地进行不可。关于这一点，他们处置得很好。他们相安约有500年之久，才被一个从意大利西岸传来的消息所惊扰。据说在台伯河岸的一个小村子，突然强盛起来，成为意大利中部所有的拉丁民族公认的领袖，并且说这个名为"罗马"的小村子，决意要制造船只来攫取西西里和法兰西南岸的贸易。

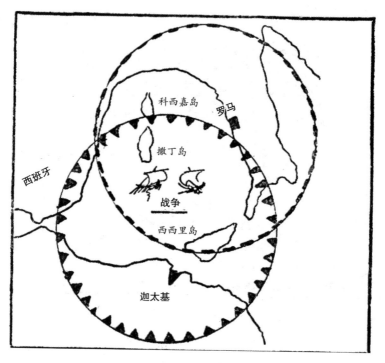

罗马与迦太基影响力的冲突范围

迦太基当然不能容让这样的竞争。那个新起的劲敌必须毁灭，不然，迦太基的统治者们向来在地中海西岸那种绝对的尊严便要失去了。对这些流言加以调查之后，迦太基的统治者们所发现的事实大概是如此的。

意大利西岸久已没有文化光顾。在希腊所有的好商港都是向东的，都在欣赏爱琴海的繁盛的岛屿。而意大利的西岸所能看到的没有比地中海的凄凉的波涛更兴奋的东西。这个地方很穷，外国的商人是不来的，所以本地的人便有机会可以安居在那里的小山上与低湿的平原上。

对于这地方第一次严重的攻击是从北方来的。有一天，几个印欧族的部落设法穿过阿尔卑斯要隘，向南推进，直至将那著名的意大利靴子，从足趾到足跟，都充满了他们的村子与牛羊。关于这些最早的侵略者的历史我们什么也不知道。没有荷马来歌颂他们的光荣。他们自己关于罗马成立的记载（在800年后这个小都市成为帝国的中心时所写的）乃是些神怪的故事，不是属于历史的。罗慕路斯与雷慕斯跳墙（我永远记不住究竟谁跳谁的墙）的故事，是一个很有趣的读物，但是罗马都市的成立乃是一件平淡无奇的事情。罗马的成立，与美国一般的都市一样，由于它是一个适宜于物品交易与马匹贸易的中心。它位于意大利中部平原的中心。台伯河直接通海，所以它便成了南北陆路交通常年可以适用的便利渡口。沿着河岸的7座小山，给居民防御山间与近海外的敌人一个安全的屏障。

那些山居的人名为萨宾人。他们是一群粗野人，永远怀着抢劫的坏念头，但是他们的文化很落后。他们还用着石斧与木盾，当然不堪与用钢刀的罗马人相敌。至于近海岸的居民却是一个危险的敌人。他们名为伊特鲁里亚人。他们本是（现在仍然是）历史上的一个谜。没有人知道（至今没有人知道）他们是从哪里来的，他们是什么人，什么事情将他们从老家里驱逐出来。我们曾经找到他们的都市坟墓以及沿意大利海岸的一切水道的废基。我们也已看熟了他们的文字，但是因为没有人能懂伊特鲁里亚字母的意义，所以至今那些文字的记录还只是些讨厌无用的东西。

罗马城市的诞生:
一、跨河的堡垒

二、征税亭与市场

三、修有防御工事的城市统治着道路

罗马的城市是如何建成的

按我们最好的推测，这些伊特鲁里亚人大概是从小亚细亚来的，因为他们本地发生了大战或瘟疫，把他们赶到别处去另寻一个新家。无论他们来的理由是什么，伊特鲁里亚人确是历史上的重要角色。他们将古代文明的种子由东方传布到西方，他们将建筑、造路、战争、艺术、烹饪、医药、天文等各种最初的原理，传授给我们认为是从北部来的罗马人。

但是正如希腊人之不爱他们的爱琴老师，罗马人也同样地憎恶他们的伊特鲁里亚老师。一到可能的时候，他们就脱离老师。当希腊商人发现意大利的商业有发展的希望，而第一艘希腊船到到罗马的时候，机会就来了。希腊人本是来通商的，可是他们住着当起教师来了。他们发现那些住在罗马附近乡村的民族（称为拉丁民族）很愿意学习在实际上可以有用的东西。不多时候，他们明白了手写的字母可以有很大的利益，他们便抄习希腊的字母。他们又明白了货币与度量衡的有规则的制度对于商业上的利益。结果，罗马人将希腊文明的钓钩、钓丝以及钓锤一齐吞下了。

他们甚至于连希腊的神都欢迎到他们的本国来。宙斯被请到罗马之后，改名为朱庇特，其余的神也跟他一同过来。但是罗马神与那永远不与希腊人的生命和历史分离的希腊神不同。他们是国家的职官，各神都很谨慎很公正地管理自己的职务，而在他们的一方面，要求凡是他们的信徒必须服从他们。这一点罗马人表示很严谨地服从。但像奥林匹斯高峰上的神们与老古希腊人间的那份亲切的关系与可爱的友谊，他们从未有过。

罗马并未模仿希腊的政体，但是罗马人与古希腊人同是印欧族的系统，所以罗马的古代历史与雅典及其他希腊都市的历史颇相类似。他们毫不费事地脱离了他们的国王——就是古代部落酋长的后裔。但是一旦那些国王被逐之后，罗马人民不得不限制贵族的势力，经过数百年之后，他们才算设立了一个制度，使每个罗马的自由市民都有机会关心本城的事情。

自此之后，罗马人享受一个为希腊人所没有的莫大利益。他们治理国事不尚多言。他们的想象力不如希腊人，他们重实行而不尚议论。他们深知民众的心理，所以不必只在议论上耗费宝贵的光阴。他们将治理都市的实际事情交付两个执政官，此外又设立一个元老会议或元老院辅助他们。为习惯上与实际上的便利起见，元老们都从贵族中选举，但是他们的权力须受严格的限制。

以前雅典因为贫富之间的冲突不得不采用德拉古与梭伦的法典，罗马在一个时期也经历了同样的冲突，这个冲突发生于公元前5世纪的时候。结果，自由民得到了一个成文的法典，他们以保民官的制度保护他们不受贵族审判官的专制。这种保民官全是法官，由自由民选举。他们有权保护任何受政府官吏不平待遇的市民。执政官有权判决一个人死罪，但是假使这件案子还没有充分的证明，保民官可以干涉并且营救这个可怜人的性命。

我提起罗马这个名字时，似乎是指一个住有不过几千人民的小都市。然而罗马真正的势力是在它的城墙之外的乡间。它在早年所表现的殖民的特别能力，是在对于边省的政治上。

在最早的时代，罗马是意大利中部唯一的军备坚固的都市。但是每遇别的拉丁部落受敌人的攻击时，它永远做他们的招待殷勤的避难所。它的拉丁邻邦看出与这样一个有势力的朋友结合的利益，便设法找一种缔结攻守同盟的基础。在这个时候，如果是埃及、巴比伦、腓尼基甚至于希腊等国家，一定会强迫"夷狄"们缔结臣服的条约。但是罗马人不这样做。他们给"外人"一个机会，做民主国的一分子。

"你愿意加入我们，"他们说，"很好，来加入吧。我们一定把你当一个完全的罗马市民看待。但是你既享受了这样的权利，在我们的都市——我们大众的祖国——需要战争的时候，我们希望你能替它打仗。"

那个"外人"很重视这种度量，便以永世不渝的忠心表示他的感恩。

一个希腊都市，一受敌人的攻击时，所有寄居的外国人必须立刻出去迎敌。何以要保护一个于他们毫无关系，不过是暂时寄居的，只要他们付房租便被收容的膳宿所一类的东西呢？但是敌人一到罗马的城门口，所有的拉丁人便蜂拥上前去防卫。这是他们的祖国遇到危险了。即使那些住在百里之外的，连这些神圣的小山的城墙都未见过的人们，亦以它为他们的真正的"老家"。

无论失败，无论灾难，都不能改变这种情感。在公元前4世纪之初，野蛮的高卢人进兵意大利。他们在雅利安河附近打败了罗马军，便长驱直入罗马城。他们取得罗马后，希望罗马人来求和。他们等着，没有动静。但不多时高卢人发现他们周围尽是敌忾的人民，竟无法得到粮饷的补充。7个月之后，饥饿逼迫他们撤兵。罗马人以平等待遇"外国人"的政策告了很大的成功，罗马自身也比以前更强了。

这一小段早年的罗马史，告诉你罗马人对于健全国家的理想，与迦太基所表现的古代世界的健全国家的理想大不相同。罗马人靠着"平等市民"的乐意的诚心的协作。迦太基人则效法埃及与西亚，强迫臣民无理地服从（因此便不愿意了）；如果他们的命令不能实行时，他们雇用专以当兵为业的人来替他们打仗。你现在一定明白了何以迦太基不能不怕这样一个聪明有势力的敌人，并且何以迦太基的富人政府要竭力挑衅，使他们可以及早消灭这个危险的劲敌了。

但是善于经商的迦太基人知道急躁用事，是不会上算的。所以他们向罗马人建议在地图上将他们各自的都市画成两个区域，每个都市认这两个区域之一为他自己的"势力范围"，并且允许不侵犯别的一个区域。这个契约立刻成立了，但是等到双方都认为可以出兵到那个地方富足而政府不良以致引起外人干涉的西西里时，便同样地立刻被破坏了。

一艘很快的罗马战船

此后的战争（所谓第一次布尼克战争）延续了24年。他们是在大海上开战的，在开始的时候，有经验的迦太基海军似乎是可以战胜新生的罗马战舰。迦太基的海军按他们古代的战术，不是迎面直捣敌舰，而是用旁击的方法，先将敌舰两旁的桨折断，然后再用箭与火球扫灭那只军舰上的水手们。但是罗马的工程师发明了一种新式的战船，船上装制一座板桥，罗马的步兵就在这桥上冲击敌船。因此迦太基的胜利便立刻告终了。在米拉的一战，他们的海军败得一塌糊涂。迦太基不得不求议和，西西里便尽归罗马的领土。

23年之后，新的纠葛又发生了。罗马（为寻找铜）占领了撒丁岛。于是迦太基（为寻找银）占领了西班牙南部所有的地方。因此迦太基便做了罗马的毗邻。这件事情后者很不高兴，于是它就派遣军队越过比利牛斯山去监视占领西班牙的迦太基军队。

两个劲敌间第二次决裂的局面已经陈列在那里了，又以一个希腊的殖民地作为战争的借口。迦太基军正在围攻西班牙东岸的萨贡图姆城。萨贡图姆人求救于罗马，罗马照例地愿意帮助。元老院允许调拉丁军队去帮助他们，但是这次出征的准备很费了些时间，而在这个时间内萨贡图姆已被占领毁灭。这件事情恰好违反罗马的意志。元老院决定开战。第一队罗马军渡过非洲海，在迦太基的境内登岸。第二队为牵住在西班牙的迦太基军队，防止他们跑回救护本国。这是一个极妙的计策，人人希望一个大胜利。但是神们不是这样安排的。

那时正是公元前218年的秋天，要攻击在西班牙的迦太基军的罗马军已经离开了意大利。人们正在很热心地希望一个轻而易举的完全胜利的消息时，波河平原上开始传布一个可怕的谣言。那些野蛮的山民吓得嘴唇战栗地说，成千成万的棕色人带着怪兽，"每只都像一所房子那样大"，忽然从葛雷茵隘口周围的雪堆里钻出来了。不久，罗马的城门口又发现无数衣服褴褛的难民，他们带来更详细的报告。据说哈米卡尔的儿子汉尼拔，率领5万人，9 000骑兵，37只战斗象，已经越过比利牛斯山。他在罗讷河的沿岸打败了罗马的西庇阿大将所率的军队，后来率领他的军队安然经过阿尔卑斯的山道，虽然这时正是10月天气，满道积着深厚的冰雪。后来他又会合高卢人的军队打败了罗马的第二军，然后他们渡过特雷比亚河去围攻普拉森西亚——这是在罗马通阿尔卑斯山区属地的大路的北端。

汉尼拔穿过阿尔卑斯山

元老院虽然吃惊，然而依旧很镇静，很奋勇，将这些战败的消息封锁起来，又调两支新军去阻止敌人的进攻。但是这两支军队中了汉尼拔在特拉西梅诺湖岸小路上的埋伏，所有的将校与大部分的兵士都被屠杀了。这一次罗马人民大起恐慌，但是元老院依然保持他们的镇静。第三支军队又组织起来，由费比乌斯统率，并付以全权，进行"救国所必需的"处置。

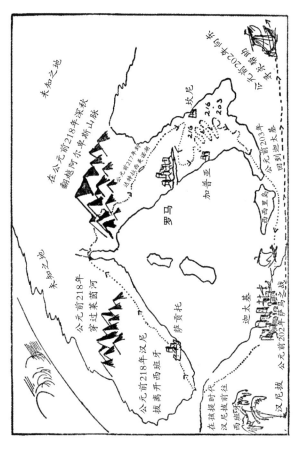

汉尼拔坎尼战役参照图

费比乌斯知道他必须十分谨慎，不然，便会一败涂地。他的未受训练的新兵——只有这一支可用军队——当然不能与汉尼拔的精兵较量。他不与汉尼拔应战，可是永远跟着他，毁去一切可吃的东西，拆坏一切的道路，攻击他的小分队，用一个窘人的滋扰的乱战法去挫败迦太基的士气。

但是这种方法不能满足一般躲在罗马城内的胆小的群众。他们愿意"战争"必须有点举动，必须快点举动。当时有一位为大众欢迎的英雄名叫瓦罗，他是这样的一个人，到处去告诉人他做事比那位迟钝的老费比乌斯如何如何强，于是被民众拥戴为总司令。他在坎尼的一战（公元前216年）为罗马史上最大的失败。7万余人的性命全被牺牲了。汉尼拔便做了意大利全境的主人。

他从半岛的这一端走到那一端，宣布他是"脱人民于罗马的羁轭中的救主"，要求各省与他联合进攻罗马的首都。于是罗马的智能又得了一次好结果。除了卡普亚与叙拉古两省之外，所有的罗马都市都不改他们的忠心。那位救主汉尼拔，虽冒充是他们的朋友，但他仍然被他们反对。那时他离家极远，又不高兴当时的情形。他遣使者到迦太基去要求新的粮饷，与新的兵。但是不幸之至，迦太基什么也不能供给他。

罗马人有了他们的板桥战舰，便成了海上的霸主。所以汉尼拔必须好好设法。他虽然继续打败了罗马调来攻击他的军队，但他自己的军队人数减少得很快，而意大利的农民对于这位自命为"救主"的汉尼拔是完全不理的。

经过许多年的没受过挫折的胜利之后，汉尼拔发现他被困在他新征服的国内了。他的命运似乎又有一次很短的回光返照，他的兄弟哈斯德鲁巴打败了在西班牙的罗马军，越过阿尔卑斯山来救汉尼拔。他遣使者到南边来报告他快到的消息，要求别的军队到台伯河的平原上来接他。不幸这些使者落在罗马人的手里。汉尼拔久等没有消息，直到后来他兄弟的头颅很整洁地装置在一只竹篮里，滚到他的军营里来告诉他迦太基军队的末运已经到了。

除去哈斯德鲁巴的障碍之后，青年的普布利乌斯·西庇阿便很容易再把西班牙征服了。4年之后，罗马人已经准备好对迦太基做最后的攻击。这时汉尼拔被召回国。他渡过非洲海，设法组织种种保护他祖国的防御，公元前202年在扎马的一役，迦太基军大败。汉尼拔逃奔提尔城。从那里他又潜入小亚细亚，运动叙利亚与马其顿出来反抗罗马。他的成功很少，但是他在亚洲列强中的活动，正好给罗马出兵东方，吞并爱琴世界大部分土地一个理由。

从这一城被驱逐到那一城，无家可归的汉尼拔，这时才知道他

汉尼拔的死亡

的野心的迷梦全完了。他的亲爱的迦太基城被战争破坏了。它不得已屈服讲和了。它的海军也覆没了。此后，不得罗马的许可，它不得作战。它被惩罚在此后无尽期的年代中，需偿付罗马无数万的赔款。以后的生命不能希望再有好一点的岁月了，于是汉尼拔在公元前190年服毒自尽。

40年后，罗马人实施他们对于迦太基最后一次的攻击。老腓尼基殖民地的居民顽固地抵抗新共和国的势力共有3年之久。但是饥

饿强迫他们投降，在包围之中残生的少数男女都被卖做奴隶。这城市被纵火烧了。城内的货栈宫殿以及大的制造局一直燃烧了两星期。全城只剩了一片焦土。罗马的军队于是荣归意大利享受他们的胜利。

在以后的1 000年内，地中海成了一个欧洲海。但是一旦罗马灭亡之后，亚洲立刻设法霸占这个大的内地海。

23. 罗马之兴

罗马是如何出现的

罗马帝国之成立乃是一件偶然的事情。没有人计划它，它出现了。并没有什么将军或政治家或刺客等出来说："朋友们，罗马人，市民们，我们必须建立一个帝国。跟我来，我们同去征服自海格力斯之柱至托鲁斯山所有的地方。"

罗马固然出了不少著名的将军与同样著名的政治家和刺客，罗马的军队也曾同全世界打过仗。但是罗马帝国之构成并没有预先计划过。一般的罗马人是非常实际的市民。他不喜欢关于政府的理论。若是有人开始讲起"罗马帝国向东发展等"的理论他就立刻走开了。他所以继续征服一处又一处的地方，乃为情势所迫，并非受野心与贪婪的驱使。按他的天性与嗜好，他是一个农夫，愿意待在家里。但是他受攻占时，便不得不保护自身；假如适逢敌人渡海过去求救于远的国家时，那么这些忍耐的罗马人便会长途跋涉去打倒这个危险的敌人，这事成功之后，他便住在后面处理他新得的属地，怕的是它们落入游行的野蛮人手里危害罗马的安全。

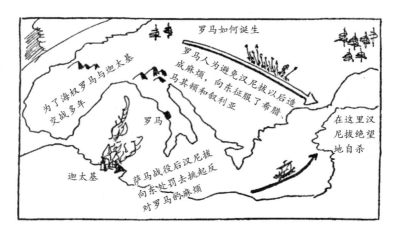

罗马的出现

以上的情形，说来似乎有点复杂，但在当时人看来是很简单的，你不久便会明白的。

公元前203年，西庇阿渡过非洲海，转战到非洲。

那时迦太基召回汉尼拔。因为汉尼拔的军队太不得力，在扎马附近打了败仗。罗马人要他投降，但他潜入马其顿与叙利亚，求救于那两个国王，这些事我在前一章内已经说过了。

这两国（亚历山大帝国的残余）的国王正在计划埃及的远征。他们希望瓜分富饶的尼罗河流域。埃及王得了这个消息，便去求助于罗马，这个舞台是为多少非常有趣的剧情与相反的剧情铺排的。可惜那些缺少想象力的罗马人还没有等完全开演，便把幕闭了。他们的军队把那些仍然袭用希腊密阵式作战的马其顿人整个打败了。这是公元前197在色萨利中部的锡诺斯克法莱的一役里的事情。

罗马人于是南至阿提卡，告诉希腊人说，他们是来"拯救古希腊人脱离马其顿的束缚的"。可惜这些希腊人在半奴隶式的年代内，并没有学到什么，所以没有好好地享用他们新得的自由。所有的小都市国家又在开始从前一样的冲突。罗马人既不了解，又不喜欢，也看不起这个种族的无聊的斗争，然而表示了极大的忍耐。但终久厌烦了这种永不停止的内讧，再也忍耐不住了，于是出兵希腊，烧了科林斯城（为得“鼓励别的希腊人”），派了一个罗马官到雅典去治理这个骚乱的地方。马其顿与希腊便这样地成了保护罗马东境的缓冲国。

正在那时候，赫勒斯庞特海峡隔岸的叙利亚国王安条克三世，听到他的贵宾汉尼拔将军叙述进攻意大利劫掠罗马城如何容易，他便非常热心。

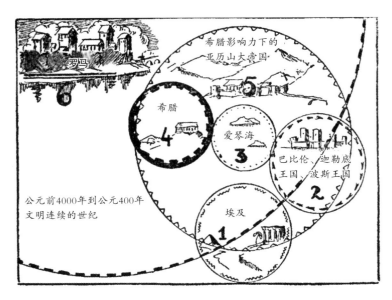

文明向东发展

那位曾在扎马打败汉尼拔与他的迦太基军的西庇阿（非洲的战

士）的兄弟卢修斯·西庇阿被调到小亚细亚。他在马格尼西亚剿灭了叙利亚王的军队（时在公元前190年）。不多几时，安条克被他自己的人民处死。小亚细亚变成罗马的保护国，而这个小小的罗马都市共和国便做了统治地中海沿岸各国的主人翁。

24. 罗马帝国

罗马共和国走向帝国的历程

罗马军队打了这许多胜仗回来，受到极大的欢迎。但是这种骤然的光荣并不使国家增加什么幸福。事实适得其反。连年不断的战争将那些不得不为建造帝国而努力工作的农民都牺牲了。那些有功的军官们（以及他们的朋友们）也获得过分的权力，借战争为理由做大批的抢劫。

老的罗马共和国，对于它的卓著的人民所特有的简单生活本来引以为荣的。而新的共和国对于褴褛的衣服与它祖宗时代所盛行的高尚主义则是引以为羞的。现在罗马变成一个为富人所有，被富人所治，为了富人的利益的国家了。这样的国家命定是要失败的。这个我在下面告诉你。

不到150年的工夫，罗马便做了地中海沿岸各地的主人翁。在它早年的历史上，一个战争的俘虏，便失去自由，变成一个奴隶。罗马人视战争为一件很严重的事情，它对于战败的敌人不加丝毫的怜恤。自从迦太基灭亡之后，迦太基的妇女与儿童连同他们自己的奴隶都一齐被卖为奴隶。假如希腊、马其顿、西班牙与叙利亚的固执的人民敢反抗罗马的势力，便有同样的命运等待他们。

2 000年以前，一个奴隶只是一架机器。现在的富人都是投资于工厂里。罗马的富人（元老军官，以及在战争时乘机牟利的人们）却投资于土地与奴隶。土地是从新占领的地方买来或取来的。奴隶是在市场上价格最便宜的时候买来的。

在公元前2、3世纪的大部分时间里，奴隶的供给很多，结果那些地主鞭打他们直到当场死了为止，那时候他们又可以到最近的，出卖科林斯与迦太基俘虏的柜台上买新的。

现在看看那些生而自由的农民的命运是怎样的！他为罗马尽了他的义务，毫无怨言地打了许多次仗。但是过了10年、15年或20年，他回家来了，他的地上长满了野草，他的家全毁了。虽然如此，他却是个勇敢的人，情愿再来开始他的新生命。他耕地、播种，等待成熟。他载了他的谷子和牛羊与鸡鸭到市场，看见那些用奴隶耕种的大地主们所出卖的物产都比他的价值低。他勉强维持他的地位两年，但后来他不得不在失望中放弃了。

他离开乡村，到最近的城市里来。他在城里与以前在乡间一样地挨饿。但是现在他与无数别的无产的穷人一同受苦。这些人都是拥挤在大城郊外的小屋里活着。他们很容易生病，或死于瘟疫。他们都是非常地不平。他们为他们的国家打了仗，而他们的报酬如此少。他们当然要爱听一般好事之徒对于民众所愤懑的事情所发的煽动的言论。不久，他们便成为国家安全上一个严重的危害。

但是那班新财主只是耸耸肩膀，他们辩论道："我们有的是军队，有的是警察，可以打压这些暴徒。"他们自己却躲在高墙内安乐的别墅里，栽种他们的花园，吟诵希腊的奴隶刚用拉丁文译成的悦耳的六韵诗。

只有少数的家庭仍然保存着传统的不自私的为国家服务的精神。西庇阿·阿弗里卡纳斯的女儿科妮莉亚，嫁给一个名叫格拉古的罗马人。她有两个儿子，一名提比略，一名盖约。这两个孩子长大了在政治上活动，设法推行几种非常需要的改革。调查的结果，看出意大利半岛的大部分土地全在2 000个贵族的手里。那个被选为保民官的提比略·格拉古设法帮助自由民，恢复两条旧时限制每人应得的亩数的法律。他希望用这方法恢复独立小田主的有价值的阶级。新财主们于是称他为国家的蟊贼，国家的仇敌。街上发生过好几次暴动。一个暗杀团被买通去弄死这位为民众所欢迎的保民官。提比略·格拉古便在一天走进议会时，被人打死。

10年之后，他的兄弟盖约想要不顾强有力的特权阶级的意志对于国家实行改革。他通过了一个救济贫穷农民的《贫民救助法》。但他的结果反使大多数的罗马市民变成专门的乞丐。

他在帝国的边远地区，设立贫民的殖民地，但这些殖民地并未吸引到适当的人去。以后盖约·格拉吉还没有做出别的政绩来，就被刺死了。他的党羽有被杀死的，也有出亡的。起初的两个改革家全都是君子。后来的两个性质便完全不同，他们是专门的军人，一名马略，一名苏拉，各人都有不少的党羽。

苏拉是地主们的领袖。马略是无产的自由民所欢迎的英雄，曾在阿尔卑斯山下大战内歼灭条顿人与辛布里人。

公元前88年，罗马的元老们听到从亚洲传来的流言，大起恐慌。黑海沿岸的一个国王米特里达梯（他在母亲方面是一个希腊人），看出有可以建造第二亚历山大帝国的机会，他的占领全世界的第一步便是屠杀所有正在小亚细亚的男女老幼的罗马市民。这种举动当然就是战争。元老们便调遣一支军队去抵抗本都的国王，惩罚他的罪过。但是谁做总司令呢？元老方面说："苏拉，因为他是执政官。"民众方面说："马略，因为他曾做过五任执政官，又因为他是为我们争权利的英雄。"

但是实力在谁的手里，谁就占便宜。适巧此时实际带军队的是苏拉。他东去打败了米特里达梯王，马略便逃奔非洲去了。他在那里，等候着。等到他听见苏拉已经到了亚洲，他便回意大利，纠合许多心怀不平的民众，直奔罗马，领导一群专做路劫的强盗进了城。费了五天五夜，杀尽了他的元老派的仇人，他举自己为执政官，但因前两星期的兴奋，又突然死去。

以后接连四年的骚乱。那时候，苏拉已经打败米特里达梯，宣布他准备回罗马，清理一点他自己的旧账。他是一个怎样说便怎样做的人。他的军队接连好几星期忙着处决一切同情民主党的嫌疑的市民。一天，他们捉到一个与马略常在一起的青年。他们正要吊死他，忽然跑出一个人来阻止，说"这孩子太年轻"，于是他便被释放了。这青年名叫尤里乌斯·恺撒。在下章内你又会遇到他。

至于苏拉，他已经做了"独裁者"，即罗马全境唯一最尊的治理者。他治理罗马共四年，结果，他也像别的许多罗马人一样，做了一生杀人的事业，到晚年，以种白菜消磨岁月，以后就静穆地死在床上。

但是情形并不见得进步。不但不进步，反倒更坏了，苏拉的一个密切的朋友格奴斯庞培乌斯（或庞培）将军，到东部再去抵抗那个永远滋扰的米特里达梯王。这位精干的国王被他一直赶进山里，因为深知道罗马的俘虏需受怎样的命运，就在那里服毒自尽了。庞培接着在叙利亚再次树立罗马的势力，灭了耶路撒冷城，蹚过西亚，想要重演亚历山大的伟业，最后（在公元前62年）带着满载俘虏的国王亲王与将军的大船12只回到罗马，后来强迫他们加入凯旋的游行。这个非常受欢迎的罗马人将他抢来的4 000万元贡献给了他的都市。

罗马的政府必须交给一个敢作敢为的人。不几个月之前，这城几乎落入一个不中用的年轻的贵族名为喀提林的手里，他因为把他的财产输光了，希望刮一点钱来补偿他的损失。西塞罗，一个有公益心的律师，发现了喀提林的阴谋，警告了元老院，便逼他逃走了。但另外还有些有同样野心的青年们，但这不是说闲话的时候。

庞培组织一个三人政府，管理国家大事。他做了这个警备委员会的第一席。在西班牙做总督得到名望的尤里乌斯·恺撒为二席。第三席是名为克拉苏的一个平庸人。克拉苏之所以获选，是因为他以承揽军需发财，非常有钱。不多几时，他去讨伐波斯，便战死了。至于恺撒，他是三个领袖中最能干的人，他认为必须再得点军事上的光荣，才可以做人民的英雄。他越过阿尔卑斯山，征服了现在法兰西的地方。他在莱茵河上造起一座坚固的木桥，去侵伐野蛮的条顿人的土地。最后他乘船去拜访英国。假如恺撒没有被迫回意大利，天知道他到什么地方才会停止。他听说庞培已经被推举为终身的"独裁者"。这意味着他被置于"退伍军官"之列，这个办法恺撒当然不高兴。恺撒记得他最初的生涯是随从马略。所以他决计再给这些元老和他们的"独裁者"一个别的教训。他渡过那条介乎阿尔卑斯山北高卢人的地方与意大利之间的卢比孔河。他到处受人欢迎为"民众的朋友"。所以他毫不费力地进了罗马，庞培便出奔到希腊。恺撒紧追着他，在法尔萨拉附近打败了他的扈从。庞培自己坐船渡过地中海，逃奔埃及。正在他上岸的时候，托勒密的年轻国王下令把他刺死。不多几日，恺撒赶到了。他发现自己身入陷阱。因为埃及人与那些仍然忠于庞培的罗马驻防军，双方都来攻击他的军营。

恺撒西征

　　恺撒的运气好。他用火烧埃及的舰队成功了。不期船上的火星落在有名的亚历山大图书馆（正在海边上）的屋顶上，便把这图书馆全烧了。以后他进攻埃及军，将他们的军队一齐赶入尼罗河，并且淹死了托勒密王。他又建立了克娄巴特拉（前王之姊妹）治下的新政府。正在此时，他得到米特里达梯的儿子并承继者法纳西斯出兵的消息。于是他引兵北上，战争五昼夜，战败了法纳西斯。他用那句有名的拉丁文"veni, vidi, vici"（意思就是"我来了，我看见了，我得胜了"），把他得胜的消息传送到罗马。于是他又回到埃及，对克娄巴特拉发生了热烈的爱情。当公元前46年他回来执政

102

的时候，她便跟他同到罗马。他领导过不下四次的凯旋游行队，因为他曾战胜过四次。

于是恺撒到元老院来报告他的冒险的事业，那个感恩的元老院便举他做十年的"独裁者"。这是致他死命的一步。这位新的"独裁者"很郑重地打算要改良罗马的国家。他使自由民也有当元老院议员的机会。他将市民的权利赋予远方的居民，像罗马早年的时候一样。他容许"外国人"预闻政事。向来被几个贵族据为私产的远省，他也改良了它们的行政。总之，他做了许多为多数人民的利益的事情，但是因此他深为元老院最有势力的人所不喜。半百的青年贵族设了一个"拯救共和国"的计划。在3月15日（按恺撒由埃及带来的新历是3月15日）恺撒走进元老院时，被人刺死了，于是罗马又没有领袖了。

当时有两个人都想袭受恺撒的光荣的遗业。一个是恺撒的老书记安东尼。一个是恺撒的外甥又是承继他的产业的屋大维。屋大维正留在罗马，但是安东尼为便于接近克娄巴特拉，跑到埃及去了，因为对于她，安东尼也发生了爱情，这事仿佛成了罗马军官的习惯了。

这两个人便开了仗。在亚克兴的一役，屋大维打败了安东尼。安东尼自杀身死，只剩下克娄巴特拉一人去对付敌人，她想尽方法使屋大维做她的第三个罗马俘虏。等到她看出她不能使这傲慢的贵族产生什么印象时，她便自杀了。于是埃及变成罗马的属地。

至于屋大维呢，他是一个很聪明的青年，他没有蹈他有名的舅父的覆辙。他知道人民对于某种措辞怎样害怕。他回到罗马时，他的要求并不过分。他并不要做"独裁者"，也不要特别的称号。但是数年之后，元老院称他为奥古斯都——伟大的人——他没有反对，再过几年，路上的行人称他为恺撒了，而向来视屋大维为他们的总司令的军人们称他为元帅、元首或皇帝，共和国于是变成了帝国。但是一般的罗马人对于这事实并不甚明了。

伟大的罗马帝国

公元14年时，他作为罗马元首的地位已经非常巩固，人民当他神一般地敬奉了。后来他的承继者都做了真"皇帝"——为世上空前的大帝国的全权治理者。

实在说起来，一般市民对于那些纷乱与无秩序已经厌烦了，疲倦了。所以不管谁来治理都可以，只要那个新主人给他安静生活的机会，没有永远不完的街斗的喧闹。屋大维对他的百姓们担保了40年的平安。他没有扩充领土的野心。公元9年，他计划出征条顿人所住的西北的旷野。但是他的军官瓦卢斯以及所有他的兵士都在条顿森林中战死了。从此以后，罗马人便不再想去教化那些野蛮人了。

他们集中势力在内政改良的大问题上。但这时候已经来不及做什么了。200年的革命与对外的战争不断地牺牲了青年中的优秀分子。它摧残了自由农民的阶级。它采用了奴隶的劳工，致使自由民不能希望与之竞争，它又将这些都市造成一堆穷苦羸弱弃家逃亡的农民的蜂窝。它制造出一个庞大的官僚政府——一群薪俸过薄，无法养家而不得不受贿赂的小官吏们。它的最大的弊病，是使人民对于暴动、流血，以别人的苦痛为快乐的这种事情习以为常了。

在外表上，罗马的国家在公元1世纪时要算是一个伟大的政治组织，甚至于亚历山大帝国都变成它的一个小省份。但在这个光荣之下，却住着无数穷苦疲乏的人们，好像在一块大石底下筑巢穴的蚂蚁那样辛苦劳动。他们工作是为别人的利益，吃的是牲畜的食物，住的是马厩，直到最后绝望而死。这是罗马成立后第753年的时候，盖维斯·屋大维·奥古斯都住在帕拉丁山的王宫里，忙着治理他的帝国大事。

在远远的叙利亚的一个小村里，木匠约瑟的妻子玛利亚，正在抚养那个生在伯利恒的马槽里的男孩。这是一个奇怪的世界。不久，王宫与马槽公然宣战。结果，马槽得胜了。

25. 拿撒勒的约书亚

一段关于耶稣的故事

在罗马纪年815年的秋天，就是公元62年，罗马的一个医生名叫伊司苛尔庇斯·克推路斯的写信给他驻扎在叙利亚的军队里的侄子如下：

我的亲爱的侄子：

　数日前，有人请我去给一个名叫保罗的病人治病。他似乎是一个犹太血统的罗马市民，受过些教育，态度很文雅。据说他到此处来是为一件由我们的该撒利亚或地中海东部的地方法庭上控的案子。人们说他是一个"野蛮强悍"的人，说他做过反对人民与法律的演讲，但据我看，他是一个很聪明很诚实的人。

　从前在小亚细亚的军队里的一个朋友告诉我，他听说过关于保罗在以弗所城里宣传一个异教的新上帝的一些事情。我问过我的病人，这话是否真的，他是否劝过

106

人民反抗我们所爱的皇帝的意志。保罗回答我说，他所说的王国不在这个世界，他又说了许多离奇的话，我都不明白，这大概是因为他的热病的缘故。

他的人格给我一个很大的印象，我听说不多几日以前，他在奥斯提亚路上被杀了。很觉难过。我写这信给你的意思，是下次你再到耶路撒冷时，你要调查一下关于我的朋友保罗与那位奇怪的犹太先知（这人好像是他的老师）的事情。我们这里的奴隶对于这位弥赛亚（救世主）非常热心，其中有几人因为公然讨论那个新的王国（不论它是什么意思），都被钉死在十字架上了。我很愿意知道这些消息的实在情形。

你的叔父

伊司苛尔庇斯·克推路斯

6个星期之后，那个高卢步兵的第七队队长答复如下：

我的亲爱的叔父：

来信收到了，你的命令我也遵行了。两星期以前，我们的军队被调到耶路撒冷城。这地方在前一世纪里发生过许多次革命，所以这古城已经残破得没有多少东西了。我们在此地已有一个月，明天又要继续开向佩特拉，因为那里有阿拉伯人的骚扰。我趁今天晚上答复你的来信，但是请你不要希望会有一个详细的报告。

我同这城里的许多老人谈过话，但很少人能给我切实的消息。数日前，一个小贩到我们营里来，我买了他几个橄榄，问他曾否听见过那位在年轻时被杀的著名的弥赛亚，他说这件事他记得顶清楚不过的，因为那时他的父亲带他到各各他（正在城外的一个小山）去看行刑，叫他知道做犹太民族的法律的叛徒所得的结果。他给了我弥赛亚的一个朋友名叫约瑟的住址。
他说如果我要知道更多的事情，最好找这个人。

今天早晨我去见约瑟。他已是一位风烛残年的老人了。他从前在一个淡水湖上做渔人。他的记性很好，关于我出生前的扰乱时代所发生的事情，我从他那里终于得到一个详尽的确实的报告。

圣地

当时我们那位赫赫有名的大皇帝提比略正在位，一个名叫本丢·彼拉多的正做犹太与撒玛利亚的总督。约瑟对于这位彼拉多的事情不大知道。他似乎是一位很廉洁的官吏，他以前做检察官时曾留下一个很好的名誉。在783年或784年（约瑟忘记了究竟是哪一年），彼拉多被调到耶路撒冷来镇压暴动。据说有一个青年（拿撒勒的一个木匠的儿子）在计划对罗马政府革命。奇怪得很，我们自己的情报员，向来消息很灵通，关于这次的事件好像一点也不知道。他们在实地调查之后，报告说那个木匠是一个很驯良的市民，找不出什么理由来办他。但据约瑟说，犹太教旧派的领袖们心里很不安。他们最忌的，因他受大批贫穷的希伯来人的欢迎。这个"拿撒勒人"（他们这样告诉彼拉多）公然要求不论是希腊人、罗马人，甚而至于非利士人，只要他有一个端正的诚实的生活，便与终生研究摩西的古代法律的犹太人无异。彼拉多对于这类话不发生任何感想。但当民众群集庙前要私自处死耶稣，并要杀尽他所有的门徒时，他决意把这个木匠拘留起来，好救他的性命。

他似乎没有明白这次冲突的性质。他每次请教犹太的僧侣们解释他们愤懑的理由，他们总是大声叫唤"邪教""叛徒"，显得很激动的样子。约瑟告诉我，后来彼拉多把约书亚（这就是那个拿撒勒人的名字，但这里的希腊人称他为耶稣）召来，亲自审问一番。他们谈了几个钟头。彼拉多问他，人们说他在加利利沿海宣传的"危险的主义"是怎样的。但是耶稣回答说，他是从来不谈政治的。他注意人们的灵魂，并不注意人们的肉体。他要一切的人待他们的邻人如待自己的弟兄一样，要他们敬爱一位为我们所有人类的父亲的唯一上帝。

那位似乎熟悉斯多葛学派与别的希腊哲学家学说的彼拉多，在耶稣的谈话中，好像找不出什么叛乱的意思来。据报告我的人说，彼拉多又想了一个方法，去救那位仁爱的先知的性命。他把行刑的日期延缓了。这时犹太人民受僧侣们的激励，发了狂。在这事之前，耶路撒冷城里发生过许多次暴动，所以在近处可以调动的罗马兵并不多。有人报告该撒利亚的罗马当局说，彼拉多已经"着了这个拿撒勒人的道理的迷"。全城里散满了要求撤回彼拉多的请愿书，因为他是皇帝的仇敌。你知道我们的政府下过务必避免与外国臣民公然决裂的严厉的训令。彼拉多为使国家避免内乱起见，结果牺牲了那个行为端正，待敌如友的囚犯，约书亚。他便在耶路撒冷群众的笑骂怒号中，被钉死在十字架上。

以上都是约瑟告诉我的，他说话时热泪流下他的苍老的面颊。我临走送他一个金币，但他不受，要我送给一个比他更穷的人。我又问他关于你的朋友保罗的几个问题。但他不很知道他。保罗仿佛是一个搭帐篷的人，因为要宣传那位仁爱的恕人的上帝的福音（这位上帝与犹太僧侣们一向所讲的耶和华完全不同）便丢掉了他的职业。后来仿佛他又遨游小亚细亚及希腊的各地，告诉奴隶们说，他们都是一位仁爱的父亲的子女，不论富贵贫贱，只要一生做人诚实，怜恤受苦受难的人，便有幸福等候他们。

　　我希望我的答复使你满意。我以为这段故事，于国家的安全是毫无妨害的。但是，我们罗马人从来不能了解这地方的人民。很可惜，他们已经把你的朋友保罗杀死了。我希望我又在家里了。

你的顺从的侄子

格兰迭斯·安沙

26. 罗马之亡

罗马不是在一天之内造成的，它的灭亡也费时很久

古代史教科书上常以476年为罗马灭亡的年代，因为那一年里最后的皇帝被逐退位。但是罗马不是在一天之内造成的，所以它的灭亡也费很久的时间。它进行得很慢，一步一步的，所以大部分的罗马人并没有理会他们的老世界是怎样完了的。他们抱怨不能过安宁的日子——怨恨物价昂贵，工价低廉——诅咒那般垄断五谷、羊毛、金钱渔利的人。有时候他们反抗一个过于贪婪的官吏。但在我们公元最初的4世纪中，大部分人民只要钱袋没有空，还照样地吃喝；按各人的天性去爱人恨人；只要戏院里有不花钱的格斗可看时，就跑去看戏；要不然，就在这大城的陋巷里挨饿，绝对没有理会到他们的帝国已经失去它的功用，命定灭亡的这个事实。

他们如何能理会这个可怕的危险呢？罗马正显耀着一个很光荣的表面。修理得很好的道路四通八达，皇家的警察非常敏捷，对于盗贼从不宽容。对于占据欧洲北部荒地的野蛮部落防备得很严密。全世界都进贡给这大都市，还有多少有本领的人为革除过去的错误，恢复从前共和时代的幸福状态，在那里夜以继日地努力工作。

但是这个国家衰落的根本原因（我在前一章内已经说过）并没有铲除，所以改革是没有希望的。

罗马，如同雅典与科林斯为古希腊内部的都市国家一样，自始至终永远是一个都市国家。它的力量诚然可以统治意大利半岛。但要统治整个的文明世界，在政治上是不可能的，不能持久的。他的青年，都在连年不断的战争里牺牲了。它的农民都被长期的军役与重税的负担摧残了，他们不是变成专门的乞丐，便被有钱的地主们雇做"农奴"，由地主们供给他们食宿，换取他们的工作——这些不幸的人，既不算是奴隶，也不算是自由民，只像田地上的耕牛和树木一样，变成他们所耕的田地的一部分。

无论什么事都是为帝国，为国家，普通的市民降低到无足重轻。至于那些奴隶们，他们已经听到保罗的宣讲。他们已接受那位卑微的拿撒勒木匠的福音。他们并不反抗他们的主人。不但不反抗，他们受的教训是做人必须驯良，所以很服从他们的主人。他们对于这个世界上的一切事物都不发生趣味，因为它是一个如此苦痛的栖留地。他们虽愿拼一死命去进天国，但是专为野心的帝王想要借着侵略波斯人、努米底亚人或苏格兰人的土地以获得光荣的战争，他们却不愿意加入。

这样的年代渐渐地过去，情形渐渐地坏下来。最初的几个皇帝仍然维持从前酋长足以约束他们的臣民的那种"领袖"风气。但是2、3世纪的皇帝，都是些军营里出身，地道的军人，全靠着自己的卫队生存。他们一个承继一个非常地快，他们都是杀进宫去的，等到他们的承继者一有了钱，可以买通卫队起一个新革命时，于是又被从宫中杀出来。

同时北部的蛮族又在边境叩门。因为罗马本国已无军队可以阻其前进，所以只好雇用外国军队来抵抗他们。有时雇来的外国兵与他的敌人是同血统的，所以战争的时候，很容易纵容敌人。结果，少数的部落便被允许居留在帝国疆土之内，作为试验。其余的部落也跟着来了。不久，这些部落非常抱怨贪婪的罗马征税员，因为他们最后的一文小钱都被搜刮去了。他们到了没有办法时，便直驱罗马，高声要求罗马政府听他们的委屈。

野蛮人攻下一座罗马城市

这事使做帝都的罗马城当然很不舒服。当时君士坦丁皇帝（他自323年至337年在位）正要找一个新的京城。他选定了欧亚通商的要道拜占庭。这城改名为君士坦丁堡，朝廷于是东迁了。君士坦丁皇帝死后，他的两个儿子，为使行政更有效率起见，便将这个帝国分而为二。长兄住在罗马，治理西部。弟弟住在君士坦丁，做了东部的主人。

以后便是第4世纪有匈奴的可怖的光顾。这些怪异的亚洲骑

114

士，占据欧洲北部200余年，继续干他们的流血事业，直至451年时，在法兰西的沙隆附近才被战败。匈奴一到多瑙河，便开始进逼哥特人。哥特人为保护自身起见，不得不进攻罗马。瓦伦斯皇帝设法抵抗他们，但于378年被杀死在阿德里安堡的附近。22年之后，这些西哥特人，由他们的阿拉里克王率领着，向西进攻罗马。他们并未劫掠，只毁了几个宫殿。其次来了汪达尔人，他们无视罗马悠久的历史，纵火抢劫，造成极大的破坏。以后又来了勃艮第人、东哥特人、阿勒曼尼人、法兰克人。进攻的人简直源源不绝。到了最后，罗马变成了任何野心家都唾手可得的猎物，只要纠集几个追随者，就能够掌控罗马的命运。

罗马

在公元402年，皇帝出奔到防御坚固的拉文纳海港。475年时，日耳曼佣兵的联队长奥多亚塞，想要分割意大利的田地，便很和缓地但是有效力地赶开西罗马最后的皇帝罗莫路斯·奥古斯都路斯，宣布自己为罗马的治理者。东罗马的皇帝，因为忙于自身的事情，便承认了他。奥多亚塞治理西部残留省份，有十年之久。

数年之后，东哥特的狄奥多理克王进攻这新建的王国，占领了拉文纳，将奥多亚塞杀死在他自己的饭桌上，遂于帝国西部的废址中，建立了哥特王国。这个王国的寿命并不久。在6世纪时，一群群伦巴第人、萨克森人、斯拉夫人、阿瓦人的杂色军队来攻意大利，灭了哥特王国，建立了一个新的国家，以帕维亚为都城。

到后来，这个帝国都市变成无人注意完全绝望的国家。古代的宫殿已经受过无数次的劫掠。学校都被烧了。学校的教员都被饿死了。有钱的人们都从别墅里被人赶出来，如今这些别墅里却住着臭气熏人、毛发茸茸的野蛮人。道路也破坏得不堪了。旧时的桥梁也没有了，商业也停顿了。数千年来埃及、巴比伦、希腊与罗马诸民族孜孜不倦地工作所产生的以及将人们高举到他们的古代祖宗所梦想不到的地位的文明，势将在西大陆上消灭了。

诚然的，在远东的君士坦丁堡又继续做了1 000年的帝国的中心。但它不能算为欧洲大陆的一部分。它的兴趣是在东部。它一起始便忘记它西部的来源。罗马的语言渐以希腊的来代替。罗马的字母也被废弃了。罗马的法律是用希腊文写成的，由希腊审判官来解释。东罗马皇帝变成一个亚洲的暴君，他受人民的崇拜如3 000年前那位如神的底比斯王受尼罗河流域的居民的崇拜一样。那时拜占庭教会的传教士要找几个新的活动的范围，便到东部将拜占庭的文明传入俄罗斯的辽阔的旷野。

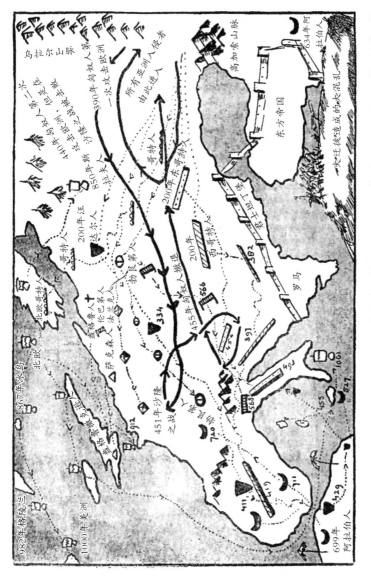

野蛮人的入侵

至于西部则已落入野蛮民族的掌中。暗杀、战争、放火、劫掠为日常之事者约有12代之久。但是一件事情——只于一件事情——挽救了欧洲，使它不至于完全毁灭，不至于退回到穴居人与野兽生活里去。

　　这便是基督教会——一个数百年来承认自己为拿撒勒木匠耶稣的门徒的无数卑微的男女的团体。这位耶稣，就是大罗马帝国为避免在叙利亚边境的一个小城里的暴动而被杀死的。

27. 教会之兴

在固定的秩序被野蛮与蒙昧扫荡之后，基督教会便成了那个"代替"

在帝国之下生存的一般有知识的罗马人，对于他们祖宗所信仰的上帝很不注意。一年之中他们到教堂里去的次数很少，即便如此亦只是随俗而已。人民举行庄严的游行会或庆祝宗教节时，他们亦不过耐心地旁观而已。他们认为至今还去信仰朱庇特神、密涅瓦神与尼普顿神，未免太幼稚了。由罗马野蛮时代遗留的宗教不值得精通斯多葛学派与伊壁鸠鲁学派以及别的雅典大哲学家的著作的人去研究。

这种态度使罗马人变成很宽容的人。政府主张所有的人，罗马人、外国人、希腊人、巴比伦人以及犹太人，对于皇帝的偶像皆需有一种表面的尊敬（罗马的庙宇里，像美国的邮政局里都挂一张合众国总统的照片那样，都有一个皇帝的塑像）。但这只是一种形式，并没有什么深的意义。实际上各人都有信仰的自由，结果，罗马城充满了无数敬奉埃及神的、非洲神的、亚洲神的各样奇怪的小庙与教堂。

第一批耶稣门徒到罗马来开始宣传他们的博爱的新教义时，没有人反对。路上的行人都站定了来听。罗马的首都，一向有许多游方的传教士，各自宣传各自的"神秘之道"。那些自己任命的大多数僧侣都重在宣传感官的享受——他们说凡是信仰他们的上帝的人，会得到黄金的报酬与无穷的幸福。不久，街上的群众觉出那些所谓基督教徒（基督的或抹过香膏的人的门徒）所讲的话与此完全不同。他们仿佛不注意于富贵的地位。他们赞美贫穷谦卑和驯良的美德。这些都不是使罗马成为全世界治理者的美德。但正在隆盛时代的人民听听人世间的成功不能予他们永久的幸福的那种新奇言论，倒也很有点趣味的。

那些基督教传教士此外又讲了许多关于一切不听真神的话的人会遇见何种命运的那类可怕的故事。冒险绝不是聪明的事。旧的罗马神自然还存在着，但是否他们有力量保护他们的朋友们不受由遥远的亚洲传入欧洲的新教的冲击呢？人民开始产生怀疑了。他们回来再听听这个新的信仰其他的道理是怎样的。不久他们便去接近那些讲道的男女们，看出这些人与普通的罗马僧侣完全不同，他们都非常穷苦，对于奴隶，对于禽兽都很仁爱。他们不求财富，反将自己所有的送给别人。这种不自私的榜样，使许多罗马人不得不放弃他们的老宗教，加入在私人家的暗室内或在旷野聚会的基督教的小团体，而那些庙宇便无人问津了。

如此一年一年地过去，基督教徒的人数继续增加。于是他们选举几个长老或神父保护小教会的利益，又选举一个主教为一省所有教会的领袖。当初随从保罗到罗马来的彼得做了罗马第一个高级教士。经过相当长的时期后，他的继承者称为教皇了。

那时基督教会便成了帝国内重要的组织。基督教的理论吸引了一切对于现世界失望的人们，又吸引了许多在帝国的政府之下无法建立事业而可以在拿撒勒教师的卑微的门徒中运用他们做领袖的才干的人们。于是政府便不得不加以注意了。罗马帝国（我在前边说过的）向来是不管不顾，容让一切的。它让各人有选择救主的自由。但它主张各派的宗教间必须维持和平，必须顺从"自己活着，也让别人活着"的那条聪明法则。

虽然如此，基督教会却反对任何的宽容。他们公然宣布他们的上帝，只有他们的上帝，是天上与地上的真正的治理者，其余一切的神都是骗子。这种态度对于别的宗教似乎太不公道，警察便来干涉这类语调。但是基督教徒执意不改他们的主张。

不久又发生了别的冲突。基督教徒拒绝参加朝拜皇帝的各种仪式，并且拒绝加入军队。罗马的法官遂以惩罚来恐吓他们。但是基督教徒回答说，这个悲惨的世界不过是到幸福的天堂的一间等候室，所以为他们的宗旨而牺牲性命是他们再愿意不过的事情，罗马人反为这种行为迷惑了，有时捉到几个犯人杀了，但是不杀的时候多。在教会成立的初年，尚有多少的私刑，但这都是一部分的暴徒所为，他们用任何想得到的罪名（如同杀死或吃了小孩或带进疾病与瘟疫来，或在国家危急时卖国等罪名）加害驯良的基督教徒。因为基督教徒不会反抗，所以这是一种无害的游戏，不会发生危险的。

那时候，罗马仍然不断受野蛮民族的攻击，及至它的军队失败后，基督教的传教徒便去到野蛮的条顿人中，宣传他们的和平的福音。他们是勇敢不怕死的人。他们所说的关于不肯忏悔的罪人的报应如此的确切，使条顿人大受感动。当时条顿人对于罗马古城的人的智慧仍然很崇拜，这些传教徒既然是罗马人，他们所说的大概是真话。不久，基督教的传教徒变成野蛮的条顿人与法兰克人区域内的一个势力。半打传教徒比得过一个军队。皇帝也开始明白这些基督教徒或者于他们有大用处。在有的省份里，基督教徒竟得到了与信仰旧神的人们同样的权利。但是大的变动都发生在4世纪的后半期内。

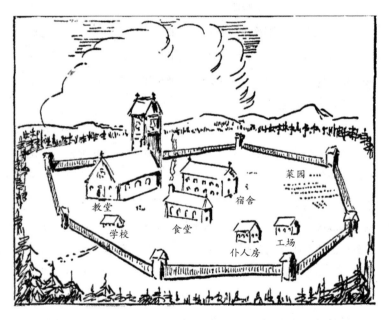

修道院

那时君士坦丁正做皇帝。他是一个凶狠的恶棍，但是品性温柔的人在那个战争凶猛的时代，不能希望生存。在他的长久的盛衰无常的生涯中，君士坦丁经历了不少的起伏。有一次他几乎被敌人打败了，他想何妨试验一下那位人人所讲的亚洲的新神的权力呢。他

122

允诺假如这次他打了胜仗，他便皈依基督。他果然得了胜仗，于是承认基督教的上帝的权力，受了洗礼。从那时起，基督教会被公然承认，因此新的宗教的地位便十分稳固了。

但是基督教徒仍然占人民中极小的部分（不会超过5％或6％之数），为求胜利起见，他们不得不拒绝各种让步。旧的神必须废除。在一个短小的期间内，那位醉心于希腊人的智慧的朱利安皇帝设法不使异教的神再遭破坏。但是朱利安在波斯的一役受伤死了，而他的承继者朱维安又恢复了基督教会的光荣。古代的庙宇一个个地相继闭门大吉。查士丁尼皇帝即位之后（他在君士坦丁堡内建立圣索菲亚教堂），遂将以前柏拉图在雅典所建设的哲学院停止了。

那便是人民在那里可以自由想他的思想，做他的梦的古希腊世界的末年。在固定的秩序被洪水一般的野蛮与蒙昧扫荡之后，以哲学家的空泛不切实际的规则作为生命的指南是不中用的。必须有一个更积极更确定的东西。这个由基督教会供给了。

在一个凡事无定的时代内，基督教会俨如岩石一般地屹立着，凡是它认为真实的神圣的原则从来不让步。这种坚定的勇气博得无数人的钦佩，并且维护罗马教会安然无恙地渡过那些毁灭了罗马国家的困难。

然而，基督教最后的成功，另有一个命运的要素在其中。自从狄奥多理克的罗马——哥特王国灭绝之后，在5世纪时，意大利比较地不受外来的侵略。继哥特人之后的伦巴第人（注：伦巴第人原名为Longobards，其后裔称为Lombards，今为便利起见，将二者都译为伦巴第人）、萨克森人与斯拉夫人，都是些柔弱落伍的部落。在那种情形之下，罗马的主教容易维持他们的都市的独立。不久散布在半岛的帝国的残余便承认了罗马公爵（或主教）为他们政治与宗教上的治理者。

这个舞台是受一个强勇的人摆布的。那人于590年出现了，他的名字叫格里高利。他属于古代罗马统治者之阶级，做过首都的市长。后来他又做过修道士、主教，最后，非他所愿地（因为他愿意做一个传教士，到英国的异教徒中宣讲基督教）被拉入圣彼得的教堂，被推举为教皇。他只治理了十四年，但他死后，西欧基督教的世界公然承认罗马的主教与教皇为全体教会的领袖。

但这势力并未扩充到东方。君士坦丁堡内的皇帝，按旧例依然承认奥古斯都与提比略的承继者为政府的首领，同时为国教的大祭司。1453年，东罗马帝国为土耳其所征服。君士坦丁堡被占领了，罗马最后代的皇帝君士坦丁·帕里奥洛格斯，被弑在圣索菲亚教堂的台阶上。

哥特人来了

在不多几年以前，他的兄弟托马斯的女儿佐伊嫁给了俄罗斯的伊凡三世。因此莫斯科的大公爵便承受了君士坦丁堡的文化。老拜占庭的双头鹰（追念罗马分为东西两部的时代）成了近代俄罗斯的国徽。那位仅仅占俄罗斯贵族的首位的沙皇也装起罗马皇帝那种高贵尊严的态度，一切人民，无论高低，在他面前都是卑微的奴隶。

俄罗斯的朝廷改造了东方的式样，即东罗马皇帝由亚洲与埃及输入的与亚历山大大帝的朝廷相像的（他们这样自夸）式样。这个奇怪的遗产，由将死的拜占庭帝国传授给一个未尝料到的世界，在俄罗斯辽阔的平原上很兴旺地继续生存了600年。最后一位戴君士坦丁的双头鹰皇冕的人尼古拉皇帝，说起来好像就在前几天被杀的。他的尸体被抛入井中。他的儿女全被杀死。他旧有的一切权利与特权全被废除，那个教会也被降至君士坦丁时代以前的罗马教会的地位。

28. 穆罕默德

阿拉伯沙漠的先知及追随者，为了真主安拉的荣耀，几乎征服了整个世界

自迦太基和汉尼拔之后，我们没有再提到闪米特人。若你还记得他们，就能想起在本书讲述的古人类的故事的所有章节中都有他们的影子。巴比伦人、亚述人、腓尼基人、犹太人、阿拉姆人、迦勒底人都是闪米特族人，足足统治了西亚三四千年。后来，他们被来自东方的印欧语系的波斯人和来自西方的希腊人征服了。亚历山大大帝死后100年，腓尼基人统治下的迦太基城，为了争夺地中海统治权，和罗马人起了战争。结果迦太基战败，并被彻底摧毁。此后的800年，罗马人一直是世界的主宰。然而到了7世纪，另一支闪米特部族揭开幕布登上舞台，开始挑战西方世界的权威，他们就是阿拉伯人，沙漠里生性温和的牧羊人。起初，他们并未流露出任何建立帝国的野心。

后来他们追随穆罕默德，跨上战马，在不到一个世纪的时间里，他们推进到欧洲的中心，向受惊的法兰西农民，宣讲他们"唯

一的上帝"的荣耀和先知穆罕默德的信条。

阿卜杜拉和阿米娜的儿子阿哈迈德（世人皆称他为"穆罕默德"，意思是"该受赞美的人"）的故事，像极了《一千零一夜》里的故事。他生于麦加，原是赶骆驼的商人。据说他有过一阵昏迷，做了一个奇特的梦，在梦中听到大天使迦伯列同他说话，这些话后来被记载在《古兰经》里。作为商队的首领，穆罕默德走遍了阿拉伯，他经常与犹太商贾和基督教商人往来。从他们那里，穆罕默德逐渐意识到对一个神的崇拜是件很美好的事情。而当时他的阿拉伯人，还像他们几万年前的祖先一样，崇拜奇怪的石头和树木。在他们的圣城麦加，矗立着一座方形的建筑——克尔白，至今还保留着许多奇形怪状的器物。

穆罕默德决心成为阿拉伯人的摩西，但他不可能同时是赶骆驼的商贩和先知。于是他通过与他的雇主查迪雅——一个有钱的寡妇结婚，使自己获得经济上的独立。然后，他开始向麦加的邻居们宣讲，称自己是真主安拉派遣来拯救世界的先知。他遭到了邻居们的嘲笑，但依然执着地继续向他们讲道，最后终于被他们厌恶至极。他们把他当作疯子并要杀死他。穆罕默德得知了这一阴谋，便和他最信任的学生阿布·伯克尔一起，在黑夜里逃去了麦地那。这件事情发生于公元622年，这是伊斯兰教最重要的日子，即穆斯林公元元年。

在麦地那，穆罕默德完全成了一个陌生人，他发现自称先知比在他的家乡麦加城里容易多了。但在穆罕默德的家乡，人人都知道他是一个赶骆驼的商贩。很快，他被越来越多的追随者，即穆斯林所包围，他们接受了伊斯兰教，"服从上帝的意志"是穆罕默德认为的所有美中最高的，他的传道事业也发展得很好。7年来，他一直向麦地那人布道，不久穆罕默德相信他的力量足以对那些曾经嘲笑他本人和他的神圣使命的邻居开战了。他率领一支由麦地那人组成的军队，浩浩荡荡地穿过沙漠，他的追随者们不费吹灰之力就把麦加城拿下了。这样一来就很容易让其他人相信穆罕默德真的是一位伟大先知了。

从那时起，一直到穆罕默德逝世，他所进行的一切事业都非常顺利。

伊斯兰教的成功有两个主要原因。首先，穆罕默德传给他的信徒的信条非常简明。信徒被告知：必须热爱宇宙的主宰仁慈而怜悯的神——安拉；必须尊重父母，顺从他们的命令；与邻居交往时要诚实；要温顺谦卑；乐于施助贫病；最后，禁止饮烈酒，吃穿用度要有节制。与基督教的区别是伊斯兰教里没有"看护羊群的牧人"，即那些需要信徒掏腰包供养的教士和主教们。穆斯林的"教堂"——清真寺，仅是一座没有长凳和图画装饰的石砌大厅。信徒们可以自愿聚集于此，阅读和讨论《古兰经》里的篇章。一般的穆斯林都能谨遵信仰，从不觉得戒规束缚身心。他们每天五次面朝圣城麦加的方向，念诵简单的祷词。他们把其余的时间交给真神安拉，然后怀着极大的耐心，顺从命运安排给自己的一切。

以这种态度对待生活，他们没有被鼓励发明电动机，或者操心铁路和轮船的路线。但是每个穆斯林都感到相当满足。让他们以平和的心态与这个世界和平相处，这当然是一件非常好的事情。

穆斯林与基督徒战争取得胜利的第二个原因：穆斯林士兵奔上前线作战是为了自己真正的信仰。先知穆罕默德激励他们说：凡是勇往直前，敢于面对敌人战死的穆斯林，可以直接进入天堂。这样一来，战死沙场比在世上漫长而痛苦地度过一生，更容易让人接受。它给了伊斯兰教徒比十字军更强大的心理优势。出于对黑暗的地狱的长期恐惧，十字军宁愿尽力抓住现世好好享受。顺便说一句，这解释了为什么即使是今天的穆斯林士兵也会对等待他们的命运漠不关心，也解释了为什么他们是如此危险和顽强的对手。

在整顿好宗教殿堂后，穆罕默德现在开始享有他作为许多阿拉伯部落无可争议的统治者的权力。不过，他的成功靠的是许多身在逆境中的人的共同努力。他试图通过一系列能吸引富人的规定来赢得富人的好感。比如他允许信徒有四个妻子。伊斯兰教起初是为荒漠中的劳苦牧人创立的宗教，逐渐被改造以适应需要住在城市别墅里的富商们。这有悖初衷的转变让人遗憾，这对伊斯兰教的事业没有什么好处。至于先知本人，他继续宣扬真主的真理，并宣布新的行为准则，直至公元632年6月7日，因热病辞世。

伊斯兰教哈里发（或领袖）的继任者是他的岳父阿布·贝克尔，他曾与穆罕默德共患难。两年后，阿布·伯克尔死去，奥玛尔继位。不到十年，他征服了埃及、波斯、腓尼基、叙利亚和巴勒斯坦等地，并使大马士革成为第一个伊斯兰世界帝国的首都。

奥玛尔之后由穆罕默德的女儿法蒂玛的丈夫阿里继承，但是一场关于伊斯兰教义的争吵爆发了，阿里被谋杀了。他死后，哈里发成为世袭制，以宗教起家的领袖们此时摇身一变成了一个庞大帝国的统治者。他们在幼发拉底河沿岸，巴比伦废墟附近建造了一座新城，并把它叫作巴格达，他们把阿拉伯骑兵组织成骑兵团，开始远征异教世界，为的是传播真主安拉的福音。公元700年，一位名叫泰里克的穆斯林将军跨越赫尔克里斯门，到达了欧洲一侧的一块大石头，他称之为直布尔，也称泰里克山或直布罗陀。

11年后，在赫雷斯·德拉弗龙特拉战役中，泰里克打败了西哥特国王，然后穆斯林军队向北移动，沿着汉尼拔的路线，他们越过了比利牛斯山脉。在波尔多附近战胜了阻止他们的阿奎塔尼亚公爵，继续向北挺进巴黎。

公元732年，也就是穆罕默德逝世100年后，他们在图尔和普瓦捷之间的一场战斗中被打败了。那一天，法兰克人的首领查理·马泰尔（绰号"铁锤查理"）从伊斯兰教徒的骗局中拯救了欧洲。但穆斯林骑兵依然占据着西班牙，阿卜杜勒·艾尔·拉赫曼在此建立了科尔多瓦哈里发王国，成为欧洲中世纪最伟大的科学和艺术中心。

十字军和伊斯兰教之间的斗争

这个伊斯兰王国统治西班牙长达7个世纪，因为它的统治者来自摩洛哥的毛里塔尼亚地区，所以历史上也称其为摩尔王国。直到穆斯林在欧洲的最后一个堡垒——格拉纳达于1492年陷落之后，哥伦布才得到西班牙皇室的委任状，进行伟大的航海历程。不久，穆斯林又积聚力量，征服了亚洲和非洲的许多土地。时至今日，穆罕默德的追随者几乎与基督徒一样多。

29. 查理大帝

查理大帝如何承受皇帝的称号，并设法恢复世界帝国的旧理想

普瓦捷的一战，虽已将欧洲从伊斯兰教徒手中救出来，但是内部的敌人——自从罗马废去警察之后所发生的没办法的扰乱——仍然在那里。欧洲北部的新基督教徒诚然对于罗马的伟大的主教十分尊敬。但那位可怜的主教，望着遥远的高山，并不觉得如何安全。上帝知道不定哪一个新的野蛮部落会过阿尔卑斯山来给罗马一个新的攻击。所以那位世上的精神界的领袖需要——必须——找一个强有力的，且在他危险时情愿保护他的联盟国的人。

于是那些不但非常神圣而且非常实际的教皇便物色起朋友来，不久，他们找到了在罗马灭亡后占据欧洲西北部的最有希望的日耳曼部落的法兰克人。他们初年的墨洛维王在451年时，曾经帮助罗马人在加泰罗尼亚之战打败过匈奴人。他的后裔墨洛温王族，还不断地蚕食帝国的疆土，到了486年时，他们的克洛维王（老法兰西话称为"路易"），觉得他的能力足以打倒罗马人了。但他的后裔都是些软弱的人，将国家的政务完全托付给他们的首相，即宫内大臣。

那位著名的查理·马特的儿子矮子丕平袭受了他父亲的宫内大臣的职位之后，不知道如何对付那个局面。他的国王是一个热心的神学家，对于政治毫无趣味。丕平于是去征求教皇的意见。那位讲实际的教皇回答他说："实际操政权的人，这政权便属于他。"丕平明白教皇的暗示，便劝墨洛温王朝最后的希尔德里克三世当僧侣，并征得其余的日耳曼酋长的同意，自立为国王。但这个还不能满足那个狡猾的丕平，他要一个比野蛮民族的酋长更高的地位。他举行一个很繁缛的仪式，请欧洲西北部的卜尼法斯大主教来给他抹香膏，奉他为"蒙神恩的王"。将"蒙神恩"的字样掺入加冕礼的仪式内固然容易，但是将这个字样重新抽出来几乎费去1 500年之久。

丕平非常感激教会这次的善意。他为保护教皇，替他反抗敌人两次出兵意大利。他由伦巴第人手中夺取拉文纳与别的几个城市送给教皇，教皇便将这些新的领土归并在所谓的教皇国内。一直到50年前，这个教皇国还是独立的。

丕平死后，罗马与亚琛，或奈梅亨，或因格尔海姆间的关系（法兰克王向来没有一定的宫殿，但是带着所有的大臣与朝廷的官员到处旅行）日益密切了。到后来教皇与国王的关系又进了一步，这一步对于欧洲历史有重大的影响。

查理（普通称为查理大帝）在768年袭受了丕平的王位。他征服在日耳曼东部的萨克森人的地方，又在北欧大部分的地方建满城市与修道院。因为阿卜杜勒·拉赫曼敌人的请求，他又进攻西班牙，与摩尔人相战。但在比利牛斯山那边，他受野蛮的巴斯克人的袭击，被迫退兵。布列塔尼的罗兰大侯爵，在这个时候表现了当时法兰克酋长对于君主所尽的忠心，为掩护王军的撤退，将他自己的以及他信赖的随从的性命都牺牲了。

在8世纪末后的10年内，查理大帝不得不专心应付南方的事情。一群暴徒袭击教皇利奥三世，他们以为他死了，把他丢在街上。有几个善心人替他处理好伤处，帮他逃奔他所求救的查理大帝的军营里。一支法兰克军队迅速恢复了秩序，将利奥送回到那个自从君士坦丁大帝以来便以此为教皇之家的拉特兰宫去。那时正是公元799年的12月。第二年的耶稣圣诞日，正住在罗马的查理大帝到圣彼得大教堂来参加礼拜的仪式。他在祈祷后，站起来的时候，那位教皇便把一顶皇冠加在他的头上，奉他为罗马的皇帝，对他重新用起数百年来没有听过的"奥古斯都"的名称来了。

欧洲北部又变成罗马帝国的一部分，它的皇帝乃是一位只能读一点书而不能写字的日耳曼酋长。可是他善于打仗，不久的工夫，已把地方整理了，就连在君士坦丁与他对峙的皇帝都给他"亲爱的哥哥"一封钦佩的信。

不幸这位显赫的老人于814年逝世，他的子孙谁都欲得这帝国的最大一份的遗产，立刻发生了冲突。加洛林王朝的诸地由两次条约，一次是843年的《凡尔登条约》，一次是870年的默兹河上的《默尔森条约》分割了两次。第二次的条约将法兰克王国一分为二。秃头查理得到西边的一半，其间包括著称为高卢的旧罗马的属地，那里的语言已经完全罗马化了。不久法兰克人便学会了这种言语，这事可以说明像法兰西这样一个纯粹的日耳曼地方所以会说拉丁话的理由。

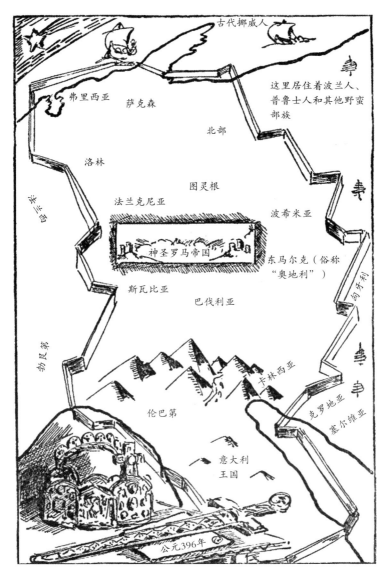

日耳曼国家的神圣罗马帝国

另一个孙子得到了罗马人称为日耳曼的东半部。至于那些不适于居住的地方，从来不属于老帝国。奥古斯都·屋大维想要征服这"远东"，但他的军队于9年内在条顿林中的一战全毁了，而那里的人民从未受过比他们高的罗马文明的影响。他们说一种普通日耳曼言语。条顿人称人民为"thiot"。所以基督教的牧师称日耳曼的语言为"lingua theotisca"或"lingua teutisca"（通俗的言语）。后来"teutisca"这词变成"Deutsch"，这就是"Deutschland"（德意志）名称的来由。

至于那顶著名的皇冕，不久从加洛林王朝的继位者的头上滑下，滚回到意大利的平原上，在那里变成一个为许多君主争夺的玩物，人人都由流血中从别人手里抢来戴上（也有得到教皇的许可的，也有没有的），直到被一个野心更大的伙伴来夺去。那时教皇又被他的敌人严密地围困，他派使者到北方去求救。这次他并不向西法兰克王国求援。他的使者经过阿尔卑斯山向那位当时认为日耳曼诸部中最大的酋长的萨克森王奥托请愿。

那位与他的人民同样地对于意大利半岛的蔚蓝天空与欢快美丽的人民有感情的奥托立刻出兵相援。教皇利奥八世，即以奉他做"皇帝"为报，从此查理大帝老帝国的半部便称为"日耳曼国家的神圣罗马帝国"。

这个奇怪的政治的产物勉强支持了839年。在1801年时，这个国家遂被很草率地谪入历史的垃圾堆里了。那个灭去老日耳曼帝国的粗小子乃是科西嘉的一位公证人的儿子。他在法兰西共和国的服务中做出一番轰轰烈烈的伟大事业。他靠着他著名的卫队的力量，做了欧洲的统治者，但是他的希望还比这个大。他遣人到罗马请教皇来，于是教皇就来了，并且在旁恭候拿破仑大将把皇冕加到自己头上，宣布自己为查理大帝的承继者。历史如同生命一样。事情变化愈多，情形愈是相同。

山口

30. 北欧人

为何第十世纪的人民要祈求上帝保护他们避免北欧人的蹂躏

在三四世纪时，欧洲中部的日耳曼部落冲破了帝国的边防，为了可以劫掠罗马，可以靠着地上丰美的出产为生。到了8世纪轮到日耳曼人做那被人劫掠的人了。他们心里很不愿意，虽然他们的敌人就是他们的表兄弟，住在丹麦、瑞典、挪威的北欧人。

我们不知道那些吃苦耐劳的水手何以变成海盗，但是一旦他们发现做海盗的利益与快乐，便无人能阻止他们了。他们可以袭击位于一条河口享着平安的法兰克或弗里斯兰村子。他们可以屠杀一切男子，掳掠一切女子，于是坐了他们的快船高飞远扬。等到国王或皇帝的兵队追到时，这些强盗早已去得无影无踪，除去几处还在冒烟的废址，什么都没有了。

在查理大帝薨后的扰乱日子里，北欧人渐渐大为活动起来。他们的兵船到处去劫掠，他们的水手沿着荷兰、法兰西、英格兰与日耳曼的各岸，建立许多独立的小王国，他们甚至侵入意大利。这些北欧人非常聪明，不久工夫，便学会他们的臣服的百姓的言语，于是将当年那些好动但很肮脏、残忍的海盗的野蛮风俗尽行放弃了。

北欧人的家

　　远在10世纪的时候，一个名叫罗洛的海盗，屡次来攻击法兰西沿岸。法兰西因为国王太软弱，无力抵抗北方的强盗，使用贿赂不叫他们捣乱。如果他们能答应不再侵犯别的地方，他愿以诺曼底省奉送他们。罗洛答应了这个契约，于是做了诺曼底的公爵。但是他子孙的血脉里还有着极强的侵略的欲望。在海峡的对岸，只离欧洲大陆数小时的路程，他们可以望见英国的白垩的峭壁与葱绿的田野。

挪威人去俄罗斯

诺曼人看向海峡对面

波罗的海

古代挪威人

这里是古代挪威人的发源地

公元850年

②公元810年

法罗群岛

设得兰群岛

冰岛

北海

莱茵河

格陵兰

③公元980年

伦敦

爱尔兰

英格兰

诺曼底

公元1000年

④

北欧世界

141

不幸的英国经过不少艰难的日子。它为罗马的殖民地约有200年。自从罗马人走后，它又被从石勒苏益格来的两个日耳曼部落的益格鲁人、萨克森人征服了。后来丹麦人又占据了全国的大部分，建立了克努特王国。丹麦人被逐之后（在11世纪的初年），又有别的一个萨克森王，即忏悔者爱德华来即王位。但是大家知道爱德华不会长命，又没有儿女。当时的局面却便宜了那位野心勃勃的诺曼底公爵。1066年爱德华逝世。诺曼底的威廉立即渡过海峡来，在黑斯廷斯的一战，打败并且杀死了韦塞克斯的哈罗德王，宣布自己为英国国王。

我在别一章内告诉过你，在800年时，一个日耳曼的酋长如何做了罗马皇帝。如今在1066年内，一个北方的海盗的孙子，又被承认为英国的国王。我们有着这样有趣这样可以解颐的历史事实，何必再去读神怪小说呢？

31. 封建制度

何以欧洲如果没有属于封建制度内的行政官员与职业军人便会灭亡

以下是欧洲在1 000年时候的情形，那时大部分的人民都非常苦痛，他们欢迎世界末日将近的预言，都纷纷涌入修道院，以希望在审判日上帝可以看见他们在那里虔诚礼拜。

日耳曼部落不知在哪一天离开他们亚洲的老家，向西迁移到欧洲。全然因为人口的膨胀将他们挤入罗马帝国。他们灭去了西罗马帝国，至于东罗马帝国，因为在民族大迁徙的主要路线之外，所以可以设法生存，勉强维持罗马古代的光荣。

在此后那些扰乱的日子里（历史上真正的"黑暗时代"，就是公元六七世纪的时代），日耳曼部落的人民渐被劝皈基督教，并且承认了罗马的主教为教皇或世上的精神领袖。在9世纪时，查理大帝的长于组织的天才，再兴了罗马帝国并将西欧大部分的地方联成一个单一的国家。在10世纪时，这个帝国又四分五裂。西部变成一个独立的王国，就是法兰西。东半部号称日耳曼民族神圣罗马帝国，这个联邦的治理者都僭称为恺撒与奥古斯都的直接继承者。

不幸那位神圣罗马皇帝受他强勇的臣民公然侮辱的时候（或乘他们的高兴或于他们有利），法兰西国王的权力并不能伸张到他王国的宫廷之外。

罗马的和平已经成为久已过去的东西，一个一去不复返的"羲皇时代"。这时唯有一个"战或死"的问题，人民当然愿意战争。国为时势所迫，欧洲成为一个武装的军营，并且需要一个强有力的领袖。国王与皇帝都住得远远的。所以边疆的人（在1 000年时，欧洲大部分的地方都是"边疆"）必须设法帮助自己。他们很欢迎国王派来治理边疆的代表，只要他们保护他们不受敌人的蹂躏。

不久，欧洲中部布满了许多小诸侯国，每个小国皆由一个公爵或伯爵或男爵或主教统治着，并且都成一个战争的单位。那些公爵、伯爵、男爵，都立誓效忠于他们的国王，而那位国王赐给他们封地，以报答他们的忠心与所纳的租税。但在那个时代旅行是很慢的，交通非常不发达。因此王家或皇家的行政官享用很大的独立权，在他们自己的疆土内擅取许多实在是属于国王的利益。

但你不要误会11世纪时的人民会反对这样的政府。他们拥护封建制度，因为这是一个极实际的、必须的制度。他们的主人，寻常住在一所建筑在峭壁上或深沟中，但在百姓的视线之内的房子里。等到遇着危险时，百姓们可以躲到男爵的城堡的围墙内。因此，他们所以竭力住在城堡的附近，欧洲的都市所以都建立在一个封建的要塞的周围。

日耳曼人到来

中世纪初年的骑士不单是一个职业军人。在那时候他还是民政官。他是他的社会里的审判官，又做警察长，捉拿盗贼，保护沿街叫卖的商贩——他们就是11世纪时的商人。他又照管堤坝，使乡村不至于淹没（即如4 000年前古代贵族在尼罗河流域所做的一样）。他奖励到处漫游的诗人传讲民族迁移的大战中的古代英雄的故事。此外他又保护在他疆土之内的教会与修道院，他虽不会读，也不会写（当时认为懂得读书写字的人无丈夫气），却雇了许多教士替他记账，并登记男爵或公爵辖区内人民婚丧与生育的事。

15世纪时，那些国王又有威力足以使用凡是属于他们的权力了，因为他们是被"上帝抹过香膏"的。于是封建的骑士便失去他们以前的独立权。他们被降为乡间的绅士以后，已经失去效用成了为人讨厌的东西。但是假如欧洲没有黑暗时代的"封建制度"，那就早已灭亡了。固然当时的坏的骑士与今日的坏的百姓一样多。但是一般说来，12世纪与13世纪的粗暴男爵，乃是很勤苦的行政官，对于人类的进步尽了最有用的职责。在那个时代内，从前照耀于埃及、希腊与罗马的学问与技术的炬光，是很黯淡的。如果没有骑士与他们的好朋友教士们的存在，文化或许已经完全灭绝了，人类又需重新开始穴居人所遗下的生活了。

32. 骑士制度

一个年轻的骑士必须起誓，他能做上帝的忠仆，同时做国王的忠仆

中世纪的职业战士为彼此的利益与安全，设法成立某种组织，这是很自然的事情。由这个密切的组织的需要中产生了骑士制度。

我们不大知道骑士制度起源如何。但这一制度发展以后，供给这世界在当时的一个急迫的需要——就是确定一种软化当时野蛮风俗行为上的规则，使生命较之在500年的黑暗时代更有价值。欲教化那些一生常与伊斯兰教徒、匈奴人、北欧人战争的粗野的边疆居民，不是一件容易的事情。他们常常缺乏信义，在早晨起了各种要如何慈善如何宽恕的誓言，不到晚上又会杀尽他们所有的囚犯。但是进步永远是迂缓的继续不断的工作的结果，所以到后来，就是那些最无忌惮的骑士，也不得不服从他的"阶级"里的规则，因为不如此，便需受不可免的惩罚。

此类规则在欧洲各地都不同，但是他们都注重在"服务"与"尽本分"这两点。中世纪的人民，视服务为高尚优美的事情。做

仆人不算是羞耻的事，假如你是一个好仆人，做事不怠惰。至于忠心这一点，因为在当时，生命全赖忠实地尽许多不快活的职责，所以也是战士们最重要的德行。

所以一个年轻的骑士必须起誓，他能做上帝的忠仆，同时做国王的忠仆。此外他须帮助那些比他自己需要更多的人。他须担保个人的行为谦恭，对于他的成功不自负，能做凡是受苦的人的朋友。

从这些誓言（所说的誓言就是用中世纪人民所能了解的文字所表示的十条诫命）里发展了关于礼节与外在行为一个复杂的系统。那些骑士们想要模仿在亚瑟王圆桌上与查理大帝的朝廷上的英雄的榜样（这类英雄都是吟游诗人告诉他们的）。他们希望他们能有兰斯洛特那样的勇敢，罗兰那样的忠心。不拘他们的衣服式样多寒碜，他们的钱袋多么干瘪，而他们的态度总是很庄严，说话很谨慎、很和蔼，为使他们可以称得上真正的骑士。

人类社会这架机器，需有种种礼貌来减轻它内部的摩擦，而骑士制度遂成这些礼貌的训练所。"骑士制度"这个名词成为有礼貌的意思，封建诸侯的城堡指导其余的人士如何穿衣服，如何吃东西，如何请求一个女子去跳舞，以及其他使人生更有意义、更适意的无数日常的行为。

骑士制度也同人类一切制度一样，一旦失去它的功用，便不得不灭亡了。

继十字军（后面有一章里会讲到的）之后，是一个商业的大复兴。许多都市在一夜之间便成立了。城市的居民都成了富翁，雇到好的学校教员，不久他们便与骑士并立了。火药的发明，剥夺了武装笨重的"骑士"从前的利益；佣兵制的采用，遂使下棋式的精致的战斗失去功用。骑士便成为累赘了。不久因为他还抱着对于实际毫无价值的理想的热忱，便成为一个可笑的东西。据说那位高贵的堂吉诃德，乃是最后一个真正的骑士。他死后，他的刀与盔甲，都被变卖以偿他的债务。

但是不知为何这刀落入许多大人物的手里：华盛顿在福吉谷绝望的时候，曾经带着这刀子；戈登不肯舍弃他受托付的百姓们被围在卡多姆城堡内等死的时候，这刀是他唯一的防卫物。

我不敢十分确定，但是仿佛这刀于欧战的获胜有过很大的帮助。

33. 教皇与皇帝之对立

教会与国家之相持不下，使第三者——中世纪的都市——坐收渔翁之利

要明白过去时代的人很不容易。每天和你见面的祖父便是一个奇怪的人，他生在一个观念、服装、行为都与你不同的世界里。我现在要告诉你的是你的25代前的祖宗的历史，你若不把这一章多读几遍，恐怕你不能明白我所写的。

中世纪大部分的人民都是过一种简单平衡的生活。即使一个可以随便出入的自由民也不大离开他的本乡。那时候还没有印刷的书，只有少数的抄本。到处都有小队勤奋的教士教人念书写字与一点数学。至于科学、历史与地理，此刻还深藏在希腊与罗马的废址之下。

人民所知道的过去的事实，全从听故事与传奇得来。这种由父亲传给儿子的口述，在细节上往往有失实的地方，但是历史的主要事实，保存得非常正确。在2 000余年之后，印度的母亲们，仍以"伊斯干达来捉他们了"的话恐吓她们的顽皮的孩子们，所说的伊

斯干达，不是别人，就是亚历山大大帝，他于公元前330年时曾经到过印度，而他的故事，竟保存了这么多年代。

中世纪初年的人民，从未见过一本罗马的历史教科书。在今日未入小学三年级的学生已全明白的东西，他们都茫然不知。但是对于你们仅是一个名称的罗马帝国，对于他们还好像是很活的。他们感觉到它的存在。他们很情愿地承认了那位教皇为他们精神界的领袖，因为他住在罗马，并且代表罗马的最高势力。他们见到查理大帝与奥托大帝先后恢复世界帝国的概念，并建造了神圣罗马帝国，使那世界又可以恢复向来的旧样子，非常的感激。

罗马的传统有两个不同的承继者，遂使中世纪的忠实市民处于一个很艰难的地位。作为中世纪政治制度的基础理论，很健全而又简单。一面由世上的领袖（皇帝）照顾百姓身体上的安全，一面由精神界的领袖（教皇）保护他们的灵魂。但这制度实行起来很不高明。做皇帝的，常常要干涉教会的事情，教皇要报复皇帝，告诉他应该如何治理他的领土。后来他们用很不客气的语调警告对方，各人最好管自己的事，于是不可免的结果便是战争。

人民在这种情形之下怎么办呢？一个驯良的基督教徒，服从教皇，同时也服从他的国王。但是教皇与皇帝乃是仇敌。所以一个忠顺的百姓，同时又是一个忠顺的基督教徒，应该站在哪一边呢？

这个问题永远不容易有正确的答复。如果遇到一位精明强干的皇帝，并且有钱足以组织军队时，他很容易翻过阿尔卑斯山来攻罗马，在必要时，还把教皇围困在宫中，强迫他服从皇帝的教训或者受那不可免的惩罚。

但教皇往往是更强硬的。于是那位皇帝或国王以及他全体的百姓都被逐出教外。意思是所有的教会都关门，任何人都不能受洗礼，任何死人都不能免罪——简单言之，就是中世纪政治的一半机能已经完了。

更有比这厉害的，人民对于忠于元首的誓言都取消了，而被强迫去反抗他们的主人。但是如果他们听从这位远方的教皇的忠告，不幸被捕，他们又该被吊死在附近的主人面前，这也是很苦的事情。

这些不幸的人民，实在处于两难的地位，但是再苦也莫过于11世纪后半叶的人民了。那时日耳曼皇帝亨利四世，与教皇格里高利七世，打了两次仗，没有结果，但是扰乱欧洲的和平几乎有50年之久。

在11世纪的中叶，发生了一个很大的教会改革运动。向来选举教皇是一件最不规则的事情。为神圣罗马皇帝的利益起见，应该选举一个好脾气的教士为神圣教皇。每届选举的时候，那些皇帝都到罗马来为他们的一个朋友活动。

到了1059年时，这种办法改变了。奉教皇尼古拉二世之命，罗马内部的及其周围的教会的主要教士与执事，组织成所谓的高级教士选举会，这个著名的教徒团体才有选举教皇的特权。

在1073年的时候，高级教士选举会选出一位名叫希尔德布兰德的教士为教皇。他是托斯卡纳一个出身微贱的人，他取名为格里高利第七世。他的能力是无限制的。他相信他的神圣职务的无上权力，乃是建立在信心与勇气的磐石上。在格里高利的脑筋里，教皇不仅是基督教会的绝对的领袖，而且是审判一切世俗事情的最高裁判者。教皇既然能将一个普通的日耳曼王升为至尊的皇帝，也就可以随便罢免他。他可以否认公爵、国王或皇帝所通过的任何法律，但是谁敢对教皇的命令发生疑问，这人应该知道那惩罚是立刻会来的，而且是很厉害的。

城堡

格里高利派遣使者到欧洲各处的朝廷，把他新定的法律告诉各国的君主，要他们对于这些法律的内容加以相当的注意。征服者威廉允许服从教皇的意志，但那位6岁时便与百姓相战的亨利四世则无意服从。他召集日耳曼主教会议，宣布格里高利种种的罪状，并由沃尔姆斯会议革去他的职。

　　教皇也以逐出教外为报，并且要求日耳曼诸王脱离他们无价值的统治者。这件事情，在那些日耳曼王实在是求之不得的。他们请求教皇到奥格斯堡来帮助他们选举一位新皇帝。

亨利四世在卡诺萨

　　格里高利离开罗马向北而来。亨利并不傻，觉出他的地位的危险。这时他无论如何牺牲，必须与教皇修好，并且立刻便须实行。时在冬季，他行经阿尔卑斯山，赶到教皇暂时休息的卡诺萨。在1077年的正月，亨利打扮成像一个忏悔的朝圣者（但在僧服之内穿着一件暖和的毛绒褂），在卡诺萨城门外从25日起至28日等候了3整天，才被许进城，格里高利赦了他的罪。但是这种忏悔没能持久。亨利一回到日耳曼，故态复萌，于是又被逐出教会。这是第二次日耳曼主教议会罢免格里高利，但这一次，亨利却率领一支大军队经过阿尔卑斯山来围攻罗马城，迫令格里高利退往萨莱诺，后来格里高利便死在那里。这第一次激烈的决裂没有结果。亨利一回到日耳曼，教皇与皇帝间的冲突又继续发生了。

不久以后，霍亨斯陶芬王族登上了日耳曼王位，比他们的前任更不听教皇的约束。格里高利要求教皇须较一切国王为高，因为在审判的日子，他们（教皇）须为所有的羊群的行为负责，而在上帝的眼里，一个国王不过是一名信徒而已。

霍亨斯陶芬的腓特烈（普通称为巴巴罗萨或红胡子），提出一个与他相反的要求，他说帝国是"上帝亲赐"给他的前任的，原来帝国是包括意大利与罗马两地方，所以他出兵去收复"失地"，拿回来归并北部。不意巴巴罗萨在第二次十字军东征时，溺死在小亚细亚的一条小河里，遂由他的儿子腓特烈二世继续这场战争。腓特烈二世是一个很精明的青年，从小便浸润了西西里岛上的伊斯兰文化。教皇们骂他是一个异教徒。这是实在的，腓特烈似乎非常藐视北部粗鲁的基督教徒与粗俗的骑士以及阴谋的意大利教士。但他不说话，率领一队十字军将耶路撒冷城从异教徒手里夺过来，便自立为圣城的王。就连这次举动，还不能使教皇转化。他们罢免了腓特烈，把他的意大利的领土转给安茹的查理，这人便是法兰西有名的圣路易王的兄弟，如此便引起更多的冲突。康拉德四世的儿子康拉德五世，是霍亨斯陶芬王族最后的一代，想恢复这个王国，但是打了败仗，在那不勒斯被杀。但20年后，法兰西人大受西西里岛人的厌恶，在所谓的西西里晚祷事件中，全体被屠杀。西西里便这样失掉了。

教皇与皇帝间的冲突始终没有解决，但过了些时日，这两个敌人都懂得放弃他们的对手了。

在1278年哈布斯堡的鲁道夫成为皇帝。他并不费事到罗马去加冕。教皇对于这种举动不加反对，他们也不来干涉日耳曼。这意思就是和平，但本来可以用作整顿内政的足足200余年的日子，完全废在无用的战争上了。

这是一种恶风，无论吹到谁身上，都得倒霉。意大利的那些小都市用一种势力均衡的方法，设法夺取皇帝与教皇的势力，以增加自己的势力与独立。当十字军的初年，它们解决了为数千热心朝圣者所急需的运输问题。在十字军告终时，它们建造起坚固的砖墙与金钱的势力，使他们无论对于教皇或皇帝都可以不理会。

教会与国家之相持不下，使第三者——中世纪的都市——坐收渔翁之利。

34. 十字军

当土耳其取得圣地、亵渎圣迹与严厉地干涉东西间的商业时，欧洲全体加入了十字军

除去保守欧洲门户的西班牙与东罗马帝国之外，所有的基督教徒与伊斯兰教徒相安无事300年。伊斯兰教徒于7世纪时征服叙利亚之后，便占领了圣地。他们视耶稣为一个大先知（虽不若穆罕默德那样大）。他们并不干涉朝圣者到圣海仑娜（君士坦丁大帝之母）在圣墓前所建的教堂内祈祷。但在11世纪之初，一个从亚洲旷野来的称为塞尔柱人或土耳其人的突厥部落，做了西亚的伊斯兰教国的主人，从此那种宽容的时期便完结了。土耳其人从东罗马皇帝的手里夺到了小亚细亚全境，又停止了东西的商业。

那位阿历克塞皇帝向来不大会见西部的基督教徒。这时他来求救于他们，并且指示他们假使土耳其占领君士坦丁，欧洲全地都会有危险。

在小亚细亚沿岸与巴勒斯坦设立殖民地的意大利城邦主，唯恐他们的领土有危险，便到处宣传土耳其人之凶暴与基督教徒之受苦

的可怕故事，于是全欧人民大为愤慨。

教皇乌尔班二世是兰斯的一个法国人，他与格里高利七世同在著名的克吕尼修道院受过教育，这时他想活动的机会来了。欧洲一般的情形使人很不满意。当时原始的耕种方法（自从罗马以来未曾改变过），使欧洲经常处于食物缺乏的状态。因为失业与饥馑，所以很容易引起不平与暴动。西亚在往日曾养活过数百万人民。所以为移民计，这是一个很好的地方。

1095年，那位教皇遂于法兰西的克莱蒙会场里站立起来，演说异教徒蹂躏圣地的惨状，同时又热烈地解释摩西之后，这地方的牛奶与蜂蜜的出产如何丰富，并且劝告法兰西的骑士与欧洲人民应该抛弃他们的妻子去拯救巴勒斯坦脱离土耳其人。

这时一场宗教的狂热扫荡了欧洲大陆。一切理性完全停止。男子都会放下铁锤、锯子，从店铺里奔出去，取最近的路径，向东去杀土耳其人。孩子们也会抛弃家乡（到巴勒斯坦去），只想以他们的少年的热忱与基督教徒的虔诚，征服了那些厉害的土耳其人。但是90%的热心者从未见过圣城一眼。他们没有钱。不得不以乞食或偷盗为生。于是他们变成大道上的安全的危害，遂被愤怒的乡下人杀死。

第一次的十字军是一伙狂热的群众，其中有诚实的基督教徒、避债的破产者、无钱的贵族与逃亡的罪犯，跟着那位半疯的隐士彼得与不名一钱的华脱尔。他们先屠杀凡在路上遇见的犹太人，作为他们对异教徒攻击的开始。他们一直到了匈牙利，然后自己也都被杀死了。

这一次的经验，给了教会一个教训。只靠热心是不能使圣地自由的。组织与热心和勇气同样重要。他们费去一年的工夫，训练出一支整装待发的20万人的军队。这支军队置于布永的戈弗雷与诺曼底的罗伯特公爵与弗兰德斯的罗伯特子爵以及别的几个贵族的统率之下。这些人都于战术很有经验。

第一支十字军

在1096年的时候，第二批十字军开始东征。到了君士坦丁，那些骑士们仍然朝拜那位皇帝（我在前面已经说过，传统的习惯是不容易被消灭的，一个罗马的皇帝无论如何可怜，如何没有势力，仍然受到很大的尊敬）。于是他们进到亚洲，杀死所有落在他们手里的伊斯兰教信徒，猛攻耶路撒冷城，屠杀信仰伊斯兰教的人们，一直来到圣墓旁，流着虔诚而感恩的眼泪，表示他们的赞美和感谢。但不久土耳其人得到了新军的援助，增加了势力。他们夺回了耶路撒冷城，又屠杀了十字架的信徒。

十字军的世界

以后的两世纪又发生7次十字军东征。这些十字军人渐渐地熟习旅行的法术。陆路的旅行太慢，太危险。他们情愿翻过阿尔卑斯山到热那亚或威尼斯坐船到东方。于是热那亚人与威尼斯人，遂以载运地中海来往的人们为获利的商机。他们的船价很高，当十字军人（大部分的十字军人都很少有钱）给不起钱的时候，这些意大利"盘剥重利的人"，便好意让他们以工作代替船费。十字军人为他的船主打一定数量的仗，作为从威尼斯到阿克的船费。威尼斯的版图因此一直扩张到亚得里亚海的沿岸与希腊（就是变成威尼斯殖民地的雅典城）及塞浦路斯、克里特、罗得诸岛。

所有这一切，于解决圣地的问题少有帮助。自从第一次的热心消灭之后，一个短期的十字军旅行，成为世家子弟教育的一部分，所以愿意到巴勒斯坦去服役的人，从未缺少过。但是从前的热心已经消失。当战争初起时，十字军人原是深恨伊斯兰教徒而极爱东罗马帝国与亚美尼亚基督教徒的，现在他们的观念大变了。他们渐渐看不起那些欺骗他们并且常常违背上帝教旨的拜占庭的希腊人与亚美尼亚人以及所有沿地中海东部的民族，而渐渐赏识起他们的敌人的度量与公正。

这种事情，当然不能宣之于口。但是十字军人回家后，便容易模仿从异教的仇敌那里所学到的许多礼貌。西方一般的骑士比起他们，简直是乡下的老悫。他们又带回来几种新的食品，如桃子、菠菜之类，种在他们的园子里，等长大了，可以享受。他们抛弃了穿笨重的盔甲的野蛮习惯，换上轻飘的丝绸或棉布长袍。这是那位先知的信徒们遗留下来的习惯，最初是土耳其人穿的。起先十字军乃是讨伐异教徒的，后来却真正变成无数欧洲青年的一种文明的科目。

十字军东征，从军事与政治观点看完全是一场失败。耶路撒冷城与许多别的都市得到了又失去。虽然在叙利亚、巴勒斯坦与小亚细亚设立了十多个小王国，但后来又被土耳其人夺回去。1244年之后（那时耶路撒冷城确实变成土耳其的领土）的圣地地位与1095年前完全一样。

十字军坟墓

但是欧洲起了一个大变化。西部的人民可以瞥见东部的光明与美丽。他们凄凉的城堡已不能满足他们了。他们需要一个比较宽畅的生命。这个生命，教会与国家都不能供给他们，而他们在城市里找到了。

35. 中世纪的城市

何以中世纪的人说"城市的空气是自由的空气"

中世纪初叶是一个开拓与殖民的时代。一向住在保护罗马帝国东北边境的森林、山岳与湿地的一个新民族，侵入欧洲西部的平原，占领了大部分的地方。这些人与所有的开拓者一样，永远不好安静。他们喜欢活动。他们用砍树的精力来砍杀人。他们不愿意住在城市里。他们要求"自由"，喜欢在微风习习的牧场上，赶着羊群呼吸山边的新鲜空气。等到他们厌弃他们的老家时，便拔起木桩向外去找新的冒险。

凡是柔弱的人都死了，强壮的战士以及跟随男子到旷野的勇敢妇人都活了下来。因此他们发展成一个强壮的民族。他们不大注意人生优雅的方面。因为太忙，所以没有工夫去做弹琴作诗的雅事。他们也不喜欢辩论。他们以为教士们，村子里"有学问的人"（在13世纪中叶以前，一个不是教士却能读能写的人，会被视为无丈夫气），只是解决一切没有直接的实际价值的有问题的人。正在此时，日耳曼的酋长、法兰克的男爵，北欧人的公爵（无论他们是什么名字，什么爵位）纷纷在大罗马帝国的一部分疆土内各据一方，并且在古代光荣的废址中各自建立一个自己认为非常满意、十分完美的世界。

他们尽力经营他们的城堡以内以及四乡的事情。他们遵守凡是人可以遵守的教会诫命。他们非常忠心于他们的国王与皇帝，对于远方有势力的诸侯也很要好。总之，他们竭力设法公平待人，只要与他们自己的利益没有冲突。

他们的世界，并不是一个理想的世界。大部分的人都是农奴，这些人正像与他们共起居的牛羊一样，为他们所生活的土地的一部分。他们的命运不是特别幸福，也不是特别的不幸。但是人有什么办法呢？主宰着中世纪生活的伟大上帝，无疑将万事安排得顶好。如果他认为必须有骑士与农奴两种人，教会的信徒便没有权利怀疑这种办法。农奴们并不抱怨，假如他们被驱使得太甚，就会像牛羊受待遇不良那样死去。于是，他们的生活情形就会得到一定的改良。但是如果将世界的进步交到农奴与封建主的手里，我们现在还会在12世纪的风俗习惯中过日子。我们要止住牙痛时，口里念"咒"而看不起并且痛恨以"科学"方法来止痛。因为这种科学很像是发源于异教徒的，所以既坏又不实用。

将来等你长大时，你会发现许多不信"进步"的人，他们会举出一些我们同时代人的极恶的行为来证明"这世界并没有改变"。但我希望你不必注意这类的议论。你知道我们的祖先几乎费去百万年的工夫学会如何用他们的后腿走路。由野兽的叫声进化为一种可以理解的言语，又经过多少世纪。用以保存我们的思想而为后世利益的写字技术（没有它进步是不可能的），只是在4 000年前发明的。使自然的势力受人类支配这种观念，在我们的祖父时代还以为很新的。所以我以为我们进步的速度已经达到骇人听闻的程度。也许我们注意纯粹物质的舒服略为过分一点，但是这种趋势在一定的时候必然扭转。我们到那时候，就可以解决那些与卫生、工价、工程、机械无关的问题了。

请你不要太迷恋"古代"了，许多人只看见中世纪遗下的美丽的教堂与伟大的艺术品，而以1 000年前的城市来比我们现在的忙碌扰攘的，满街充满摩托车发出来的臭气的文明，便发生许多的议论。但以现代的房子比起中世纪的周围永远有不少破烂的茅屋的礼拜堂来，简直是一所辉煌的宫殿了。那位高贵的兰斯洛特与那位同样高贵纯洁的青年英雄帕西法尔诚然没有闻到汽油的臭味。但他们也有别的种种的臭气，如谷仓里的气味，堆到街上的秽土的气味，围绕主教宫殿的猪栏的气味，以及穿着祖宗传下来的衣帽，永远不用水洗，永远没有享受过肥皂的好处的人体的气味。我不愿意描写一幅太难堪的图画。但你在古代历史中读到一位法兰西国王在宫里开窗向外望时闻到巴黎街上猪刨土地的臭味而晕过去的故事，以及古代写本的书里描写瘟疫与天花的传染，那时你便明白"进步"不仅是现代广告所用的口头禅了。

最近600年的进步，如果没有城市的存在，是不可能的。所以我把这一章书写得比别的章节额外长些。因为这一章太重要了，不能把它减成三四页专讲政治上的事情。

埃及、巴比伦、亚述的古代世界是一个城市世界。希腊是一个城市国家。腓尼基的历史是名为西顿与提尔两个城市的一部历史。罗马帝国是一个独一城市的"腹地"。文字、艺术、科学、天文、建筑、文学以及戏剧——这些目录写不完的——全是城市的产物。

我们称为城市的那个木制的蜂巢，做了世界的工厂约有4 000

年。此后便有民族的大迁徙、罗马帝国的灭亡、城市的被烧、欧洲大陆重新变成一片牧场和许多小农村。文化的土壤在黑暗时代停止过它的耕作。

后来十字军给它播下新的种子。到了成熟的时候，果子却为自由城市的市民摘了。

我已经告诉过你那些围着墙垣的城堡与修道院——便是保护人们肉体与灵魂的骑士与主教的家——的历史。你见过只有少数工人（屠户与烤面包者与制造灯台的人）住在城堡附近，供给他们主人的需要，遇到危险时，找一个避难的地方。有时，那位封建主允许人民在房子的周围筑一点篱笆。但他们须仰仗城堡内的领主的好意活着。在他出门时，他们皆须跪在他面前，吻他的手。

以后十字军来了，许多事情都被改变了。民族大迁徙将人民从东北赶到西方。十字军又使数百万人从西方漫游到高文化的东南。他们发现这个世界并非只以他们的小区域做范围。他们渐渐赏识好的衣服、舒服的房子、新的肴馔与神秘的东方物产。他们回到老家，仍然要求非用这种物品不可。于是背包的小贩——黑暗时代唯一的商人——在他的旧商品里添上了新的货品，置办了一辆马车，雇上几个退伍的十字军人，以防遭遇由大战后发生的犯罪高潮，向前去做更近代的规模更大的买卖。他的事业并不容易。因为他每到一个国境，必须纳一份人头税与货物税。虽然如此，他的买卖仍能获利，所以商人继续兜他的圈子。

不久有几个精明强干的商人，看出从远方运来的商品，都可以自己制造。于是他们在家里划出一部分地方作为工厂。他们不做商人而做工人了。他们的物品不但卖给城堡内的贵族与修道院内的教士，且又输出到附近的城市。贵族与教士都以他们地上的出产如鸡蛋、酒与当时作为糖用的蜂蜜等物与他们交换。但远方的市民，不得不以货币购买，因此那些工匠与商人，渐渐获得许多小块黄金，这使他们在中世纪初叶的社会地位完全改变了。

你很难想象一个没有金钱的世界。现在城市里的人没有金钱是不能生活的。一天到晚你需带着一只装满金属小圆块的钱袋偿付你的账单。你需以五分钱付车钱，一块金洋吃一顿饭，三分钱买一张晚报。但在中世纪的初叶，许多人一生没有见过一个货币的面。希腊与罗马的金银，埋没在他们的城市的废址之下。跟在帝国之后的移民世界，乃是一个农业世界。每个农夫种的五谷，养的牛羊，都够他们自己食用。

城堡和城市

167

中世纪的骑士是乡村的绅士，他们不必用现钱购物。地上的出产仅够供给自己与他们的家庭的衣食。造屋用的砖料在附近的河边烧制，木料在男爵的森林里砍。少数的舶来品也是以自己的产物——蜂蜜、鸡蛋、木柴——交换的。

但是十字军却把这个古老的农业生活的秩序根本推翻了。假使希尔德斯海姆的公爵要到圣地去，他必须走几千里路，因此必须开销他的路费与旅馆账单。在家里，他可以用地上的出产偿付。但出门的时候，却欲以100打鸡蛋与一大车火腿去满足威尼斯的船主与勃伦纳山口上的店主的欲望是不可能的。这些人都是要现钱的。因此这位爵爷旅行时不得不带一点金钱。他从哪里得到金钱呢？他可以到专以贷款为业的伦巴第人那去借。伦巴第人坐在交易的柜台（Banco，英语"银行"即从此词来的）内，很乐意以地产做抵押，借给那位爵爷几百金钱。万一那位爵爷死在土耳其人手里，有了地产的抵押，他们的钱就不至于落空。

这种办法于债务者很不利，结果伦巴第人就永远占有这些地产，而那位骑士就会变成破产者。不得已将自己租给一位比他有势力而谨慎的邻人做战士。

那位爵爷还可以到犹太人居住的区域去。他在那里出50%或60%的利息可以借得到钱。那也是不利于他的办法。但是除此之外，还有别的方法吗？据说城堡周围的小城里，有的居民是有钱的。他们对于那位年轻的爵爷一生的历史知道得很清楚。他的父亲与他们的父亲是很好的朋友。他们对于他不至于有太奢侈的要求。好吧，爵爷的书记是一位能写能算的教士，写了一张条子给几个有名的商人，要借一笔小款。那些市民便到给附近的教会制造圣杯的珠宝匠家里商议。他们无法拒绝，他们要"利息"也是没有用处。

第一，要利息是违反许多人的宗教原则的；第二，除了农产物以外，没有别的可做利息的东西，而他们自己的农产物已有余剩了。

中世纪的城镇

"但是，"那个整天静坐在桌边的有几分像哲学家的裁缝提议说，"我们要求一点报酬怎么样？我们都是喜欢捕鱼的。向来那位爵爷不许我们在他的河里捕鱼。假使我们借给他100个金币，要求他给我们写一个字据，允许我们无论在哪条河里皆可以随便捕鱼，这样，他得到了他所需要的100金币，我们也得到了鱼，彼此都有好处。"

那位爵爷承认这个提议的一日（如此便可以得100金币，似乎太容易了），他的私人的权力便宣告死刑了。他的书记把契约写好。爵爷画了押（因为他不会写他的名字），便起身到东方去。两年之后，他两手空空地回家来。那些市民正在城堡的池子里捕鱼。他一见那一队不声不响的捕鱼人便恼怒起来了，他命令他的马夫出去把这一群人都撵走。他们走了，但到晚上，商人的代表围到城堡里来了。他们很有礼貌。他们恭喜爵爷平安回家。那些捕鱼人惹怒了爵爷，他们很抱歉，但是爵爷也许还记得，这是爵爷亲自允许他们的。于是那个裁缝呈上那张自从爵爷出门以来一向保存在珠宝匠家里的特许证。

那位爵爷极不高兴。但是他又有一次急于要用钱。他曾在意大利签立了一个契约，现在这个契约存在有名的银行家美第奇的手里。这几张两个月期的"借券"，总数是345弗兰德斯金镑。在这种情形之下，那位高贵的骑士，一点不能发泄他满腔的怒气，反而提议再借一笔小款。那些商人便回去商量这件事情。

过了3天，他们回来说"可以"。爵爷有为难时，他们能够为爵爷效力，那是非常高兴的，爵爷可否再出一张字据（另一张特许证）允许他们（市民）自己组织一个议会，由城市里的商民与自由民的全体选举代表，管理民政，不受城堡方面的干涉，作为345金镑贷款的报酬？

钟楼

那位爵爷听了非常生气，但是现在他得用钱。他说可以，于是在那特许证上画了押。到了第二星期，他懊悔了。他召集他的兵士同他一同到珠宝匠家里去要回那些他在不得已的情形之下受他奸猾的百姓骗去的文书。他拿回来一齐烧了。那些市民站在一旁不说一句话。但是等到第二次爵爷需要款子备办他女儿的妆奁时，他一个钱也得不到。自从上次珠宝匠家里的小事发生之后，他的信用失去了。于是他不得不忍辱提议给他们多少赔偿。在爵爷收到约定的数目的第一期款子之前，市民们不但重新拿到所有的旧的特许证，并且又添了一个完全新的特许证；这个新的特许证乃是允许他们设立一个"市政厅"与一个坚固的塔贮藏一切特许证以防火灾或盗劫，实在是防备那位爵爷以及他的武装军人方面以后的强暴的。

火药

这就是十字军以后的数世纪内的大概情形。这样渐渐地将城堡的势力移转到城市去的进程是很慢的。其间经过几次战争。有几个裁缝与珠宝匠被杀死了，有几座城堡被火烧了。但是这种事变不常有。差不多令人不能感觉的，那些城市渐渐富起来，而那些封建主渐渐穷下去。封建主为维持自己起见，就不得不永远以市民自由的特许证去调换现钱。于是城市渐渐发达了。它们供给逃亡的农奴一个避难所，使他们在城内住了多少年之后，便可以得到他们的自由。它们变成四乡有精力的人的家。他们得意他们的新的重要的地位，教堂与在古老市场周围新建的公共建筑，都表现了他们的势力。他们希望他们的孩子们享受一个比他们更好的生命。于是他们雇了几个教士到城市里来做学校教师。他们听到一个在木板上会画油画的人肯来给他们的教堂与市政厅的墙壁画圣经上的各种风景，他们便肯送他一笔养老金。

在这时候，那位爵爷住在城堡里的阴沉透风的厅堂里，眼见所有这些暴发的富户，懊悔他第一次签字让去他的特权。但他没有办法。市民们挟着满满的保险箱，对他很藐视。他们是自由人了，已经准备好了如何保护他们以血汗与二三百年的奋斗换来的东西。

36. 中世纪的自治制度

城市里的人民如何要求他们君主的国务会议承认他们的权利

只要是在游牧时代，一切的人都是平等的，人人都对全社会的幸福与安全负有责任。

但是他们的生活一经固定之后，有些人渐渐阔了，有些人渐渐穷了，政府便容易落入那些不必工作而能生活与可以用全副精力委身于政治的人手里。

我已经告诉过你这种事情在埃及、美索不达米亚、希腊与罗马如何发生。在西欧的日耳曼，社会秩序一经恢复之后，这种事情也就立刻发生了。西欧的世界：第一，是由一个皇帝统治，他是由日耳曼民族的庞大的罗马帝国内最重要的七八个国王所选举的，他在想象上权力很大，但实际上权力很小。第二，这个世界是由若干地位不甚稳固的国王统治。至于日常的政务乃是握在数千封建主的手里。他们的百姓，就是农民或农奴。当时只有很少几个城市中等阶级，简直可以忽略不计。但至13世纪时（差不多缺席了1 000年）中等阶级——商人阶级——重新又在历史舞台上出现了，它的势力的膨胀（我们在前章已经见过），就是城堡势力的削减。

　　以前国王治理他的领土，只注意贵族与主教的意志。但由十字军产生的新的商业世界，强迫他必须承认中等阶级，不然，他的国库就有逐渐匮乏的危险。按他们陛下们的私意，宁可以同他们的牛猪商量，也不愿意同他们城市里的良善市民商量。然而他们没有办法。他们吞下了这颗苦药丸，但是，他们绝不会把权力拱手相让，战争不可避免。

民治思想的发展

在英国，当那位狮心王理查外出的时候（他是到圣地去，但他把旅行的大部分时间都消磨在奥地利的监狱里），国王的政事是在理查的兄弟约翰的手里。这人的战术能力不如他老哥，行政能力也与他的老哥一样不高明。他摄政之后，首先失去了诺曼底与法兰西领土的大部分地方。其次他又设法与霍亨斯陶芬王族的著名的仇敌教皇英诺森开战。教皇便将约翰革除教籍（如同200年前格里高利七世革除亨利四世一样）。在1213年，约翰也像1077年内亨利所做的一样，被迫结了一个不名誉的和约。

约翰并不因为不成功而气馁，仍然滥用他的国王的权力，直到那些愤懑的封臣将那位抹香膏的君主下了监狱，强迫他答应此后不再做恶，不再干涉百姓旧有的权利为止。所有这些事情，是于1215年6月15日，在兰尼米德村附近的泰晤士河的一个小岛上发生的。约翰签名的那个文书称为大宪章。其中包含很少新的东西。只以简洁明了的字句，重申国王古时的义务，列举他的封臣的特权。这个文书对于大多数人民（农民）的权利（即使有一点）不甚注意，但给新兴的商人阶级一个确实的保障。这是一个很重要的宪章，因为它限制国王的权力比从前更加严密了。但这仍然是一个纯粹中世纪的文书。它于普通人民没有关系，除非这些人民是封臣的产业，为避免国王的暴虐而必须受保护，正如男爵的森林与耕牛，因为防御国王的森林官的过分的勤奋，而需受保护一样。

但是数年之后，我们渐渐听到国务会议里一个很异样的声调。

约翰这人，按他的禀性脾气是一个坏人，他虽然很认真地允许服从那个大宪章，但后来每个条约都被破坏了。幸而不久他死了，他的儿子亨利三世继位，又被强迫重新承认那个大宪章。这时他的伯父理查（那个十字军人），耗费了国家一笔很大的款子，亨利三世便不得不借债偿还给那些犹太的债主。但是做国王顾问的大地主与主教们没有钱供给他。于是他下令召集几个城市的代表来出席他的大会议。他们第一次出席会议是在1265年。原来只把他们算做财政专家，并不请他们参加一般国事的讨论，只请他们对于租税问题贡献一点意见。

但后来，渐渐地关于许多别的问题，国王也征求那些平民代表的意见，而那个贵族、主教以及城市代表的会议，发展成一个正式的国会。国会按英文的意思，就是在国家大事决定以前人民讨论的地方。

像这样的有行政权的顾问会议的制度并非像一般人所相信的为英国人所发明的。"国王及其国会"的政府，也不全限于不列颠群岛，在欧洲到处都可以找到的。中世纪之后，有的国家如同法兰西，因为国王的权力骤然增加，便使"国会"的势力减到没有了。1302年上，法兰西才准城市的代表出席国会会议，但这个国会过了500年才有能力拥护中等阶级（就是所谓第三阶级）的权力，打破国王的权力。这时他们要补足先前荒废的时间，在法兰西革命的时候，将国王、牧师团、贵族一并废除，树立人民的代表为地方的统治者。西班牙的"国会"（国王的议会）对于平民在12世纪的前半叶即已开放。在日耳曼帝国，几个重要的城市已经获得"帝国都市"的地位，他们的代表的意见，帝国议会必须采纳。

在瑞典，人民的代表在1359年国会的第一次会议便出席了。丹麦的古代国民会议是在1314年恢复的，那些贵族虽然常从国王与人民的手中夺取国家的治理权，但城市的代表的势力，从来未被完全剥夺过。

瑞典的自由之家

在斯堪的纳维亚诸国内，代议政治的历史更特别有趣，在冰岛治理全岛事务的机关乃是自由地主的全体会议，这个自由地主会议在9世纪时便起首定期开会，一直继续了1 000余年。

在瑞士，各州的自由民保护他们的会议，以抵抗邻邦诸侯的企图，大告成功。

最后，荷兰的第三阶级的代表，远在13世纪的时候，便已出席公爵与伯爵的封地的会议了。

在16世纪时，许多省区反抗他们的国王，在一次严肃的阶级会议里废弃了他们的国王，取消了牧师团的发言权，破坏了贵族的势力，而攫取了联合七州的新建共和国的行政全权。那些省议会的代表们没有国王主教与贵族，治理他们的国家有200年之久。城市升至最高的地位，良善的市民做了国内的统治者。

37. 中世纪的世界

中世纪人为使身体与灵魂少受贫苦，必须牺牲一部分的思想与行为的自由

日期是一个很有用的发明。我们没有它们是不可能的。但是我们必须很小心，不然它们便会戏弄我们的。它们很容易把历史太分界限了。譬如我论到中世纪人民的见解，我的意思并非指476年的12月31日那天，忽然所有的欧洲人民说道："啊，现在罗马帝国业已告终，我们已是中世纪的人了。多有意思呀！"

你可以在查理大帝的法兰克朝廷内寻出完全是罗马人的习惯、举动、人生观的人来。在另一方面，等你长大时，在这个世界里你会发现永远没有脱离穴居时代的人。所有的时间，所有的年代，都是重叠的，一代一代的观念，都是彼此衔接的。但是要研究许多真正可以代表中世纪人民的思想，而得到一般人对于生命与生命中种种困难问题的态度的观念还是可以的。

第一件，你要记得中世纪人从来不以为他们是可以随意往来，可以按他们的才能或精力或运气来定他们的命运的自由市民。他们

以为他们是包括皇帝与农奴，教皇与异教徒，英雄与说大话的人，富人、穷人、乞丐与盗贼等一个大计划之中的一部分。他们毫不怀疑地接受了这个神的意旨。对于这一层，他们与那些什么也不接受却永远设法改良他们自己的财政与政治的情形的现代人当然根本不同。

13世纪的男女以为将来的世界——一个极乐的天堂与一个受苦的硫磺地狱——不是一句空话，或渺茫的神学上的名词。这是一件实在的事实，中世纪的市民与骑士，费了他们一生中大部分的时间专为那个世界预备。现代的人，对待鞠躬尽瘁以后的高贵的死，像古希腊人、罗马人那样的恬静。我们有过60年的工作与努力，我们便坦然无虑地睡觉去了。

但在中世纪的时候，那位恐怖之王（指魔鬼），带着他的狰狞的头颅与咯咯作响的骨架，是人们永久的伴侣。他在他的提琴上奏出可怕的调子惊醒那些供他牺牲的人——他与他们同坐在饭桌上——他们带了姑娘出门散步时，他躲在树后讥笑他们。如果你在幼年时代只听见关于坟墓棺材与可怕的疾病一类毛骨悚然的故事，而听不见安徒生与格林的童话，你的一生便也永远浸在末日与审判的恐惧中了。中世纪的儿童们正是如此。他们生活在一个到处都是幽灵鬼怪，只有偶然几个天使的世界里。

有时候，固然因为对于将来的恐惧能使他们变得谦卑虔敬，但往往有相反的影响，使他们变得残忍和易动感情。他们可以杀尽被占领城里的全城的妇女与儿童，手上还染着无辜的、受难者的血迹，便很虔诚地跑到圣地祈求那位慈悲的上帝饶恕他们的罪恶。不但如此，他们做的还有甚于祷告的事情，他们痛哭流涕地承认他们是极恶的罪人。但到第二天，他们又去屠杀信仰伊斯兰教军营里的敌人，而心里丝毫没有怜悯的意思。

十字军的军人是骑士，他们所遵守的仪范当然与普通人不同。但在以下所说的方面，普通人与他的主人很相同。他也像一匹胆小的马那样容易被一个影子或一张小纸所惊。他能够很好地并且忠心地服务，但在他见鬼发狂的时候，也很能够撒野而闯大乱子。

不过我们批评这种好人的时候，最好要记得他们是处于怎样不利的环境。他们是冒充文明人的真正野蛮人。查理大帝与奥托大帝都称为"罗马皇帝"，但他们不像一个真的罗马皇帝（如同奥古斯都或马可·奥勒利乌斯），正如非洲酋长不像一个受过高等教育的瑞典或丹麦的国王一样。他们是野蛮人，虽然生长在光荣的废址中，但没有享受过被他们的父亲与祖父所毁坏的文明的福祉。他们什么都不懂。现在12岁的儿童都知道的东西，他们差不多全不知道。他们为求各种知识起见，不得不读一本书。这书就是《圣经》。

《圣经》中对于人类历史影响有好的部分，即《新约》中教训我们的仁、爱、恕这类大道德的几章。但若把这本圣书当作天文、动物、植物、几何以及其余一切的科学课本，那是完全不可靠的。在12世纪时，中世纪的图书馆里又加添了第二本书，就是公元前4世纪的希腊大哲学家亚里士多德编的那本有用知识的大百科全书。基督教会既然因为他们的异教主义贬视一切希腊哲学家，何以对于领主亚历山大大帝的老师如此尊敬，这实在不明白。除了《圣经》以外，亚里士多德被认为唯一可靠的教师，他的著作在真正的基督教徒手里可以不发生危险。

他的著作乃是辗转传到欧洲的。它们首先由希腊传入亚历山大城。后由在7世纪时占领埃及的伊斯兰教徒将它们由希腊文译为阿拉伯文。他们跟着信仰伊斯兰教的军队到西班牙，于是这位斯塔吉拉大人物（亚里士多德是马其顿的斯塔吉拉人）的哲学便在科尔多瓦的伊斯兰教大学里教起来了。后来又由那些越过比利牛斯山去求学的基督教学者们将阿拉伯译本译成拉丁文。到最后，这本走过许多路程的有名著作的译本，在欧洲西北部的各学校里全都采用了。译本虽不很清楚，但反使它变得更有意思了。

中世纪的一等聪明人，借着《圣经》与亚里士多德的帮助，便开始解释天地间一切事物与上帝的意志的关系。那些所谓经院学者的聪明人，实在很聪明，但是他们的知识只从书本上得来，不是从实际的观察中获取。如果他们要讲鲟鱼或小毛虫，他们便去读《新约》《旧约》与亚里士多德的书，将这些好书上所讲的小毛虫与鲟鱼的一切情形告诉他们的学生。他们决不出去到附近的河里捉一条鲟鱼来，也不离开他们的图书馆跑到后院去找一两条小毛虫来，看看这些东西是怎样的，或研究它们在老巢里的情形是怎样的。即使最有名的学者们，如大阿尔伯特，托马斯·阿奎那这类人，也不去考察巴勒斯坦的鲟鱼和马其顿的小毛虫，是否与欧洲西部的鲟鱼与小毛虫有所不同。

等到偶然有一个例外的好奇人，如罗杰·培根者流，在学者们的会议里开始用显微镜与新奇的小望远镜做实验，而且实地拿了鲟鱼与小毛虫到课堂上来，证明它们与《旧约》上以及亚里士多德的书本里所描写的东西不同的时候，那些经院学者都摇着他们高傲的头。

培根跑得太快了。他竟敢提议用一点钟的实际观察，胜读十年亚里士多德的书，并主张那些著名的希腊书，从它们已经做出的许多好处上看来，完全是可以不必翻译的，这时候，那些经院学者便走到警察署里去说："这人危害国家的安全，他要我们学希腊文，为使我们可以读亚里士多德的原文，何以使我们忠实的百姓满足了数百年的拉丁阿拉伯译文不能使他满意呢？何以他对于鱼与昆虫的内部情形如此好奇呢？他大概是一个恶的魔术家，想要用他的黑魔术（注：中世纪的魔术，分黑、白两种，为人民求利益的为白魔术，谋害人民的为黑魔术）来扰乱一切事物的固定秩序。"

中世纪的世界

他们申辩他们的理由如此有力，使那些维持治安者起了恐慌，便命令培根不准写一字者十余年。等到后来他恢复了他的研究时，他已经得到了一个教训，所以他后来的著作都用一种使当时人无法明白的奇怪的暗号写成。当时基督教会愈是竭力禁止人民疑问——因为怕要引起人对于上帝的怀疑与信心的不坚固——培根这种用奇怪符号写作的方法愈是通行。

但是这种愚民政策并非从恶意中产生的。当时之所以这样地捉拿异端，实在是由于一番好意。他们深信——不但信，并且知道——今世的生命，不过是为下世的真实存在的预备。他们以为知识太高，会使人不舒服，会使人脑筋里装满许多危险的观念，会引他怀疑，因此使他灭亡。一个中世纪的学者，假使看见一个学生离开《圣经》与亚里士多德的书本上所启示的权威，而自己去研究，便会像一个慈爱的母亲，见到她的孩子走近滚烫的火炉边去一样的难受，她知道如果让他碰着火炉，他的小手指头就会烫伤，所以她必须想尽方法拉他回来，在必要时，她会用力来制止他。但她实在爱这孩子，只要他服从她，她必竭力待他好。中世纪的保护人民灵魂的神父，一方面严格地监视关于宗教的一切，另一方面则日夜勤劳地为他们的信徒尽最大的义务。只要是可能，他们永远予人以帮助。当时的社会，正显示无数善男信女的势力，在那里设法造成一般人在变化无常的命运面前，学会最大限度的忍耐。

做农奴的永远是一个农奴，他的地位永远不改。但是中世纪的慈悲的上帝要他一生做一个农奴，同时却赐给这个卑贱人一个永生不灭的灵魂，因此他的权利必须受保护，使他生前与死后都做一个好的基督徒。等他年岁太老太衰弱不能工作的时候，那位受他服侍过的封建主必须照顾他。所以做农奴的过了一辈子单调惨淡的生活，但他永远不用愁明天。他知道他是"安全"的——是不会被他的雇主辞退的，永远会有房子住（也许是一所漏房子，但总不失为房子），永远会有东西吃。

这种"稳固"与"安全"的心理，在社会的各阶级里都有。城市里的商人与工人组织公会以担保每个会员都有一笔确定的收入。这种公会不鼓励野心的人努力胜过他人，却往往保护了想法"混过去"的懒人。但是他们劳动阶级里确立了一个普遍的满足与稳固的心理，这种心理在我们现在互相竞争的社会里是没有的。中世纪的人对于现代人所谓"垄断"的危险很明白。如果一个有钱的人，把持一切谷子、肥皂或咸鱼，而强迫人们按他所定的价钱去买，那时候当局者便会来阻止批发买卖，而规定商人售货的价格。

中世纪的人民，不喜欢竞争。因为审判日子已到近边了，那时候财富是毫无价值的，为善的农奴可以进天堂的金门，为恶的骑士需被送入顶深的地府去忏悔，所以何必竞争？何必让这世界充满慌忙竞争与无数奋斗的人呢？

总之，中世纪人为使身体与灵魂少受贫苦起见，必须牺牲一部分的思想与行为的自由。

除去少数的人，他们对于这种观念都不反对。他们深信他们只是这个世上的过客——在这里预备一个更大更重要的生命。他们掉头不看这充满苦痛罪恶与不平的世界。他们拉下窗帘以防太阳光线扰乱他们对于《默示录》的注意——这书是告诉他们天堂的光明是永远照耀他们的幸福的。他们设法闭上眼睛，不看现世界的一切幸福，为得预备享受那等待他们最近将来的幸福。他们将生命当作一种不可避免的罪恶那样接受它，将死当作一个光荣日子的开端那样欢迎它。

希腊人与罗马人从未注意到将来，只有设法在现世界里建造他们的天堂。他们为那些没有成为奴隶的自由民造成非常快乐的生命。以后却来了一个极端不同的中世纪，人们建造他们的天堂在极高的云外，而将此生的世界变成一切尊、卑、贫、富、智、愚的一个流泪的空谷。

现在是到了那个种种应该拉到另一方向的时候了，这个我将会在下一章里告诉你。

38. 中世纪的商业

地中海变成商业繁盛的中心，意大利半岛的城市变成与亚非两洲通商的分配货物中心

意大利的城市在中世纪末叶最先恢复重要的地位，约有3个原因。

第一，意大利半岛在极早时便受罗马人的整顿。那里的道路、城市、学校，比欧洲任何地方都多。野蛮人烧毁意大利固然同烧毁别的地方一样厉害，但是它的东西太多，毁坏不尽，所以很多的东西被留下了。

第二，教皇是住在意大利的，他既是一架很大的政治机器的领袖，而这架机器包括土地、农奴、房屋、森林与河流，并且还管理法庭，所以他不断地获得许多现钱。教皇的官吏们如同威尼斯与热那亚的商人和船主一样，薪俸都要现金现银的。西部与北部的牛、马、鸡蛋及一切农产物，必须换做现钱去偿还罗马远省的债务。这样使意大利变成一个金银最多的国家。

第三，在十字军东征的时候，意大利的城市成为十字军人上船的地点，意大利的城市因此获得了几乎使我们不能相信的厚利。

中世纪商贸

十字军结束以后，那些意大利的城市仍为欧洲人需要的东方货物的分配中心。这些城市之中很少有像威尼斯城那样著名的。威尼斯是建立在堤岸上的一个共和国。在4世纪野蛮人进攻时，大陆的人民都逃奔威尼斯。它的周围都是海，所以人民都从事盐业工作。因为中世纪时，盐非常缺乏，价格很高。因此威尼斯坐享这种为日常所少不得的食品的专卖权（我说少不得，因为人同羊一样，食物里没有盐是要生病的）约有数百年。人民利用这个专卖权来增加他们城市的势力。有时他们竟敢反抗教皇的势力。这座城市渐渐地有钱了，开始造起与近东贸易的商船。在十字军东征的期间，这些商船便载旅客到圣地去，遇到旅客没有现钱付船价时，他们便不得不帮助威尼斯人在爱琴海、小亚细亚与埃及等地方扩充他们的殖民地。

在14世纪的末叶，威尼斯的人口已经增加到20万之多，于是威尼斯便成为中世纪最大的城市。人民对于政府是没有权势的，因为它是少数富商的家庭私事。他们选出一个元老院与一个总督（或公爵），但是城市里实际的统治者，乃是那个著名的十人会议中的会员——他们全靠秘密侦探与专以刺客为业的人组织高度严密的制度。那些侦探与刺客，时时在那里侦察所有的市民，遇有对于他们肆无忌惮的专制的公安委员会图谋不轨的人，便在暗中把他杀掉了。

我们在佛罗伦萨可以找到另一极端的政府，一个非常纷乱的民主国。这个城市控制北欧与罗马之间的大道，它由这个好的经济地位赚得的钱用在制造上。佛罗伦萨人想要模仿雅典人的榜样。贵族、教士与公会的会员全都加入民事讨论会。因此便引起很大的内乱。人民永远分做许多政党，党派间的冲突非常厉害，只要一党在会议里一占优胜，便立刻放逐他们的敌人，没收敌人的财产。这种有组织的暴徒政治，经过数百年后，便有一种不可免的事实发生。一个有势力的家庭，根据古希腊暴君的办法，自居为该城及四乡的统治者。这就是美第奇家族。最早的美第奇人是做医生的，但后来他们都变成银行家了。在所有重要的商业的中心区域，都有他们的银行和当铺，连现在美国的当铺门前都挂着3个金球，也就是美第奇家族的徽章的一部分。这些美第奇人做了佛罗伦萨的管理者，他们的女儿嫁给了法兰西的国王，他们死后下葬的坟墓可以抵得过罗马恺撒的陵寝。

其次是威尼斯城的劲敌热那亚，此地的商人专办同非洲的突尼斯人贸易的事情和黑海的粮食业。此外尚有200多个城市，有大的，有小的，每个都是一个完整的商业单位，所有的城市都怀着一种好像被他们的邻人夺去利益那样的不解之仇来和他们的邻市战争。

一旦近东与非洲的物产运到了这些分配货物的中心，他们便需预备将它们运送到西部与北部。

热那亚的货物由水路运往马赛，再从马赛装船运到罗纳河沿岸的各城市，而那些城市又成为法兰西北部与西部的商场。

威尼斯城的商品，由陆路运到欧洲北部。这条古代的道路，是穿过从前野蛮人进攻意大利所过的勃伦纳要隘的。那些商品经过因斯布鲁克到巴塞尔，再从巴塞尔顺着莱茵河而下到北海与英国，或奥格斯堡。奥格斯堡的富格尔家（他们是银行家兼制造家，他们的发财大部分靠着将付给工人的钱缩减）照管分送到更远的纽伦堡、莱比锡与波罗的海的各城市，以及维斯比（该地在哥得兰岛上），再由维斯比照管波罗的海北部，并与俄罗斯的老商业中心，诺夫哥罗德共和国，直接交易。这个商业中心在16世纪中叶已被可怕的伊凡大帝毁坏了。

欧洲西北岸的小城市，另有它们有趣的历史。中世纪人吃鱼很多。因为他们有很多不准吃肉的斋戒日。那些不住在海岸与河边的人只能吃鸡蛋或什么都不吃。但远在13世纪的初叶，一个荷兰的渔夫发明了腌鲱鱼的方法，这样便可以把鱼送到远的地方。因此北海的渔业变成一个重要的事业。但在13世纪的一个时期，这种有用的小鱼（为它们自己的关系）由北海迁游到波罗的海，因此这个内海的城市渐渐发财了。现在全世界的人都驶至波罗的海去捕鲱鱼。但是一年之中，只有几个月有鱼可捕（其他时候，它们都藏在水底下孵小鱼），其余的时候，那些渔船便闲着无事，除非它们张罗别项生意。这个时候它们便到俄罗斯的北部与中部去载麦子运往欧洲的南部与西部。回来时，又从威尼斯与热那亚运香料、丝绸、地毯与东洋毛毯到布鲁日、汉堡与不莱梅。

从这样简单的起源里发展出一个重要的国际贸易制度。这个制度，由布鲁日与根特的工业城市里（那里的万能的工会，与英法的国王做对，且又成立一个劳工的专制政权，将雇主与工人完全毁了）传到俄罗斯北部的诺夫哥罗德共和国，这个共和国在沙皇伊凡大帝之前，是一个很大的城市，后来伊凡大帝不信任一切商人，占据了这个城市，不到一个月的工夫，屠杀了6万人，将那些剩下的人都贬为乞丐。

北部的商人设立一名为"汉萨"的保护同盟，以防海盗、苛税与苛政之害。汉萨是一个100多个城市的自愿的组织。它的总机关在吕贝克。它有自己的海军巡游海上，遇到英国与丹麦的国王敢来干涉大汉萨商人的主权和特权时，它可以抵抗他们，打败他们。

我愿意有更多的篇幅，可以告诉你关于这个经过高山和重洋，与遭遇莫大危险（使每次航行都成一件光荣的冒险事业）的，奇怪商业的许多惊奇的故事。但是，必须要占好几卷，在这里是不行的。况且关于中世纪我已经对你说得很多了，已能引起你的好奇心去读其他的许多好书。

我已设法告诉你中世纪是一个进步极慢的时代。当时有势力的人认为"进步"是一种讨厌的魔鬼的发明，是不必鼓励的，适巧他们是占有力的地位，所以容易推行他们的意志到那些忍耐的农奴与目不识丁的骑士身上。有的地方，几个勇敢的人有时敢冒险钻进科学的禁地，但他们的遭遇很坏，他们能够保住性命与逃出20年的监禁算是侥幸。

商业同业公会船

在12世纪与13世纪时，国际贸易的高潮扫荡了西欧，如同尼罗河漫延了古代埃及的流域一样。潮流过后，留下一片繁荣的肥沃的沉积平原。繁荣的意思就是闲暇，男女有了闲暇，便有机会去买抄本，会关心文学、艺术与音乐了。

于是这个世界重新充满了神妙的好奇心，这种好奇心使人类超过原来是他远族的从兄弟，但不会说话的别种哺乳动物。我在前一章内告诉过你城市的故事，城市贡献给胆敢脱离固定秩序的、极窄范围的、勇敢的先驱者一个安全的避难所。

他们开始工作，他们打开了他们的修道院与书室的窗子。一股太阳光线涌进了积满尘土的屋子，照出那些在长久的半黑暗时代里所结的蛛丝。

他们首先打扫屋子。其次又打扫庭院。然后他们走到颓墙之外的空地上去说："这是一个好世界。我们高兴我们住在这里面。"

在那个时间，中世纪便已告终，另有一个新世界开场了。

39. 文艺复兴

人们因为了活着又敢快乐起来

文艺复兴不是一个政治或宗教的运动，乃是一种心态。

文艺复兴时代的人仍然是教会的顺从子孙。他们是帝王、公侯的子民，不敢出一点怨声。

但他们的人生观已经改变了。他们开始穿与从前不同的衣服，说不同的言语，在不同样的家庭里过不同样的生活了。

他们不再集中他们全部的思想与精力，求未来天堂上的幸福了。他们设法在这个世界上建造他们的乐园。实在说，他们在这一方面已有了不得的成功了。

我已屡次警告你们关于历史的年、月、日的不可靠。人们太把它们按字面解释。他们以为中世纪是一个黑暗愚昧的时代。钟上"嘀嗒"一声，文艺复兴便开始，那些城市与王宫，便充满热烈的求知的光辉。

实际上，历史不能划这样分明的界线。13世纪是毫无疑义地属于中世纪。所有的历史学家都这样主张。但是13世纪是不是一个真正黑暗呆钝的时代呢？绝不是的。人民异常活泼。大的国家已在成立。大的商业中心已在发展。新建的哥特式教堂的细长塔尖高耸在城堡的塔楼与市政厅的尖顶之上。世界到处都在活动。市政厅的高贵有势力的绅士们，刚刚觉出自己的力量（仗着他们新近得来的财富），便与他们的封建主争夺更多的权力。行会的会员们，刚刚明白"人多便有势力"这个重要事实，便与市政厅的高贵有势力的绅士们发生冲突。君主与他狡黠的顾问们在这浑水里捞鱼，捞到不少的好处，便在那些吃惊失望的市会的议员与行会的同志面前享受。

在灯光黯淡的街道上不再有政治与经济的纷争时，有那抒情诗人与歌唱者说故事，唱浪漫与冒险、英雄与美人的诗歌来点缀漫漫的长夜。同时青年们不耐烦进步的缓慢，成群结队地走入大学，于是便发生一件故事。

中世纪人民是"国际心智"的。这种心智听起来似乎很难办，但是等我来解释。我们现代人乃是"国家心智"的。我们是美国人，或英国人，或法国人，或意大利人；我们说英国话，或法国话，或意大利话；我们到英国，或法国，或意大利的大学去求学。除非我们要学一种专门的学问，而这学问只有在别处可以学到的，那时候我们才去学别种言语，才会跑到慕尼黑、马德里或莫斯科去。然而13或14世纪的人很少称自己为英国人、法国人或意大利人。他们认为自己是设菲尔特或波尔多或热那亚的市民。因为他们都是属于同一个教会，他们感觉他们有一种同胞的结合。因为所有受过教育的人都会说拉丁语，拉丁语便成为一种国际的言语，排除了近代欧洲所发展的使小国家立于极不利的地位的那种无意识的言语的障碍。我们就以那位鼓吹容让与快乐的伊拉斯谟为例。他在16世纪时著了几部书。他是荷兰一个小村子里的人。他的书是用拉丁文写的，所以全世界人都是他的读者。假使他生在今日，他使用荷兰文著作了。那样，只有五六百万人能读他的书。欲使其余的欧美人懂他的书，他的发行者非把它们译成20种不同的文字不可。那个费用很大，我想一般发行者多半不肯费这样的事，冒这样的险。

600年前，这样的事是不会发生的。大部分人仍然很无知，不会读书，也不会写字。至于那些学会了使用鹅毛笔的艰难技术的人，即属于这个全欧洲的不受言语或国家限制的国际文学界。那些大学校便是这个文学界的要塞。但它们与现代的要塞不同，不跟着边境走。不论什么地方，只要有一位教师与几个学生偶然聚焦在一处，便是一个大学，还有一点也是中世纪和文艺复兴时代与我们近代不同的地方。现在如果设立一个新的大学，它的程序（几乎永远不变的）是如此的：一位有钱的人要为他的社会尽些义务；或是某某教会想要创办一所学校，使它信教的儿童们受到良好的监督；或是国家需要医生、律师与教员的人才。大学的第一步就是一大笔银行里的存款。其次便是用这笔存款去建造校舍、实验室、宿舍。最后，请教员，举行入学试验，于是这个大学便开张了。

中世纪的事情却不是这样的。一个聪明的人对自己说："我已经发现一个大的真理。我一定要把我所知的传授给别人。"不论在什么地方，什么时候，只要他能找到几个听讲的人，他便像今日欧、美的公园里立在肥皂箱上的演说家那样开始讲他的学问。假使他是一个有趣的讲演家，许多人便过来，站住不走了。假使没有趣，他们便耸耸肩膀，继续走他们的路。渐渐地，有些青年便按时来听这位大教师的有学问的演讲。他们各人随身带来一本笔记簿，一小瓶墨水与一支鹅毛笔，将他们认为重要的句子记下来。有一天下雨了。那位教师与他的学生们便躲到一间空的地下室，或教授的屋子去。这位有学问的人坐在他的椅子上，学生们都坐在地板上。这就是大学的起源。中世纪的大学乃是教师与学生的一种合作，那时候以"教师"为首要，而以教师用的屋子为最不重要。

我举出9世纪所发生的事件来做个例子。在那不勒斯附近的萨莱诺，有许多本领极好的医生。他们吸引许多好学医学的人来，因此就成立一个萨莱诺大学；这大学设立几乎有1 000年（直到1817年才停办），专讲那位在公元前5世纪古希腊行医的希腊大医生希波克拉底的学问。

后来又有一位布列塔尼的年轻教士阿伯拉尔。远在12世纪时，他便在巴黎开始讲演神学与伦理学。无数热心的青年都赶到法国首都去听讲。有几个别的教士不赞成他的意见，上前来演说他们的意见。不久巴黎便挤满了无数喧闹的英、德、意各国的人，与瑞典、匈牙利的学生。于是在塞纳河一个小岛上的老礼拜堂附近，产生了那个著名的巴黎大学。

在意大利的博洛尼亚，有一个教士名格雷希恩，他为那些必须知道教会法律的人编了一本教科书。于是许多青年教士和非教士，都从欧洲各处来听格雷希恩的讲演。因为他们不愿受城市的房东、旅馆老板及女房东的气，组织了一个会社（或大学），这就是博洛尼亚大学的起源。

后来巴黎大学内部发生冲突。我们不知道冲突的原因是什么，只知道有些失意的教员带了他们的学生渡过海峡，就在泰晤士河畔名牛津的一个小村子里，找到一个合意的地方。那个著名的牛津大学便是这样成立的。1222年博洛尼亚大学里也有同样的分裂。那些失意的教员（还有他们的学生跟从他们）迁移到帕多瓦。从此这个傲慢的城市便可得意他们自己也有一个大学了。这样从西班牙的巴利亚多利德到辽远的波兰的克拉科夫，从法国的普瓦捷到德国的罗斯托克都有了大学。

现在听惯了对数与几何定理的我们的耳朵，听到这些早年的教授所讲的东西，固然会觉得许多是荒谬的。但是我所要说的是这点——中世纪，特别是13世纪，并不是一个全世界完全静止的时代。青年的一代有生命、有热忱、有问题提出。从这个骚动中便产生了文艺复兴。

正在中世纪最后一场闭幕之前，一个孤单的人物出现在舞台上。关于这人你们只知道他的名字是不够的，还应该知道得详细点。这人名但丁。他是佛罗伦萨城内阿利吉耶里家一位律师的儿子。他生在1265年。他在他的祖宗所居的城里生长，当时正是乔托在圣十字教堂壁上画阿西西的圣方济各的事迹的时候。他每天上学去，他的受惊的眼睛常常看见鲜红的血泊告诉他圭尔夫（教皇派）与吉伯林（皇帝派）之间发生不断的可怕的战争。

他长大后，进了圭尔夫派，因为他父亲原是圭尔夫派，正像一个美国少年，因为他父亲是共和党或民主党，所以也可做共和党或民主党一样。但是过了几年，但丁看出意大利如果不能统一在一个领袖之下，势必变成1 000个小城市纷争的牺牲品而灭亡，于是他改为吉伯林派了。

他向阿尔卑斯山那边求助。他希望一位强有力的皇帝出来重新建造统一与秩序。但不幸的是他的希望落空了。1302年，吉伯林派被逐出佛罗伦萨城。从那时起直到1321年他死在可怕的拉文纳废址中为止，但丁便成了一个无家可归的漂泊人，这些年他在有钱的恩主的饭桌上吃些施舍的面包，这些恩主要不是因为对于这个穷困的诗人施过些恩惠，他们的名字早已被人遗忘了。但丁在亡命的许多年中，想起他从前在家乡做领袖的时候，想起他只为一见那可爱的比阿特丽斯·波提纳里（这人终为他人之妻，而在吉伯林派失败了的12年前死了）在阿尔诺河旁边踯躅的日子，觉得关于当时他的为人与行动应该有所辩白。

他的事业的野心全然失败了。他忠心地为他的本城尽力。但在一个腐败的法庭上被人告发侵吞公款，且被判决他若敢踏进佛罗伦萨城的区域便要把他活活灼死。但丁要对他自己的良心与对当时的人洗白自己，于是创造了一个想象的世界，详细地叙述使他失败的情形，描写那种贪婪、淫欲与仇恨的不可救药的状况，以致他的美丽可爱的意大利变成不义自私的君主们所雇来残忍的佣兵的战场。

他告诉我们在1 300年耶稣复活节前的星期四那一天，他怎样迷失在一个深林内，怎样遇到一只豹、一只狮子和一只狼拦住他的去路。当时他以为是绝望了，谁知从树林里钻出一个白衣人来。这人就是罗马的诗人与哲学家维吉尔。他是奉了圣玛利亚与比阿特丽斯·波提纳里的圣旨来的。因为那位高高在天上的比阿特丽斯·波提纳里在照顾她的情人的命运。于是维吉尔领了但丁走过炼狱，走过地狱。一层深一层的路把他们带到一个最低的深坑，在那里看见魔鬼已经冻成永不融化的冰块立在中央，周围都是些极恶的罪人、叛徒、撒谎的人以及那些用欺骗手段成名立功的人。当这两个流浪的人未到这个可怕的地点之先，但丁已在路上遇见许多在他所爱的城市的历史上算为重要的人物。皇帝、教皇、鲁莽的骑士和欺诈的盘剥重利的人，都被判为需受永久的刑罚，或在盼望脱离炼狱，上升天堂的大赦日子。

这是一个奇怪的故事。这是一部13世纪人所做的、所感觉的、所畏惧的、所祈求的各种事物的书。这书内处处都有这个寂寞的佛罗伦萨城的亡命客，身后随着他自己的失望的黑影。

但注意！等到这位中世纪的悲哀的诗人的死亡之门关上的时候，另一位成为文艺复兴第一个人物的婴孩的生命之门便打开了。那人就是弗朗西斯科·彼特拉克，一个阿雷佐小城里的公证人的儿子。

弗朗西斯科的父亲与但丁同属一党。他也被放逐外省，因此彼特拉克便没有生在佛罗伦萨城。他在15岁时，被送到法国的蒙彼利埃去读书，为得使他像他父亲一样可以做律师。但是这少年并不愿意做一个法学家。他不喜欢法律。他想做一个学者与诗人——因为他有志要成一个学者与诗人，所以他竟成功了，正所谓"有志者事竟成"。他做长途的旅行，到弗兰德斯、莱茵河沿岸的修道院里、巴黎与列日、罗马这些地方，抄写古代的抄本。后来他住到沃克吕兹的野山中一个僻静的山谷里读书、做文章。不久他的诗与他的学问都很著名，甚至巴黎大学与那不勒斯国王都来请他去教他们的学生与百姓。但是他去就职时，必须路过罗马城。罗马人听到他编订几已失传的罗马著作的声名，决定要给他荣誉，所以彼特拉克便在古罗马的审判厅里，被他们戴上了诗人的月桂冠。

从那时起，他的生命便是无穷的荣誉和欣赏。他所写的都是人民最爱读的东西。人们已经厌烦了神学的辩论。可怜的但丁，尽管游他的地狱；但是彼特拉克所写的是爱、自然和太阳，他从不说前一代所通行的苦痛的事情。彼特拉克每到一个城里，全城的人都来见他，把他当作一位凯旋的英雄那样欢迎他。假使他带着他的年轻朋友，会说故事的薄伽丘同去，那更好了。他们两人都是正合乎他们的时代，充满着好奇心，任何东西都愿阅读一遍，各处搜寻久已遗忘的陈腐的图书，希望再得些维吉尔、奥维德、卢克莱修或其他古拉丁诗人的遗稿。

他们都是善良的基督徒，他们当然是的，因为人人都是的。不必单为有一天你将死去，便时时刻刻拉长了脸，穿着污秽的衣服。生命是好的。人们活着为的是快乐。你要证据吗？很好，拿一柄铁铲来，掘到地下去。你找到些什么？美丽的古像、美丽的古瓶、古代建筑的遗址，所有这些东西都是那个最大帝国的人民制造的。他们治理全世界约有1 000年。他们都强壮、有钱、漂亮（只要看奥古斯都皇帝的半身像就成）。他们当然不是基督教徒，永远不能进天堂。弄得最好也不过在炼狱里过日子，那就是但丁刚游历过的地方。

但是谁管那些呢？能够生在像古罗马那样的世界里，无论什么人都认为已登天堂了。无论怎样，我们总只活一次。我们就为生存的快乐高兴高兴吧。

简单点说，这就是在许多意大利的小城市里，那些狭窄曲折的小巷里，渐渐充满的精神。

美国人之所谓"自行车狂"或"汽车狂"，你大概知道吧。有人发明了一辆自行车。那些千百年来由这里到那里用脚走得很慢很辛苦的人们，一旦看见登山越岭有如此容易，如此迅速，便要发"狂"了。后来一位聪明的技师制造出第一辆汽车，便无须在乎用脚踏了。只要坐着让一滴一滴汽油替你工作。于是人人都想要一辆汽车。人人都讨论汽车的牌子，走的里数、用的汽油。探险家也都深入陌生的内地，希望可以发现新的汽油的供给。苏门答腊与刚果都造起森林，以备供给我们橡胶。橡胶与石油成为非常贵重的物品，以致使人们为要占据它们而发生战争。全世界都成"汽车狂"，小孩子们在会说"爸爸""妈妈"之前，就会说"车"了。

在14世纪的时候，意大利人因为新发现地下的罗马世界的美丽发了狂。不久，他们的狂热传染了西欧一切的人民。发现一个新的稿本，便可做人民全体休息的理由。编一本文法的人，可以像现在的人发明一个新的火花塞（注：汽车上的一种零件）那样著名。人文主义者，就是将一生的时间与精力完全用在研究人类的人（不像有的人将他的时间消磨在毫无结果的神学的研究上），这样的人所得的光荣与尊敬，比一位征服了所有吃人肉的野蛮岛民的英雄所得的更大更深。

正在这个知识界大骚动的时候，发生一件于研究古代哲学家与著作家便利的事情。这时土耳其又来侵犯欧洲。古罗马帝国的最后一个残余城市君士坦丁堡受到了很大的压迫。1393年曼努埃尔·帕莱奥洛格皇帝派遣伊曼努埃尔·赫里索洛拉斯到欧洲西部去报告老拜占庭的危急情形，要求他们的援助。但是援助始终不来。然而西欧，对于拜占庭的命运无论如何冷淡，对于古希腊人则极有兴趣的，因为希腊的殖民者于特洛伊战争后5世纪在博斯普鲁斯沿岸建立这城的。他们要学希腊文，以便能读亚里士多德、荷马和柏拉图。他们非常热心，但是他们既无书本，又无文法与教习。佛罗伦萨城的地方官听见赫里索洛拉斯要来。城内的居民都发狂似的要学希腊文。他愿意来教他们吗？他愿意的，看哪！这第一位希腊文教授教给数百热心的青年希腊的字母；这些青年沿途乞食到阿尔诺河的佛罗伦萨城来，住在马棚与肮脏的顶阁里，只为学点希腊动词的变化，与接近索福克勒斯与荷马。

那时候，老学派的人在大学内正教着他们的陈腐的神学与老朽的伦理学，津津有味地解释《旧约》上的隐秘，讨论由希腊文译为阿拉伯文，再译为西班牙文，三译为拉丁文的亚里士多德文集中玄妙的科学。他们看着这个情形，始而失望、吃惊，继而转成愤怒。这也太过火了。青年们都离弃他们固有的大学讲堂，去听那发狂的人文主义者讲"再生的文明"的新观念。

他们去找政府当局表示不满。但是人不能勉强不愿喝水的马去喝水，也就不能叫不愿听的耳朵去听于它们实在没有兴趣的东西。于是老学派的人便很快地失去他们的地位。但是有的地方他们得到些短期的胜利。他们便去联络那些不愿看别人享受为他们所不能了解的幸福的狂人。在文艺复兴的中心佛罗伦萨城内，新旧两学派发生了激烈的冲突。有一副峻刻的相貌，对于美丽深恶痛绝的多明我会的僧侣萨伏那洛拉，做了中世纪殿军的领袖。他打过一次勇敢的仗。他天天在圣玛利亚教堂的大会堂里大声地以上帝的盛怒警告大家。他喊着："悔改，悔改你们的不信上帝，悔改你们的享受不圣洁的东西！"他起始听见声音，看见天空中闪着明亮的刀子。他对儿童们说教，使他们不至跌入引诱他们父亲沉沦的错误。他组织了许多童子军，专为上帝服务，他自称为上帝的先知。那些受警告的人们为了一时狂热，答应肯为他们的喜爱美丽与喜爱快乐的罪过忏悔。他们将他们的书籍、雕刻、油画一齐运到市场，一面唱着圣歌，一面跳着极不神圣的舞蹈，庆祝一个狂闹的"戒奢会"，这时萨伏那洛拉便用他的火把将那堆宝贝点着了。

但到火灭灰冷的时候，人们渐渐觉出他们的损失来。这个可怕的狂人将他们生命中最宝贵的东西毁灭了。于是他们反叛萨伏那洛拉，把他投进了监狱。用严刑拷打他。但他不肯忏悔他所做的任何事情。他是一个正直人。他努力过圣洁的生活。他愿意打倒一切存心反对他的见解的人。铲除他所遇见的罪恶是他的义务。喜爱异教的书与异教的美丽在这位基督信徒的眼里是罪恶。但他是孤立的。

他为一个已死的，过去的时代奋斗。罗马的教皇从未帮过他一指之力。不但不帮他，当佛罗伦萨人将萨伏那洛拉拖到吊架上，在群众的欢声沸腾中吊死他，焚灼他的尸身时，那位教皇反倒赞成他的"佛罗伦萨信徒"的行为。

这是一个可悲的结果，但是无可奈何的。假使萨伏那洛拉生在11世纪里，他便是一位大人物了。他在15世纪内，只是一个已经失败的思想的领袖。不论是好或坏，等到教皇也变为人文主义者，教皇的宫殿变成最重要的希腊与罗马的古物博物馆时，中世纪便告终了。

40. 表现时期

人民对于他们在生命里新发现的快乐渐觉有表现的必要，
他们在诗歌、雕刻、建筑、绘画以及刊印的书籍上表现了
他们的快乐

在1471年，死去一位热心宗教的老年人。他的91岁中之72年
全都消磨在兹沃勒城（这是伊瑟河旁一个老荷兰汉萨城）附近的圣
阿格尼山的修道院里。大家称他为托马斯会友，又因为他生在肯本
村，所以也称他为肯本的托马斯。他12岁时，他家里送他到德文
特，因为那里有一位由巴黎、科隆与布拉格3个大学毕业的有奇才
的且以游行宣教师出名的格哈特–格鲁特组织，一个共同生活的同
志会。会中的同志尽是微贱的人，他们想一方面从事于木匠、油漆
匠、石匠等有规则的职业，一方面过早年耶稣门徒所过的简单生
活。他们办了一个很好的学校，使穷人家值得帮助的子弟们得受教
会中教士的学识。小托马斯在这学校里学会了拉丁动词的变化与
如何抄写稿本。后来他宣了誓，背起他的小书包漂游到兹沃勒。于
是他松了一口气，关上门，从此不再理那于他没有兴味的扰攘的

世界。

托马斯正生在一个骚乱、疫疠与暴亡的时代。中欧方面，在波西米亚地方，因为英国的改革家约翰·威克里夫的同党且是他的朋友——约翰·胡斯虽已得到康斯坦茨会议的许可，只要他肯来瑞士对那些集议要改良教会的教皇、皇帝、23个红衣高级教士、33名大主教和主教、150名教士以及100余位亲王和公爵诠释他的教旨，担保他平安无事。但就受这同一会议的命令，他被灼死在火刑柱上，因此他忠实的弟子们为所爱戴的领袖报仇而发动了战争。

西欧方面，法兰西驱逐英人退出它的疆土，继续战了100年，幸有圣女贞德出现，才挽回了危局。这次的冲突结束不久，法兰西又与勃艮第争霸西欧，从事于一场激烈的战争。

南欧方面，住在罗马的教皇，正在祈求上帝降灾于住在法国南部阿维尼翁的另一位教皇，这个教皇也以同样的方法对待罗马教皇。远东方面，土耳其人正在消灭罗马帝国最后的遗迹，而俄罗斯人也在发起一个最末次的十字军来打破他们突厥主人的势力。

但是这一切的扰乱，托马斯躲在他安静的小窝里全没有听见。他有他的稿本、他自己的思想，就满足了。他将他对于上帝的爱尽量地装在他所著的一本小册子里。这书名为《师主篇》，这书译本的种类，除去《圣经》，比任何书的都多。读这书的人数几与读《圣经》的人数相等。这书影响了无数人的生命。作者以极简单的希望："可以抱住一本小书，坐在一个小角上，静穆地过他的日子"，表示他最高的生命理想。

这位好托马斯会友代表了中世纪最纯洁的理想。中世纪在那胜利的文艺复兴的势力重围之中，在那人文主义者高唱新时代的到来之中，集中全力做最后之挣扎。修道院是改良了。教士们抛弃骄奢淫逸的习惯了。那些简单正直纯洁的人，以他们清白的虔诚的生活做榜样，设法劝诱人们回归谦卑的遵守上帝意旨的正直道路。但这一切全然无用。新的世界已经抢在这些好人之前了。静穆的沉思的时代已经过去了。"表现"的大时期已经开始了。

大教堂

我说文艺复兴时代是一个表现的时代，意思是这样：人们已经不愿再做被动的听众，好好坐着让皇帝与教皇指使他们做什么想什么。他们要扮生命舞台上的演员。他们非要把个人的思想表现出来不可。如果有人像佛罗伦萨的历史学家马基雅维利那样对于政治手腕有兴味，他便把他自己表现在他的著作里，表现他对于一个成功的国家与一位能干的统治者的观念。假使他是喜欢油画的，他便在他的画里表现他如何爱美丽的线与可爱的颜色，因此使乔托、安杰利科修士与拉斐尔以及其他许多画家的名字，变成喜爱美术的人们的家常字眼了。

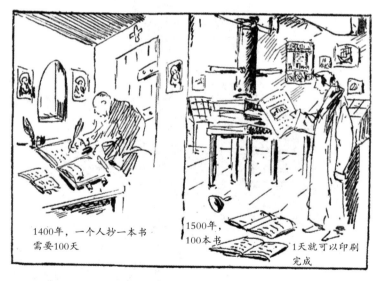

1400年，一个人抄一本书需要100天

1500年，100本书1天就可以印刷完成

手稿和印刷的书

也有喜爱颜色与线的人同时兼爱机械学与力学的，那人就是列奥纳多·达·芬奇，他一面绘画，试验他的氢气球与飞机，排泄伦

巴第平原上湿地的水，一面将他对于宇宙间一切事物的兴趣表现在他的散文、油画、雕刻与设计奇巧的机械上。也有精力强大的人像米开朗基罗，他的粗硬的手腕感觉那支鹅毛笔与调色板太小巧了，于是他改业雕刻与建筑，将大块大理石雕成可怕的东西，又为圣彼得教堂做图案，这是那个胜利的教会的光荣最具体的"表现"。于是人们便这样做起来了。

全意大利（不久全欧洲）充满了许多男女，愿意在我们已有的学问、美丽和智慧的珍贵的堆积上加添他们微小的贡献。德国美因茨城内的约翰·古登堡刚刚发明了一种抄书的新法。他先研究旧的木刊，继而完成了用铅制的字母排成字句与章页的新法。固然，他因为关于印刷的发明的诉讼倾家荡产，穷困而死，但他那点发明的特殊天才的表现却永远留在人间。

不多几时，在威尼斯的阿尔杜斯、巴黎的埃提安、安特卫普的普拉丁以及巴塞尔的福洛本（注：这些都是印刷者的名字）使这世界充斥了以古登堡《圣经》上的哥特式字体，或意大利字体，或希腊字体，或犹太文印成的精心校订的古典的版本。

于是全世界都成为那些有话要说的人们的热心听众。学问只为少数有权阶级所专有的时代已经告终了。等到哈勒姆的厄尔泽维尔发印贱价的通俗刊本之后，这世上不识字的人便没有理由原谅自己了。从此人们只需花几文小钱便可以同古代的著作家、哲学家、科学家，如亚里士多德、柏拉图、维吉尔、贺拉斯、普林尼之流做最知己的朋友，人文主义使一切人在印刷界中自由与平等。

41. 大发现

人们日渐感觉欧洲这世界太小了，不能满足他们的野心，这是已到航行大发现的时期了

　　十字军东征给了人们不少旅行的经验。但是很少人敢走出那条从威尼斯到雅法常走的道路以外。13世纪时，威尼斯的商人波罗两弟兄蹀过蒙古大沙漠，跨过与月亮齐高的大山，找着通向中国的大可汗的朝廷的路。一个波罗的儿子名叫马可的，写了一部书，叙述他们20多年的冒险。欧洲人读到他所描写的奇怪的日本岛的黄金塔，都惊掉下巴了。许多人都想到东方去，希望找到这个遍地黄金的地方去发财。但是这趟旅行太远，太危险，所以他们仍然待在家里。

　　海上当然是永远可以航行的。但是中世纪人最不喜欢海洋，这其中有许多正当的理由。第一层，船太小。麦哲伦去许多年绕行世界一周所用的船，还不及现在的渡船大。那时的船只载20人到50人，起居的地方都是极肮脏的（船舱极低，人都不能直立）。船员们不得不吃很苦的饭食，房的设备不良，遇着一点风浪便不能举

火。中世纪的人固然懂得腌鱼、晒鱼干的法子。但当时尚无罐头食物，船一离开岸，菜单上就永无新鲜的蔬菜。水是用小桶装的。这样的水不久便腐臭，有烂木铁锈的气味，还有无数黏滑的小生物。因为中世纪的人不知有微生物这东西（13世纪那位博学的教士罗杰·培根，曾怀疑过有微生物，但他很聪明地秘藏了他的发现），他们常喝不洁净的水，以致有时全船人皆得伤寒病而死。在最早的航海船上死亡的人数叫人吃惊。在1519年随从麦哲伦由塞维利亚出发环游地球的200名船员，只有18人是生还的。就是一直到后来，17世纪西欧与东印度之间贸易兴隆的时代，从阿姆斯特丹到巴达维亚打一个来回，死去40%的人数，并不算稀奇。牺牲者之中大都死于坏血症，这病皆因食物中缺少新鲜的蔬菜，影响牙肉，败坏血液，结果使病人精疲而死。

马可·波罗

在这情形之下，你便明白何以人民中最良分子不喜欢海洋了。几位著名的探险家如麦哲伦、哥伦布与达·伽马航行时所携带的船员几乎全是由以往的囚犯、未来的凶手、无业的小偷组成的。

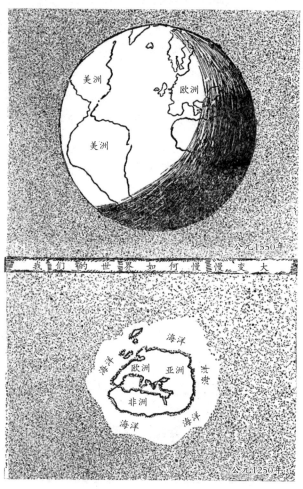

世界是如何变大的

那些航海家的胆量与勇敢真正值得我们的佩服，因为他们凭着这点胆量与勇敢，在今日舒服世界里的人们所不能想象的困苦艰难中，完成他们无望的事业。他们的船是漏的。船索是不灵的。自从13世纪中叶以后，他们获得一种罗盘针（这是由中国经过阿拉伯与十字军手中传入欧洲）。但是他们的地图太坏，太不正确。他们凭着上帝同自己的推测定他们的方向。假使运气好，1年、2年或3年之后，他们可以回家。不然，便把他们的白骨遗留在荒凉的沙滩上了。但他们确是真正的先锋。他们以运气打赌。他们认为生命即是一个光荣的冒险。等到他们的眼睛看见新海岸的模糊影子，或者望到自从有时间以来便在那里的但是无人问津的海洋的平静的水，便将所受的一切饥渴痛苦完全忘记了。

可惜我不能将这书写成1 000页长。早年的发现的故事是非常动人的。历史给你关于过去的真实的观念，所以应该像伦勃朗所做的蚀刻，把一切重要的最好最大的原因用透明的光彰显出来。其余的原因便都应该放在黑影里，再不然只用几行字将它轻轻地表明一下便够了。在这一章内我只能把最重要的发现给你一个短短的目录。

读者要记住14与15两世纪里一切的航海家所要成就的只有一件事——他们想要寻出一条通往中国、日本与出香料的神秘岛屿的舒服稳当的道路。自从十字军以后，中世纪的人就都喜欢香料，因为当时的人还不明白冷藏的方法，鱼、肉很容易腐烂，必须多多撒上些胡椒末与豆蔻粉。

威尼斯人与热那亚人都是地中海上的大航海家，但是大西洋岸探险的名誉却要归葡萄牙人。西班牙和葡萄牙自从与摩尔人侵略者相战一年以后，发展了非常浓厚的爱国精神。这种精神一旦发生，就很容易转入新的途径。13世纪时阿方索三世，吞并了西班牙半岛西南角的阿尔加维王国，加入他的版图。在下一世纪内葡萄牙打倒了伊斯兰教徒之后，渡过直布罗陀海峡占领与阿拉伯的塔里法和丹吉尔两城相对的休达，丹吉尔便成为阿尔加维的非洲属地的首府。这时葡萄牙人准备开始探险的事业了。1415年葡萄牙王约翰一世与刚特的约翰的女儿菲利帕所生的儿子（亨利亲王）预备对于非洲西北部做一个有系统的探险。以前腓尼基人与北欧人曾经到过这个炎热的沙滩，他们记得这是身上长毛的野人的家。我们现在知道这类野人就是大猩猩。亨利亲王与他的船长们先后做了几件事情：第一，他们发现了加那利群岛；第二，再二次发现马德拉岛。这岛在1世纪前热那亚船已经到过的；第三，详细画了一张葡萄牙人与西班牙人所不甚清楚的亚速尔群岛的地图；第四，望见了非洲西岸的尼日尔河口，他们误会了这就是尼罗河的西口。最后，在15世纪的中叶，他们看见了从非洲海岸到巴西半途中的佛得角与佛得角群岛。

亨利亲王不但做海洋的探险，他还是基督团的大领袖。以前十字军东征时代，有一个护教团。后来在1312年，教皇克莱门特五世，因为听了法王美男菲利普的要求，便取消了这个护教团，那位法王乘机将他国内的护教团的信徒烧死在火刑柱上，并且没收了他们所有的产业。上文所说的基督团就是这个护教团来到葡萄牙后所改的名称。亨利亲王用他教团田产的收入，准备做撒哈拉与几内亚海岸腹地的数次探险。

亨利仍然不失为一个中世纪的后裔，他费去很多时间，很多金钱去探访那他神秘的"祭司王约翰"。据说这位祭司王约翰乃是东方某处一个大帝国的皇帝。这个奇怪皇帝的故事在12世纪中叶在欧洲发生。300年之中，人们都在设法寻访这位祭司王约翰同他的后裔。亨利也是其中的一个人。在他死后30年，这个隐谜解决了。

1486年巴托罗缪·迪亚兹想要由海道去寻祭司王约翰的所在，一直到了非洲的南端。最先他称这角为"暴风角"，因为此地的暴风阻止过他向东进行。但是里斯本的领港们知道这个海角的发现对于寻找印度水路的重要，所以便将"暴风角"改名为"好望角"。

一年以后，佩德罗·科维尔汉带了美第奇的汇票为同样的使命从陆路出发。他渡过地中海，离开埃及之后，便向南行。他到了亚丁，从那里取道波斯湾（自从领主亚历山大大帝时代至18世纪以前很少有白人见过这湾）游历印度洋岸的果阿与卡利卡特两地方，在那里得到许多关于月岛（即马达加斯加）的消息，当时人们都以为这岛是在非洲与印度的中间。于是他转回头，偷偷地游览麦加与麦地那，重新渡过红海，在1490年他发现了祭司王约翰的国境，才知道祭司王约翰不是别人，就是埃塞俄比亚的黑人尼格斯。这黑人尼格斯的祖先在第四世纪时（就是基督教徒到斯堪的纳维亚之前700年）便已接受基督教了。

这许多次的航行使葡萄牙的地理学家与地图学家相信由海道东行，虽然可到印度，但是很不容易。因此引起极大的争论。有的人要继续好望角以东的探险。有的人说："不行，我们应该向西去，渡大西洋，然后可以到中国。"

我们在这里应该说明，当时大多数有知识的人全都深信地球不是像一张薄饼那样扁平的，而是球形的。第二世纪的埃及地理学大家克劳迪斯·托勒密所发明的托勒密宇宙系，虽然足以供给中世纪人的简单需要，但是文艺复兴时代的科学家早已把它抛弃了。他们承认波兰的数学家哥白尼的学说，哥白尼根据他的研究，相信地球不过是绕着太阳转的许多行星中的一个。这个发现他36年来一直不敢发表（在1543年他死的那一年才出版的），因为怕教会的裁判。神圣审查是13世纪的教皇法庭，乃为当时在法兰西与意大利的阿尔比派与瓦尔多派（那些十分虔诚的异教徒都是良善的百姓，不相信私产制度，情愿过基督过的贫穷生活）的异教学说在有一个时期危害罗马主教的全权而设立的。但是地圆之说在航海专家之中是很普通的，因此如上面所说的，他们正在争论东路与西路的便利。

主张走西路的一位热那亚航海家名哥伦布。他是一个做羊毛生意人的儿子。他似乎是帕维亚大学的学生，专攻数学与几何学。后来他经营他父亲的商业，但不久有人遇见他在地中海东岸的希俄斯岛行商。以后我们听说他到了英国，但他往北方去找羊毛或当船长，我们可不知道。1477年的2月，哥伦布（假使他自己的话可靠）游历到冰岛，他似乎只到了法罗群岛，因为那边2月间的天气很冷，人们容易认它为冰岛。哥伦布在那里遇见了勇敢的北欧人的后裔（他们在10世纪时卜居于格陵兰，在11世纪时因为雷夫的船被风吹到拉布拉多海岸，到过美洲）。

这些远西的殖民结果如何，没有人知道。雷夫的寡嫂所改嫁的丈夫多尔芬·卡尔塞芬于1003年开拓美洲殖民地因为爱斯基摩的仇视，3年后便中止了。至于格陵兰的殖民者的消息自从1440年之后，一个字也没有。大概他们都染黑死病死了。这病曾将挪威人口削减了一半。无论如何，相传"远西的大地"之说在法罗与冰岛的人群中一定还有的，哥伦布也一定听到过的。他从苏格兰北部的岛上的渔人口中又探到别的消息。他到了葡萄牙，娶了以前给亨利亲王做船长的人的女儿。

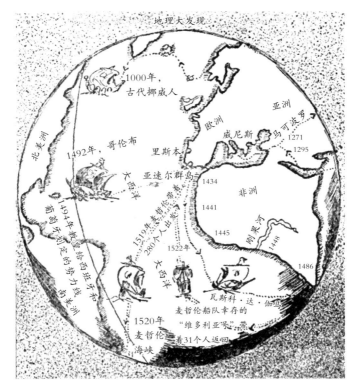

地理大发现

1000年，
古代挪威人

亚洲

欧洲

威尼斯

马可波罗

1271

1295

1492年，哥伦布

里斯本

亚速尔群岛

1434

非洲

1441

北美洲

大西洋

1494年教皇划定的势力线

1519年麦哲伦带着

280个人出发

1445

刚果河

1448

1486

1522年

大西洋

葡萄牙

南美洲

瓦斯科·达·伽马

麦哲伦船队幸存的

"维多利亚号"载

着31个人返回

1520年

麦哲伦

海峡

西半球的伟大发现

　　从1478年起，他便一心一意想向西寻到印度的路。他将这样的
航行计划送呈葡萄牙与西班牙的两朝廷，葡萄牙人认定了东方的航
路是他们所专有的，一点不理他的计划。西班牙则自从阿拉贡的斐
迪南与卡斯蒂尔的伊莎贝拉于1469年结婚后，已将西班牙连成
一个国家，正忙着驱逐摩尔人退出他们最后的根据地格拉纳达。他
们没有闲钱去做冒险的远征。他们的每个小钱都要支付给他们的
军人。

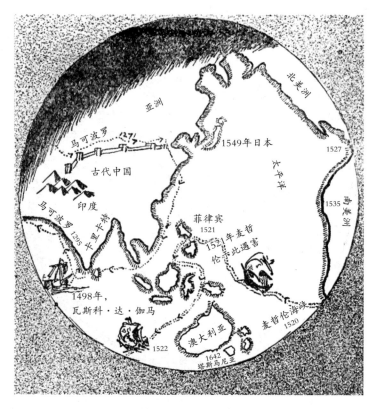

东半球的伟大发现

　　很少人肯为他们的理想像这个意大利人那样拼命。关于哥伦布的故事大家都知道，不必再说了。1492年的正月，摩尔人割让了格拉纳达城。同年4月，哥伦布便与西班牙的国王和王后签约。8月3日，星期五的一天，哥伦布带了3只小船，88名船员，由帕罗斯出发。船员之中许多是罪犯，加入这个远征以代受刑。在12月12日，星期五的正午12时，哥伦布发现了陆地。1493年的1月4日，哥伦布与拉·纳维达的小炮台的44人（从此便没有人与这44人再见面）做别还家。2月中旬，他到了亚速尔群岛，这地方的葡萄牙人以监禁威吓他。1493年的3月15日，这位海军总司令回到帕罗斯，带着他的红印第安人（他相信他已经发现近印度的岛屿，便把当地人叫作红印第安人）赶到巴塞罗那报告他的恩主他已经成功，那条取中国与日本的金银的路献给两位陛下使用。

可怜，哥伦布永远不曾知道真相。直到他老年第四次的航行，接近南美洲大陆的时候，他也许怀疑到他的发现并没有十分成功。但是他到临终，还深信欧亚之间不会再有别的大陆，那条直通中国的航路他已经找到。

同时葡萄牙人保持他们的东路，交到更好的运气。1498年，达·伽马到了马拉巴海岸，载了一船香料平安地回到里斯本。1502年，他又走了一次。但西路的探险却是失望。1497与1498的两年内，约翰与塞巴斯蒂安·卡伯特设法去寻通日本的航路，但是除去纽芬兰（500年前北欧人曾见过这地方）的冰天雪地外，什么也看不见。一个佛罗伦萨人，名叫阿美利哥·维斯普奇（阿美利加的名称便是从这个名字来的）做了西班牙的领港官，探着了巴西海岸，但是一点印度影子也没有找到。

1513年，哥伦布死后7年，欧洲的地理学家才明白了这个真相。巴尔沃亚经过巴拿马地峡，爬登著名的达里恩山峰，下望一片汪洋大海，仿佛暗示另外还有一个大洋存在。

最后到了1519年葡萄牙的航海家麦哲伦率领西班牙小船5只，由西路（因为东路完全在葡萄牙人手里，不许别国与他们竞争，所以没有走东路）出发去寻香料群岛。麦哲伦横渡非洲与巴西间的大西洋，向南驶行。他到了巴塔哥尼亚（大脚国）的南端与火地岛（如此命名因为一夜水手们望见陆地上的火光，知道这是有当地人居住的标志）之间的一个狭窄的海峡。这时大风雪扫荡海峡有5星期之久。麦哲伦的船被困在此，水手们便发生暴动。麦哲伦以非常严厉的手段压服了他们，将两个水手留在海岸上让他们慢慢地忏悔去。后来风雪停止，海峡加宽，麦哲伦驶入了一个新的大洋。这洋内风平浪静，所以他称它为太平洋。于是他又继续西行。他走了98天没有见到陆地。他的水手们几乎都要饿死渴死，他们吃船里骚扰的老鼠，吃尽了老鼠，便嚼船上的帆布以充饥。

麦哲伦海峡

到了1521年的3月，他们才见到陆地。麦哲伦称他为雷特龙（意思是"强盗的地方"），因为这地方的当地人遇见什么都要抢去的。于是他们又向西行到香料群岛。

他们又看见了陆地，这是一群孤寂的岛屿。麦哲伦按他主人查理大帝五世的儿子菲利普的名字，称它为菲律宾群岛。起先麦哲伦很受岛民的欢迎，但是因为后来他用炮火强迫他们改信基督教，他和他的一部分部下都被当地人杀死了。那些幸免的人将余下的3船，烧去一艘，继续他们的航行。他们寻到了摩鹿加（马六甲），就是那著名的香料群岛，他们看见了婆罗洲，又到了蒂多尔岛。到了那里，一只船漏水太厉害，不能航行，这船连同船上的水手都被留在后面。那只维多利亚号，由塞巴斯蒂安驾驶渡过印度洋，却没有看见澳大利亚（直至17世纪前半叶，荷兰东印度公司的船才探得这个平坦荒凉的地方），又经过多少艰难才达到西班牙。

这是所有航海中最著名的一次，历时3年之久，牺牲多少性命，多少金钱，才得成功。但是这次航行证实了地球是圆的，并且证实了哥伦布所发现的新地并非印度的一部分，乃是另一个大陆。从此以后，西班牙与葡萄牙便都致力于发展印度与美洲的贸易。教皇亚历山大六世（作为异教人而被推举为教皇的只有他一人）为防止两个劲敌的武力冲突起见，很客气地从格林尼治西经线50度（历史上所谓1494年托德西拉斯条约）画一界线，将世界平分为两半。只许葡萄牙人设立他们的殖民地在此线之东，西班牙人在此线之西。因为这个缘故，所以美洲大陆，除去巴西，全是西班牙的殖民地。印度的全体与大部分的非洲全是葡萄牙的殖民地。直到17、18两世纪，英国与荷兰的殖民者，不遵守教皇的决定，才把这些殖民地夺为己有。

一个新的世界

　　哥伦布发现中国和印度的消息传到了威尼斯城的利阿尔脱（中世纪的金融中心），引起极大的恐慌。股票与公债的市价都跌落到40%或50%。过了些时，人们发觉了哥伦布并未找着通往中国的路，威尼斯的商人才恢复他们的状态。但是达·伽马与麦哲伦的航行已经证实了由水路东行到印度是可能的。这个时候中世纪与文艺复兴时代的两大商业中心热那亚与威尼斯的统治者才懊悔他们拒绝了哥伦布的计划。但是已经太晚了。他们的地中海已变成一个内海。对印度与中国的陆路贸易已经减到不值注意的地步。意大利往日的光荣已成过去。大西洋却变为商业的中心，也就是文明的中心。直至今日还是如此。

且看远在5 000年前尼罗河沿岸的居民开始用文字记载历史以来，文明进步得多么奇特。它先从尼罗河传至美索不达米亚，于是到克里特岛，再到希腊，再到罗马。一个内海成为商业的中心，地中海沿岸的城市成为艺术、科学、哲学与学术的中心。到了16世纪，它又转向西行，使大西洋沿岸的国家成为地球上的主人翁。

有人说，此次的世界大战与欧洲列强的自相残杀政策减轻了大西洋的重要性。他们希望看见文明穿过美洲大陆，在太平洋上找到一个新的中心。但是这个我很怀疑。

与西路航海的发达相伴，船只的体积逐渐地扩大，航海家的知识和视野也在不断增长。原来尼罗河与幼发拉底河内的平底船变成了各种的腓尼基、爱琴、希腊、迦太基、罗马的帆船。这些帆船后来被葡萄牙与西班牙的横帆船代替了。而横帆船后来又被英国与荷兰的满帆船排挤了。

可是今日的文明不靠着海船了。飞机已经占据（以后还要继续占据）帆船与汽船的地位。将来文明的中心将要依赖飞机与水力的发展。海洋又将成为与人类最初的祖宗同居海底的小鱼们的安静的家乡了。

42. 佛陀与孔子

佛陀与孔子的思想照耀着东方，依然影响着这个世界上大多数追随者的行为和思想

葡萄牙人和西班牙人的发现使西欧的基督徒与印度人和中国人有了密切接触。西方人当然知道基督教不是地球上唯一的宗教。他们早见识过北非的伊斯兰教徒和崇拜木棍、石头和枯树的异教部落。但是在印度和中国，基督教征服者们突然发现了这个世界上竟然还有数百万从未听说过耶稣的人，并且他们不想信奉基督教，因为他们认为他们自己有千年历史的宗教比西方的信仰要好得多。由于这本书讲的是一个人类的故事，而不是欧洲和西半球人民的专属历史，所以我应该介绍一下这两个人——佛陀与孔子的一些情况，因为他们的教导和榜样的力量依然继续影响着地球上大多数同路人的行动和思想。

在印度，佛陀被公认为最伟大的宗教老师。他的生平事迹很有趣。他出生在公元前6世纪的一个望得见雄伟的喜马拉雅山的地方，在那里，400年前，雅利安人（这是印欧语系种族东方分支的

自称）的第一位伟大领袖查拉斯图特拉教导他的人民将生活视为一场持续的善恶之间的斗争。

佛陀出身高贵，他的父亲萨多达那（Suddhodana）是释迦部落中一位强大的酋长——净饭王。他的母亲玛哈玛雅是邻近王国的公主，在少女时代就出嫁了。但在遥远的喜马拉雅山巅，月亮升落了许多个春秋，净饭王都未得到继承他王位的子嗣。直到50岁时，玛哈玛雅才怀了孕。煎熬的日子终于过去了，当儿子快要降生时玛哈玛雅骄傲地启程，想要回到自己的家乡。

不过这位公主要想回到自己童年时生活的地方，需要一段漫长的路程。一天晚上，玛哈玛雅在蓝毗尼花园凉爽的树阴下休息，生下了她的儿子。她给他取名为悉达多，但人们通常叫他"佛陀"，意思是"开悟者"。

渐渐的，悉达多成长为一个英俊的年轻王子，当他19岁的时候，他娶了他的堂妹雅苏达拉。在接下来的10年里，他远离所有的痛苦和苦难，生活在皇宫的保护墙后面，静候继承父亲的王位，成为释迦族王的那一天。

但碰巧在他30岁的时候，悉达多在宫门外，看到一个几乎无法支持生活重负的蹒跚的老人，他筋疲力尽，四肢无力，几乎无法行走。悉达多指着老人问自己的车夫查纳："他为何如此穷苦？"查纳回答说："这个世界上有很多穷人，多一个少一个都不重要。"年轻的王子很难过，但他什么也没说，回到他的妻子、父母身边，努力保持快乐。不久，他第二次离开了宫殿。他的马车遇到了一个身患重病的人。悉达多问马车夫："这个人为什么要遭受这样的苦难？"马车夫回答说："这个世界上有许多病人，苦痛是无法避免的，也就不必介意了。"年轻的王子听到这个回答更加难过了，但他还是回到了家人的身边。

几周过去了，一天傍晚，悉达多命令马夫备车，送他去河边沐浴。突然，他的马被一具仰面躺在路边水沟中腐烂的尸体吓了一跳。年轻的王子从未目睹过这样的景象，不由得惊恐万分。但是查纳告诉他，世界上到处都是死人，不用在意这种事。生命的规则是一切都必须结束，没有什么是永恒的，等待我们每一个人的都将是坟墓。

那天晚上，悉达多回到自己的家中，迎接他的是美妙的音乐。原来在他不在的时候，他的妻子生了一个儿子。人们兴高采烈，因为现在又有王位继承人了。他们通过敲鼓庆祝，然而悉达多并没办法分享他们的喜悦。生命的帷幕已经揭开，他已经认识到人类生存的恐惧。这恐惧如梦魇般缠绕着他，令他挥之不去。

那天晚上，月亮明亮地照耀着大地。悉达多从睡梦中醒来，开始思考许多事情。除非他破解生存之谜否则他再也不会快乐了。他决定离开所有亲人去寻找答案，于是他轻轻地走进妻子的房间，看了看熟睡中的妻儿，然后，召唤他忠实的仆人查纳。两个人一起走入了黑夜，一个是为了寻找灵魂的安宁，另一个是为了要忠心侍奉自己敬爱的主人。

悉达多在印度漫游多年，其间印度社会经历了剧烈的变动。印度人的祖先，多年前就被好战的雅利安人（我们的远房表亲）轻而易举地征服了，在那里，雅利安人成了数千万温顺的印度人民的统治者和主人。为了保持自己的地位，他们把人口分成了不同的阶层，并逐渐对当地土著居民实行了最严厉的"种姓"制度。雅利安的征服者和他们的后裔属于最高的"种姓"婆罗门，即祭司阶层；其次是刹帝利，即武士和贵族阶层；再往下是吠舍，即农民和商人阶层。而原先的土著居民被称为首陀罗，沦为被鄙视被轻贱的奴隶阶层，永远不能进入更高的等级。

这种制度甚至渗透了人们信仰的宗教。古老的印欧人在数千年的流浪中，经历了许多奇特的冒险。这些事迹被收集在一本叫作《吠陀经》的书中。这本书的语言叫作梵文，它与欧洲大陆的希腊语、拉丁语、俄语、德语以及其他数十种语言密切相关。三类最高种姓的人被允许阅读这部圣经。而被鄙视的最低种姓的贱民是不允许知道其内容的。倘若某个贵族或是祭司胆敢教一个贱民阅读此书，那他将受到最严酷的惩罚。

因此，大多数印度人生活在苦难中。因为这个星球给他们带来的快乐很少，所以必须在其他地方找到从痛苦中解脱出来的方法。他们试图从对未来生活幸福的沉思中得到一点安慰。

印度人民视梵天为生与死的最高统治者，被视为完美的最高理想。他们变得像梵天一样，失去对财富和权力的所有欲望，被他们视为追求人生的崇高目标。许多人为此走进荒野，以树叶为食，饿其体肤，通过冥想梵天的光辉、智慧、善良、仁慈来滋养自己的灵魂。

悉达多时时观察着这些远离城市和村庄来寻求真理的孤独的流浪者，决定以他们为榜样。他剪了头发，退下身上的珍珠和宝石，连同一封诀别书一起交给忠实的仆人查纳，让他转交给家人。然后，这位王子什么都不带，孤身走进了沙漠。

很快，他神圣行为的名声传遍了山林。5个年轻人来到他面前，请求聆听他智慧的话语。如果他们愿意跟随他，他同意做他们的老师。5个人同意了，他带他们去了山里，于温迪亚山脉的孤峰中，花了6年时间将自己掌握的智慧倾囊教授给了他们。但是在这段修行结束时，他觉得自己还远远不够完美。他所远离的世界依然在诱惑着他。于是，他让他的学生离开，独自一人坐在一棵菩提树下，冥思斋戒了49个昼夜。他的苦修最终获得了回报，在第50个傍晚的黄昏，梵天亲自向他忠实的仆人显灵。从那一刻起，悉达多便被尊为"佛陀"，被人们尊奉为解救众生的"开悟者"。

佛陀生命的最后45年，在恒河流域度过，向人们宣讲他简朴的教训：人要谦恭温顺。公元前488年，佛陀圆寂。他受到数百万人的爱戴。他不只为某个阶级的利益而宣扬他的教义，即使是最低等的贱民也能称自己是他的信徒。

当然，这些教义不可避免地触犯了贵族、祭司和商人们。他们尽最大努力摧毁了这个承认众生即所有生物平等的信条，并允诺人类来世（转世）幸福的希望。他们鼓励印度人民回到古老的婆罗门教，教导他们坚持禁食及折磨自己的有罪之身。但是佛教不但没被摧毁，开悟者的门徒们还慢慢地穿过喜马拉雅山，进入中国。他们渡过黄海，将佛陀的智慧传布给了日本人，教他们忠实地遵守佛陀禁止使用暴力的意旨。时至今日，信仰佛教的人比过去还多，其信众甚至超过了基督徒和穆斯林的总和。

作为中国古代的智者孔子，他的生平要相对简单一些。他出生于公元前551年，在中国还没有强大的中央政府的时候，中国人民受强盗和封建主随意祸害，他们从一个城市到另一个城市，抢劫、偷窃、谋杀，致使中原饿殍遍野、生灵涂炭。

仁爱的孔子试图拯救那些可怜的人们。他天性平和，不相信暴力，也不赞成以严苛法律来约束人民。他深知改变人心才是唯一的拯救之道，于是开始着手这件看似无望的任务，努力改善生活在东亚平原上数百万同胞的性格。中国人对宗教向来没有太大热情，也不承认"天启真理"的存在。在伟大的道德领袖中，孔子大概是唯一一个没有见过异象，没有自称为神的使者，没有时不时地宣称自己受到神启的人。

他只是一个非常明智和善良的人，相当喜欢孤独的流浪和用他忠实的笛子吹奏忧郁的曲调，他不想寻求别人的追随或崇拜。他让我们想起古希腊哲学家，尤其是斯多葛学派。那些相信正直做人和正义思考的人，他们不求回报，而仅仅是为了良心带来的心灵安宁。

孔子是一个非常宽容的人。他不厌其烦地拜访了"道教"哲学体系的创始人老子。孔子对任何人都没有仇恨。他教导人们：一个真正有德行的人不该轻易被激怒，他应顺应天命、不怨天尤人。正如圣贤所说，任何事情最终都会于人有益。

起初，孔子只有几名学生。逐渐地，愿意聆听他教诲的人越来越多。公元前478年孔子逝世，在此之前，甚至已有诸侯和公子宣称自己是孔子的门徒。

当基督出生在伯利恒时，孔子的哲学已经成为大多数中国人精神构成的一部分，他的影响一直延续到今日。当然，孔子的思想也不会一成不变。大多数宗教是与时俱进的。耶稣最初宣扬谦逊、温顺、没有世俗野心和欲望，但是在他被钉死在各各他山的十字架上的15个世纪之后，基督教的领袖却在耗巨资修建豪华的宫殿。这些宫殿与最初伯利恒凄凉的马槽可是天差地别。

老子以类似的中庸"金律"思想教化世人。可在不到3个世纪的时间里，无知的群众便把他塑造成了一位可怕的神，把他充满智慧的思想藏在了一堆迷信的垃圾堆下。这些迷信使普通百姓生活在漫长的恐惧中。

公元前1300年，
摩西，犹太人先知

公元前1000年，
查拉图斯特拉，雅利安
民族先知

公元前600年，
佛陀，印度民族的悟者

公元前500年，
孔子，中国人的圣贤

公元前400年，
伟大的希腊哲学家

公元30年，
耶稣基督

公元622年，
阿拉伯先知

伟大的道德领袖

230

孔子教导他的弟子孝顺父母。他们渐渐开始对已故父母的追忆比对他们的子孙的幸福更关注。他们故意背弃未来，用心注视着过去。敬奉祖先成为一种明确的宗教仪式。他们不会打扰一个坐落在阳光明媚、土地肥沃的山坡上的墓地，而是将水稻和小麦种植在另一个山坡上的贫瘠岩石上，即便那里长不出任何东西，他们情愿忍饥挨饿，也不愿意亵渎祖先的坟墓。

与此同时，孔子的智慧之言从未在日益增长的数百万东亚人中完全失传。儒家思想以其深刻的话语和敏锐的观察，给每个中国人的灵魂增添了一道哲学常识的色彩，并影响了他们的一生，不管他是一个生活在热气腾腾的地下室里的简单洗衣工，还是一个居住在僻静宫殿高墙之内的统治者。

在16世纪，西方世界狂热但不够文明的基督徒们，第一次与古老的东方思想面对面交流。早期的西班牙人和葡萄牙人看到平和的佛像和德高望重的孔子画像，根本不懂该如何面对这些伟大的先知。他们淡淡一笑便轻易得出结论：这些奇怪的神只不过是代表偶像崇拜和异教旁端的结果，不值得真正的基督徒们尊敬。每当佛陀或孔子的精神干扰了他们香料和丝绸的贸易时，这些欧洲人便使用枪炮攻击这些"邪恶势力"。这种思维最终导致我们在他人心中留下了充满敌意的印象，于我们的将来无丝毫益处。

43. 宗教改革

人类的进步好像一个永远来回摆动的大钟锤

你当然听见过宗教改革。你想一想一小队勇敢的朝圣者为求"宗教信仰的自由"横渡大洋。在时间的过程中（特别是在信奉新教的国家），宗教改革慢慢地，虽然不明显地，代表了"思想自由"的观念。马丁·路德被认为代表进步的先锋的领袖。如果历史不仅是誉扬我们荣耀的祖宗的文章，而如德国的历史学家兰克所说的是设法发现"实际发生"的事实，那么我们便要用迥乎不同的眼光来观察过去的许多事实了。

人的生命中有很少东西是完全好的，或完全坏的。很少东西是纯粹白的或纯粹黑的。忠实的历史学家的任务就是对每件历史事实的一切好坏做一个真实的记载，这个很不容易做到，因为我们各人都有个人的好恶。但是我们应该勉力尽我们的能力去求公平，千万不要让我们的偏见过于左右我们的见解。

我现在引我自己的事来做例子。我是生长在一个新教团里一个信仰新教最深的中心。我在12岁前，从未见过任何天主教徒。我初次遇见他们，心里很觉不舒服。我有点怕他们。我知道阿尔巴公爵为惩治荷兰人对于路德与加尔文的异教的信仰，在西班牙的教皇法庭上烧死、吊死并宰割了无数人的故事。对于这个我感觉十分真切，它好像前天发生似的。它也许还要发生，也许再来一个圣巴托罗缪的夜晚，可怜的我会像那位高贵的科林尼海军大将的遭遇一样，穿着睡衣被人砍死，尸体被掷出窗外。

很久以后，我在一个信奉天主教的国家住了许多年。我才发觉他们比新教国家的人和善容让得多，他们的聪明同我本国人的聪明丝毫没有什么两样。使我大吃一惊的是，我渐渐发觉宗教改革有旧教方面的看法，正如有新教方面的看法一样。

16、17两世纪的好百姓，实际生活于宗教改革的时代，当然不是如此看法。他们自己永远是对的，他们的敌人永远是错的。问题只是吊死别人，或是被别人吊死，任何方面都愿意吊死别人。这是人的天性，他们不必因此受责。

1500年是一个容易记忆的年头。这是查理五世出生的一年。我们看一看这一年的世界是什么样。中世纪封建的扰乱业已消灭，几个权力非常集中的王国代之而起。最有势力的君主查理五世，那时还是一个摇篮里的婴孩。他是斐迪南和伊莎贝拉的孙子，是中世纪最后一个骑士哈布斯堡朝的马克西米利安与其妻玛丽（她是有野心的勃艮第公爵勇敢的查理的女儿；勇敢的查理曾与法国战争得胜，后被独立的瑞士农民所杀）的外孙。因此查理从小便承受了地图上大部分的土地，就是在德、奥、荷兰、比利时、西班牙的他的父母、祖父母、诸姑叔伯以及堂表兄弟的疆土，连同他们在亚、非、美三洲所有的殖民地。由于一个奇怪的命运，他生长在荷兰根特城的一个城堡内。这就是欧战中德国人占领比利时时用作监狱的弗兰德斯伯爵的城堡。查理虽是一位西班牙王，德意志皇帝，但他所受的教育乃是弗兰德斯人的。

因为他的父亲早已去世（人们说他是被毒死的，但没有证据），母亲发了疯（她带着她丈夫的棺材在她国内各处旅行），这孩子便受他姑母玛格丽特的严厉管束。查理的责任是治理德、意、西以及其他上百个奇怪的民族，而他长成一个弗兰德斯人，一个天主教的忠顺信徒，而十分厌恶宗教的偏见。他从小一直到成人永远是懒惰的。但是命运罚他在宗教狂热的乱世里治理世界。他永远奔走于马德里与因斯布鲁克，布鲁日与维也纳之间。他爱和平与安静，然而他永远从事于战争。到他55岁的那一年，他因深恶人类太多仇恨与太多愚昧，便摒弃了人类。3年之后很疲倦、很失望地去世了。

以上叙述查理皇帝。至于世上的另一大势力，教会，怎么样呢？自从中世纪的初年，教会开始征服异教徒，告诉他们虔诚正直的生命的利益以来，它已经改变多了。第一，教会已经极富了。教皇已经不是一群卑贱的基督教徒的牧人。他住在宏大的宫殿里，他的左右尽是些艺术家、音乐家与著名的文学家。他的教堂里挂满新画的圣像，不过这些圣像太像希腊神一点。他分配给政务与艺术的时间不平均。政务方面只占去他时间的10%。其余的90%都消磨在罗马的雕像、新发现的希腊的花瓶、新的消夏别墅的图案、新戏的排演等积极的兴趣上。大主教与红衣主教们模仿教皇，主教则设法模仿大主教，只有那些乡村的牧师仍然忠于他们的义务。他们避开罪恶的世界与异教的追求美丽和快乐的嗜好。他们不接近修道院，因为修道院的教士们好像已经忘记他们从前遵守的简单贫苦生活的誓言，只要不太引起社会上的诽谤，他们为所欲为地过快活生活。

最后，还有一般的人民。他们的景况比从前好多了。他们比从前幸福，住的房子比从前的好，儿童们进的学校比从前的好，他们的城市比从前的美丽，他们的枪炮使他们与他们的老仇敌，强盗的贵族——就是数百年来对于他们的商业征收重税的人——平等了。以上所说的都是宗教改革的主要角色。

我们现在看一看文艺复兴如何影响欧洲，便可以知道学问与艺术复活之后必有宗教兴趣的复活。文艺复兴开始于意大利，传播到法兰西。它在西班牙并不怎样地成功，因为西班牙人民对摩尔人抗战了500年，胸襟变得非常狭窄，对于一切宗教问题非常狂热。文艺复兴的范围渐渐扩大，但是一旦越过阿尔卑斯山，它的性质便改变了。

北欧的居民因为气候的不同，他们的人生观与南方人的人生观正成对照。意大利人常在户外晴朗的天空下生活，这容易使他们笑，使他们歌唱，使他们快活。德、荷、英、瑞典的人大部分时间都消磨在户内，听雨打他们舒适的小屋紧闭的窗子。他们不像南方人那样多笑，万事都看得认真些。他们时时感觉着他们不朽的灵魂，他们不愿意玩弄他们认为神圣的东西。文艺复兴的人文方面，如同书籍、古代著作家的研究、文法、教科书等，都给他们极大的兴趣。但是恢复旧时希腊与罗马的异教的文明——这是文艺复兴在意大利的一个最大的效果——却使他们心里充满了惊慌。

但是教皇宫廷与主教大会几乎全由意大利人组织。他们把教会变为一个俱乐部，人们在那里讨论艺术、音乐、戏剧，而很少讨论宗教。因此那认真的北方与比较文明然而写意的南方间的裂痕一天大似一天。可是好像没有人感觉到教会将有危险。

宗教改革发生于德意志，而不发生于瑞典和英格兰，也有几个微小的理由可以解释。德国人对于罗马是有宿仇的。皇帝与教皇间不断的冲突使两方面都感觉非常苦痛。在欧洲其他的国家，强有力的国王执政权，往往可以保护人民，不受教士们的鱼肉。在德意志，一位有名无实的皇帝统治一群蠢蠢欲动的小君主，所以那些驯良的市民要更直接地受主教和高级教士的压迫。这些位高级的教士，在各处设法搜刮大宗钱财，建筑宏大的教堂，以满足文艺复兴时代几位教皇的癖好。德意志的人民感觉他们被剥削太狠，心里自然会不高兴。

此外还有一事向来不大谈到的，即德意志是印刷机的原产地。在北欧书价很便宜，所以《圣经》已经不是只有牧师保有，只有牧师能讲解的神秘的抄本了。它变成懂拉丁文的家庭的家常用书。渐渐地，家家都能读它，但这是违反教会的法律的。他们发现牧师告诉他们的许多事，与《圣经》原文的意思颇有出入。于是人们怀疑，渐渐产生疑问。疑问不能答复时，便往往引起许多的麻烦。

等到北方的人文主义者对教士们开火的时候，攻击便开始了。他们的心底对于教皇仍然很有敬意，所以不肯直接攻击这位无上神圣的人物。但那些懒惰无知的住在修道院的高墙内享福的教士们，成为他们戏弄的目标。

最奇怪的，这次战争的首领是教会一位非常忠实的信徒。德西德里乌斯·伊拉斯谟本来是一个穷孩子，生在荷兰的鹿特丹，在托马斯·肯培斯毕业的德文特的拉丁学校受过教育。他做了教士，并在修道院里住过些时间。他游历过很多地方，将见识编纂成他自己的著作。他开始做小册子作家（在今日我们便称他为社论主撰）的时候，人们非常欣赏他的题为"无名氏的书札"的一束匿名信。在这些书札里，他用一种类乎近代的打油诗的日耳曼拉丁的俚歌体裁，描写中世纪末代的教士的愚妄和骄恣。伊拉斯谟自己是一位极有学问而且极认真的学者，他通希腊和拉丁两种文字，我们第一部可靠的《新约》是他校正希腊原本，译成拉丁文给我们的。但他相信罗马诗人贺拉斯的话，世上没有东西可以禁止我们"嘴角带着微笑说真理"。

1500年，他正在英国拜访托马斯–莫尔爵士的时候，他抽出几个星期的工夫，写了一本有趣的小书，叫作《愚人颂》。他在这书里，用最厉害的武器（即幽默）攻击教士和他们的信徒。这是16世纪一本销行最好的小册子。这书的译本各种文字都有，因此伊拉斯谟其他的提议革除教会弊端、要求人文主义的同志帮助他改造基督教的著作，也引起了人们的注意。

但是这些好计划一点结果都没有。伊拉斯谟这人太理性了，太能容让了，所以不能讨一般仇视教会的人的好。他们盼望一位比他勇敢的人来做他们的领袖。

这人来了，他的名字叫马丁·路德。

路德是德意志北部的一个农民，他有一等的头脑，伟大的魄力。他受过大学教育，是埃尔福特大学的文学士，后来他加入多明我会寺修道院。以后他做了维滕堡神学院的教授，开始对他萨克森家乡不热心宗教的农人们讲《圣经》。他有许多空闲的时间研究《新约》《旧约》的原文。不久，他看出耶稣的话和教皇与主教们宣讲的道理大有区别。1511年，他因公事到罗马。那时波吉亚家族的亚历山大六世（他为子女置了许多产业）已死。他的后任尤里乌斯二世是个品性完美的人，他的大部分时间都消磨在战争与建筑上，所以他的虔诚没有给这位认真的德国神学家什么印象。路德非常失望地回到维滕堡，然而还有更坏的事在后面呢。

那座伟大的圣彼得教堂，教皇尤里乌斯希望在他忠厚的继任者手里完工。这教堂只起造了一半，便已需修葺了。亚历山大六世已经用罄了教皇库里的每个小钱。利奥十世在1513年继尤里乌斯教皇之职，马上要破产。他恢复筹款的老法子。他起首发卖"免罪状"。免罪状是一张拿钱换到的羊皮纸，允许造孽的人减少在炼狱里应住的时间：按中世纪末年的信条，免罪状是完全正当的东西。因为教会既有权力赦免那些临终时真正忏悔的人的罪孽，也就有权，因圣徒的代求，缩短灵魂在炼狱里必需的时间。

不幸这些免罪状是卖钱的。但这是增加收入的一个方便法门，况且那些太穷付不起钱的人不花钱也可以自得。

1517年，在萨克森免罪状的专卖权，属于一个名叫约翰·台彻尔的多明我会的教士。约翰神父是一个擅长强买强卖的生意人。实在他有点热心过度了。他做生意的方法激怒了小公国里虔诚的百姓。路德是一个直率的人，愤怒之极，竟做出一件莽撞的事。在1517年10月31日那天，他到公爵的教堂，在门上贴了一张纸，上面写着95条攻击发卖免罪状的不该。这些条文都是用拉丁文写的。当时路德并无意要引起暴动。他不是一个革命家。他只反对免罪状的制度，要使他同事的教授们知道他对于免罪状的意见罢了。这事仍然是教士界与教授界之间的一件私事，并未征求外界的意见。

不幸那个时候，全世界对于当时的宗教问题已经渐渐地发生兴味。讨论任何问题，而不立刻引起一个重大的心理的骚动，是绝对不可能的。不到两个月工夫，全欧洲都讨论起萨克森教士的95条。每人必须加入一方面，每个无名的小神学家必须发表他自己的意见。因此教皇当局渐渐发生恐慌。他们召这位维滕堡的教授到罗马来，要他说明他的举动的理由。路德聪明，记得以前胡斯被处火刑的故事。他住在德意志不肯去，于是受了逐出教会的刑罚。路德在一群崇拜他的群众之前，烧毁教皇的圣旨。从此以后，他与教皇的和平便不可能了。

一点不是他自己的希望，路德竟做了愤懑不平的基督教徒群众的领袖。德意志的爱国者，如胡腾，赶快跑来帮助他。维滕堡、埃尔福特与莱比锡3处的大学生也自告奋勇说，如果当局要监禁他，他们情愿出来保护他。萨克森的选侯告诉这些热心的青年们尽管放心。只要路德不出萨克森境，绝对不会有危险。

这事件是在1520年发生的。那时查理五世正是20岁，他是半个世界的首领，不得不与教皇交好。他在莱茵河畔的沃尔姆斯城召集一个会议，叫路德出席解释他的非常行为的理由。这时路德已是德意志国民的英雄，便毅然前去。他对于他所写与所说的，一字也不肯取消。他的良心只受上帝的言语的支配。他为他的良心活着，为他的良心死去。

沃尔姆斯会议经过仔细讨论之后，宣告路德是上帝与人类的罪犯，禁止所有的德国人供给他衣、食与居住，或读这个没出息的异教徒所著的书。但是这个革命大家是没有生命的危险的。德意志北部的大多数人痛诋这布告是一个最不公道、违背情理的文件。路德为比较安全起见，匿居于华脱堡（这是一个属于萨克森选侯的城堡），他无视教皇的权威，在那里将全部《圣经》译成德文，使所有的人都能自己阅读和领悟上帝的话。

宗教改革在这时已经不是精神的宗教的事件了。那些厌恶近代教堂建筑的美丽的人，利用这个扰乱的时代，攻击并破坏他们自己不懂所以也就不喜欢的东西。日益贫穷的骑士们设法攫取属于修道院的土地补偿他们过去的损失。愤懑不平的贵族趁着皇帝不在位，扩张他们自己的权力。将要饿死的农民们追随那些半疯狂的煽乱者，利用这个机会去攻击他们主人的城堡，抱着以前十字军人的热心，做掳掠、屠杀、放火的事情。

这时全帝国变成一个扰乱的世界。有的君王变成了新教徒（称为路德新教的党徒），便虐待他们信奉天主教的人民。有的君王依旧做旧教徒，便吊死他们信奉新教的人民。1526年的施派尔会议设法解决这个宗教信仰的难题，下令："所有的人民皆须信仰他们君主所信仰的宗教。"德意志因此变成无数互相仇恨的小国家厮杀的疆场。正当的政治发展因此延缓了几百年。

1546年的2月，路德去世，葬在29年前他发表对于发卖免罪状的著名抗议的那个教堂里。漠视一切的、讥讽嘲笑的文艺复兴的世界，不到30年工夫，竟变成一个争论的、斗争的、攻讦的、驳诘的宗教改革的世界。教皇所统治的精神界的帝国忽然告终。西欧全地变成了大战场，新旧教徒为那些我们所不能了解的神学理论的光荣在那里互相屠杀。

44. 宗教战争

宗教大争论时代

16与17两世纪是宗教争论的时代。假使你肯注意，你会听见你的左右几乎人人永远都在谈论经济，讨论工价、工作的时间、罢工与社会的关系，因为这些都是这时代我们最有兴趣的大问题。

1600年或1650年的可怜儿童们的遭遇比我们还要不幸。他们永远听不见别的，只有"宗教"。他们的脑袋里充满了什么"命定""变体""自由意志"以及其他无数诡奇的名词，表示旧教或新教的"真理"的隐晦的要点。这些儿童都是按他们父母的意思做天主教徒、路德教徒、加尔文教徒或茨温利派教徒。各教都有各教的神学，有的读路德所编的《奥格斯堡问答》，有的读加尔文的《基督教训言》，有的默诵英文的日常《祈祷书》上的39信条。各派都以自己的学说代表唯一的"真理"。

他们听说过英国屡次重婚的亨利八世整批地夺取了教会的财产，自立为英国教会最高的领袖，实行自己任命主教与教士的权利。每逢有人谈到神圣法庭，同它的土牢以及许多酷刑场，他们便做噩梦。他们还会听到同样可怕的故事，一群强横的荷兰新教徒如何捉到12个无抵抗能力的老教士，完全以杀死与自己的信仰不同的人为乐把他们吊死。最不幸的是两个对敌势均力敌。不然这争执立即解决了。今则迁延了200多年，发展得非常复杂，我在这里只可以告诉你最重要的节目，其他的你需参考关于宗教改革的专史。

继新教徒的改革大运动之后，有教会内部的彻底大改革。只是业余的人文主义者与贩卖罗马、希腊的古董的教皇已经退位了，占据他们位置的是些认真的人，每天工作20小时，办理他们手中的神圣职务。

修道院的不甚名誉的多年的幸福已然告终。修士与修女皆被强迫日出而作，诵读神父的著作，看护病人，慰藉濒死的人。神圣法庭日夜皆在监视由印刷品宣传的危险学说。这里自然要提到可怜的伽利略了。他被监禁，就因为他有点太不检点，居然用他可笑的小望远镜解释天空，还要胡说行星的行动，这完全是违反教会的意见。但是我们为对得起教皇教士和教皇法庭起见，我们应该说明新教徒未尝不同天主教徒一样地仇视科学与医术，对于那些为自己研究学问的人也一样地表示他们的愚昧与不宽容，认他们为人类最危险的仇敌。

法兰西的宗教改革大家，日内瓦的暴君（政治上的也是精神上的）加尔文，不但帮助法政府吊死米格尔·赛尔维特（西班牙的神学家兼医学家，以做第一位解剖学大家维萨里的助手出名），并且在赛尔维特设法越出法国监狱逃往日内瓦时，加尔文将这个名人捉入监狱。经过一个长期审判之后，只为他的宗教的邪说，完全不顾他的科学家的名誉，竟把他烧死在火刑柱上。

那时的事情都是如此。关于这问题我们很少有可靠的统计。但在大体上看来，新教徒比旧教徒早已厌烦这种把戏了。因为宗教的信仰而被烧死、吊死、斩首的大多数老实的男女都做了猛进的严苛的罗马教会的牺牲品。

宽容（等你长大时，请你记住这个）是最近才产生的。就是我们所谓"现代人"也只容易宽容那些于他们不甚产生兴趣的事情。他们可以宽容非洲的当地人，不管他是佛教徒或伊斯兰教徒，因为佛教与伊斯兰教全与他们没关系，但是假使他们听到一位相信资本主义制度的邻居加入了社会党，要求改变劳工的待遇，他们的宽容便消失了；他们的批评也就几乎与17世纪和善的旧教徒（或新教徒）听到他向来所尊敬的亲爱的好朋友做了邪教的牺牲者所发的批评一样了。

"异教"直到不久以前还被认作一样疾病。在今日，若是我们看见一个人对于他自己的身体，与他的家庭不知清洁，致使他与他的子女容易传染伤寒或别种可以预防的病症，我们便去报告卫生局；卫生局的职员便叫警察帮他移开这个妨碍全社会的安全的人。在16与17世纪时，人们看一个异教徒，就是公然对他的新教或旧教的根本原则发生怀疑的男子或女子，比一个染着伤寒的病人还要可怕。伤寒症或者（大概一定可以）毁伤人的身体，按他们的见解，异教确能毁伤永生的灵魂。因此，所有良善合理的市民都有义务报告警察，防备危害固有秩序的人。不尽这义务的人，就像现代人发现他同院人得了霍乱或天花，而不打电话去请就近的医生一样地有罪。

你们将来可以听到不少关于预防疾病的医术。预防的医术就是医生不是在人得病后医治。他在一个人无病时检查他的身体及他的生活状况，他以扫除尘垢，教给他什么可吃、什么不可吃，告诉他卫生的简单观念来消除他的种种害病的可能原因。比这更进一步的，就是这些好心的医生到学校去教给儿童怎样用牙刷，怎样防感冒。

16世纪的人以为（我已设法告诉过你）身体的疾病远不如伤害灵魂的疾病重要，所以发明了一种预防灵魂受伤的药剂。一个孩子长到刚会拼字的年龄，便需学习基督教的真理（唯一的真理）。这个办法间接地对于欧洲人一般进步有一个好处。因为不久信奉新教的地方到处都是学校。他们用了不少宝贵时光解释那本《问答》。神学以外，他们还教给儿童许多别的东西。他们奖励读书，印刷业的繁荣也是他们的功劳。

但是天主教徒倒也不落人后。他们在教育上也费了不少的时间和思想。罗马教会在教育方面由那个新近设立的耶稣会里觅得一个宝贵的朋友与帮助。这个奇怪组织的创造人是一个西班牙的军人。他少年荒唐，后来改邪归正，便觉自己应该为教会尽职，正像许多有过罪孽的犯人，听了救世军的指导，知道自己的过失，而把他的余年致力于救济与安慰比他们更不幸的人的事业一样。

这个西班牙人名叫伊格纳修·罗耀拉。他是在发现美洲的前一年生的。他因受伤，做了终身的跛子。他在病院里，看见圣母与她儿子的圣灵吩咐他放弃他从前的罪恶生活。他便决心要到圣地去完成十字军未竟的事业。但他到了耶路撒冷，才知道这事的不可能，便回到西方来帮助攻打路德派的异教徒。

1534年，他在巴黎的索邦大学读书。他同另外7个大学生组织一个同志会。这8个人互相约定，各人皆需过圣洁的生活，不争财富，只求正义，将他们的身体与灵魂全部贡献给教会，为教会服务。几年之后，这个小小的同志会变成一个有规则的组织，教皇保罗三世承认它为耶稣会。

罗耀拉原先是一个军人。他相信纪律，所以绝对服从高级官员的命令，这是成为耶稣会大成功的主要原因。他们专心致力于教育。先给教员们一种非常彻底的训练，然后才准他们教学生。教员与学生一同起居，一同游戏。他们非常小心注意他们的学生。因此培养出一代新的忠实的天主教徒。这些教徒对于宗教上的义务同中世纪初年的人看得一样的认真。

然而这些狡黠的耶稣会信徒并没有将全副精力都费在穷人的教育上。他们到帝王的宫内去当太子的师傅。这个结果如何，在我讲三十年战争的时候，你会知道的。在这个宗教狂热的最后可怕的爆发之前，还发生了许多故事。

这时查理五世业已去世。日耳曼与奥地利传给他的兄弟斐迪南。其他的领土，如西班牙、荷兰、西印度与美洲都归他的儿子菲利普。菲利普是查理与葡萄牙公主（这两夫妇是表兄妹）的儿子。这样的结合所生的子女往往容易变得很奇怪。菲利普的儿子，那位不幸的唐·卡罗斯（得他父亲的许可被杀死的）是疯子。菲利普自己虽不完全疯狂，但他对于教会的热心几乎是宗教癫狂。他相信上帝任命他为人类救主之一。因此无论何人，凡是固执己见，不听他的意旨，便是承认自己为人类的仇敌，这人必须被铲除，以防他的榜样带坏他左右的虔诚人的灵魂。

西班牙当然是一个非常富有的国家。新世界的所有的金银全都流入卡斯蒂尔与阿拉贡的宝库。但是西班牙患有一稀奇古怪的经济病。它的农民都是劳作的男子与更劳作的女子。然而较高的阶级，除去当陆海军人或文官之外，对于任何形式的工作都极端地轻视。摩尔人倒是很勤苦的职工，但他们早被逐出国境了。结果，那个世界宝库的西班牙只落得是一个赤贫的国家。因为所有它的金钱皆需送往外国去换取西班牙人自己不肯生产的麦子和其他生活上必需的物品。

16世纪第一强国的治理者菲利普的财政，全赖荷兰繁盛的商业中心的税收。但是弗兰德斯人与荷兰人都是路德派与加尔文派的忠实门徒。他们扫清了教会里所有的偶像与神圣的油画。他们告诉教皇，他们不再认他为他们的牧人，而打算服从他们良心的指使与他们新译的《圣经》的命令。

国王对此实处于为难的地位。他不能容让荷兰人的异教，但又需要他们的金钱。假使他容让他们去做新教徒，而不设法拯救他们的灵魂，他算对于上帝不尽职；假使他在荷兰设法庭，将他的人民一齐烧死，他又会损失一大半的收入。

菲利普是一个意志薄弱的人，踌躇了许久。各种的态度或宽或严，甜言、威吓，他都试过。但是荷兰人仍然倔强，继续唱他们的赞美诗，听路德与加尔文的牧师说教。菲利普不得已派他的"铁将军"阿尔巴公爵去压服那些顽固的罪人。阿尔巴一到荷兰，开手便把那些没得逃走的领袖一律斩首。1572年（法国新教徒的领袖在圣巴托罗缪节夜全被杀死也在此年），阿尔巴公爵攻下许多荷兰城市，屠杀全城居民，以儆其他的百姓。第二年他又围攻荷兰的工业中心莱顿城。

正在这时，荷兰北部的7省结下了互卫的同盟，即乌得勒支同盟，公推查理五世的私人秘书德意志的威廉亲王为他们军队的领袖，为他们海盗（寻常称他们为"海上乞丐"）的司令。威廉因为要救莱顿，遂将堤防切断，造一个浅的内海，由一些平底船所组成的奇怪的舰队在泥面上摇着、推着、拉着驶到城墙下，救了这城。

莱顿通过切断堤坝来运输

　　这是天下无敌的西班牙军第一次受如此大的挫折。这事在当时震动了全世界，就像日、俄战争时日本人在奉天（即沈阳）的胜利震了我们（美国人）一样。新教的国家得了新的勇气，菲利普于是筹划新的方法征服反叛的人民。他买通一个可怜的半疯子去刺死奥兰治的威廉。但这领袖的受刺，不仅不能屈服7省的人民，反使他们愈加愤怒。1581年在海牙召集的阶级会议（7省代表的会议）非常郑重地弃绝他们的"昏君菲利普"，声明向来上帝赐予他们国王的主权，此后全由他们自己担负。

　　这是历史上为政治自由奋斗的一个重要事件。这件事比从前英国的贵族为争大宪章发生的暴动更进一步。这些良善的市民说："国王与人民之间有一种默契：就是两方面都应该尽某种职务，承认某种确定的责任。假使任何方面没有履行这个契约，另一方面便有权利使这契约停止有效。"1776年，英王乔治三世的美国百姓也得到同样的决议。但是他们与国王之间隔着3 000英里的海程，而这个阶级会议议决的时候（假使败了，就会慢慢地灭亡）还听得见西班牙的炮声，并且还时时害怕西班牙舰队来报复。

刺杀威廉

在新教徒的伊丽莎白女王继承旧教徒的玛丽女王的王位时，所传说的神秘的西班牙舰队将要征服荷兰与英格兰乃是一个老故事。海上的水手们谈论这事已有多年了。1780年这个谣言渐渐成形。据到过里斯本的水手们说，所有西班牙与葡萄牙的船坞里都在赶造军舰。并且帕尔玛公爵在荷兰的南部（比利时）召集一个大的远征队，等到舰队一到，立刻就要从奥斯坦德出发到伦敦与阿姆斯特丹。

舰队来了

1586年，大舰队便向北方出发。但是弗兰德斯的海岸已被荷兰的舰队封锁，英国的海峡也有英国人把守。向来在南方平静的海里习惯了的西班牙人来到这个风云不测的寒冷天气里不知如何驾驶了。这个大舰队一旦受到英荷舰队与暴风雨的袭击，结果如何，我就不必讲了。只剩几只零落的船绕过爱尔兰，逃回去报告这次的惨败。其他的船全都沉没到北海底里。

情形翻转过来了。英荷的新教徒现在都到敌人疆土之内去作战。16世纪之末，霍特曼根据林斯霍滕（一个在葡萄牙服务的荷兰人）所写的小册子，发现了通往印度的路。结果那个大的荷兰东印度公司便成立了，而荷兰对于葡萄牙与西班牙在亚非两洲的殖民地有系统的战争便郑重地开始了。

当殖民地征服的初年，荷兰的法庭结束了一件奇怪的讼案。在

17世纪的初期，一名荷兰的船长范·海姆斯凯尔克（这人曾率领探险队，去找通印度的东北路，曾在新地岛冰冻的岸上过冬，因此出了名），在马六甲海峡捉到一只葡萄牙船。你总还记得教皇曾将世界平分为两半，一半给西班牙人，另一半给葡萄牙人。葡萄牙人自然会把印度群岛周围的海洋认为自己的所有物，又因为当时他们不与联合的七省战争，他们认为一个私立的荷兰贸易公司的船长没有权力偷进他们的领域劫取他们的船只。于是他们到法庭起诉。荷兰东印度公司的董事们请了一位聪明的少年律师名格劳秀斯，替他们辩护。这位律师提出一个惊人的抗辩，就是海洋对于一切来往的人都是自由的。除去陆地的炮弹可以射击的距离之外，所有的海面都是，或（按格劳秀斯的意见）应该是任何国家的一切船只的自由的开放的交通孔道。这是第一次在一个法庭上公然宣布如此惊人的观点。所有其他航海的国民都反对这个观点。英国人约翰·赛尔登为抵抗格劳秀斯的著名的"公海"主张的影响，写了一篇关于"私海"观点的著名论文，他说一国的元首以他疆土周围的海洋作为自己的领域是当然的权利。我所以在此提起这问题。是因为这问题至今尚未解决，并且在上次欧战时，曾引起种种的困难与纠纷。

如今我们再回到前面所讲的西班牙、荷兰与英格兰的战争。不到20年工夫，印度、好望角与锡兰岛最有价值的殖民地，以及中国的，甚至日本的沿岸各地都落入新教徒手里。1621年，一个西印度公司成立了，它征服了巴西，且在亨利·哈德孙于1609年在北美所发现的河口，设立一个防地，称之为新阿姆斯特丹（即现在的纽约）。

这些新的殖民地使英格兰与荷兰共和国富裕到有力雇用外国兵替他们在陆地上打仗。而他们自己得以专心致志地经营商业。新教徒的革命对于他们乃是独立与繁荣。但在欧洲别的地方，这个革命仍是接连不断的恐怖。上次欧洲大战比起它来不过是个儿戏罢了。

起于1618年而终于1648年的《威斯特法利亚和约》的三十年战争，是100年来宗教仇恨永远增长的自然结果。我已经说过这是一场极厉害的战争。人人都互相争战，直到各方面都是筋疲力尽无力再战为止。

不到一代的工夫，中欧许多地方尽变成荒野，饥饿的农民与更饥饿的豺狼争夺死马的尸体。德国的六分之五的城市与村落尽被毁灭无遗。德意志西部的帕拉丁前后被劫28次之多。1 800万人民减剩到了400万。

这场战争在哈布斯堡的斐迪南二世被推举为皇帝的时候，几乎便开始了。斐迪南二世是由耶稣会用心教育出来的成绩，是教会最服从、最虔诚的子民。他幼年立誓，要在他领土之内扫除一切教派一切异端，后来他尽力实践他的誓愿。在他被举的两天前，他最大的仇敌腓特烈（这人是帕拉丁的新教徒的选侯，又是英国詹姆斯一世的女婿）被推举为波西米亚王，大为斐迪南所不满。

哈布斯堡的军队于是立即进攻波西米亚。这位年少君主想要抵抗这个可怕的敌人，但无法求外助。荷兰共和国很愿意帮他，但他自己正与哈布斯堡的西班牙军队拼命死战，所能帮助的极有限。英格兰的斯图亚特王室则宁愿在国内巩固自己的绝对势力，不愿耗费金钱与士兵到遥远的波西米亚去冒险。因此经过几个月的战争之后，帕拉丁的选侯被逐出境，他的疆土给了巴伐利亚的旧教徒的王室。这就是这场大战的开始。

铁蒂利与华伦斯坦两人率领哈布斯堡军队攻下德意志的新教徒疆土，直达波罗的海沿岸。新教徒的丹麦王与旧教徒为邻，危险极大。克里斯蒂安四世为自卫起见，便乘他的敌人未到太强的时候，出兵进攻。丹麦的军队开入德意志，失败了。华伦斯坦战胜之后，声势浩大，丹麦不能不休战求和。只有一个波罗的海的城市还在新教徒手里。那就是施特拉尔松德。

1630年孟夏，以击退俄罗斯保全他的国家著名的瑞典王瓦萨王室的古斯塔夫·阿道夫在那里登岸。他是一个野心极大的新教徒，希望将瑞典作为北方大帝国的中心，欧洲新教徒的君主们欢迎他为路德派的救主。他打败了刚刚杀尽马格德堡的新教徒的蒂利。于是他的军队穿过德意志的腹地，想要深入哈布斯堡在意大利的领土。因为后方有旧教徒的威吓，古斯塔夫突然改变方向，在吕岑一役，打败了哈布斯堡的主要军队。不幸这位瑞典国王与他的军队失散了，并且被杀身死。但是哈布斯堡的势力却被摧折了。

斐迪南生性多疑，不久他便疑忌他的近臣。他的总司令华伦斯坦是他主使人去暗杀的。治理法兰西的旧教徒的波旁王室深恨他们的哈布斯堡劲敌。他们一听到华伦斯坦被刺的消息，便赶快去联络新教徒的瑞典。路易十三的军队便进攻德意志东部。法国的杜伦尼与孔台两将军以杀戮、劫掠、焚烧哈布斯堡的财产而与罢纳和威马两位瑞典将军齐名。瑞典人因此增加不少的荣誉与财富，引起了丹麦人的嫉妒。新教徒的丹麦人乃与新教徒的瑞典人宣战。瑞典人虽是新教徒，但与旧教徒的法兰西人联盟，而法国的政治领袖黎塞留又刚刚剥夺胡格诺派（法兰西的新教徒），在1598年得过《南特敕令》的保证的宗教自由权。

这个战争，也与向来的战争一样，在1648年威斯特法利亚和议结束时，并没有决定什么。旧教的国家依然信仰旧教，新教的国家依然信仰路德、加尔文、茨温利诸派的教义。只有瑞士与荷兰的新教徒被认为独立的共和国。梅斯、图尔、凡尔登与阿尔萨斯的一部分都归法兰西。至于神圣罗马帝国仍然维持它的空架子，没有人，没有钱，没有希望，也没有勇气。

1648年阿姆斯特丹

三十年战争所成就的唯一好处是一个消极的结局。新教徒与旧教徒从此没有勇气再试了。他们从此相安无事了。这不是说这世界上已经没有宗教的感情与神学的仇恨。实际正好相反。旧教徒与新教徒的冲突虽然告终，但是新教徒各派间的纷争仍如从前一样激烈。在荷兰，因为对于命定论的真性质（这是神学上极隐晦的一点，但是在你的曾祖父的眼里看来是很重要的）意见的不同发生了冲突，结果是荷兰的政治家奥登巴尼菲尔德的约翰的枭首。这人曾有功于荷兰独立最初20年间共和的成功，他又是组织荷兰东印度贸易公司的伟人。在英国，宗教的纷争也引起了内乱。

在我告诉你第一次按法律手续处决一位欧洲的君主的故事之前，我应该说说英国以前的历史。我在这书里仅仅设法告诉你那些可以说明现代情形的过去事实。我之所以不提某某几个国家，并不是因为我对它们有什么私人的厌恶。我愿意告诉你们挪威、瑞士、塞尔维亚以及中国的历史如何。但是这些地方在16与17两世纪时，对于欧洲的发展没有多大影响。因此我很有礼地、极恭敬地鞠一躬走开了。至于英国是在一个不同的地位。在那个小岛上的人民最近500年来所做的事情形成了世界上各处历史的程序。假使你对于英国历史的背景没有相当的知识，你每天在新闻纸上所读的东西便都不会明白。所以你必须知道何以欧洲大陆各国尚受专制君主统治的时候，英国已发展成一个国会政体。

$45.$ 英国革命

国王的"神圣权利"与不大神圣的但更合理的"国会权利"之间的冲突

那位最早在欧洲西北部探险的恺撒在公元前55年渡过海峡，征服了英国。从此英国做了400年的罗马的属地。但至野蛮人开始威胁罗马，边疆的驻屯军都被调回去防卫本国时，不列颠便成了一个无政府无保护的地方。

这个消息一传到日耳曼北部的饕餮的萨克森部落，他们便驶过北海，在这繁盛的岛上自由自在地住下了。他们建设了几个独立的盎格鲁–撒克逊王国（这是依据最初侵入的盎格鲁人或英格兰人与萨克森人称呼的）。但是这些小国永远互相攻击，并且没有一个国王足以做一个统一国家的领袖。麦西亚、诺森布里亚、韦塞克斯、肯特与东英吉利，以及其他国家受着各色各样的斯堪的纳维亚海盗的攻击约有500年之久。后来在11世纪时，英格兰、挪威与北德都成了克努特大帝的丹麦大帝国的一部分，于是最后一点独立的痕迹也都消灭了。

经过相当的时期，丹麦人即被逐出境外，但是英国得到自由不久，又受第四次的征服。这次的新敌人就是远在10世纪时进攻法兰西，而建立诺曼底公国的另一北欧人部落的后裔。在隔岸垂涎许久的诺曼底的威廉公爵，于1066年的10月渡过海峡来。那年的10月14日在黑斯廷斯一役，威廉消灭了最后的盎格鲁-撒克逊王韦塞克斯的哈罗德的单薄军队，自立为英国国王。但无论威廉，或安茹与金雀花王室的承继者，都不承认英格兰为他们的本土。他们只以她为他们在欧洲大陆上的一部分遗产———一种知识比较落后的人所居的殖民地，他们强迫这些人采用他们的言语与文明。但是渐渐地这个英格兰殖民地压服了诺曼底的"宗主国"。同时法兰西国王竭力设法摆脱他们的诺曼-英格兰强邻，因为这时诺曼-英格兰其实已是法兰西王的倔强的仆役了。

　　经过百年的战争，法兰西人在一位少女名贞德的领导之下，把这些"异邦人"从他们的地上逐出去。贞德自己于1430年贡比涅的一役，被勃艮第人擒获，卖给英国兵，当作女巫烧死了。但英国人从来没有在大陆上得到立足地，因此他们的国王可以用全副精神致力于他们的属地。这时岛上的封建贵族们正从事于一种在中世纪时像疹子、天花一样流行的奇怪的斗争。因为大部分的老地主都在几次"玫瑰战争"中死去了，所以做国王的很容易扩张他们的君权。到了15世纪之末，英格兰已成一个权力绝对集中的国家，受治于都铎王室的亨利七世，他的有名的可怕的"星院法庭"，用极严厉的手段压服那些残存的贵族们，不让他们再想恢复他们对于政府的势力。

　　1509年，亨利七世的王位传授给他的儿子亨利八世。从那时起英格兰的历史获得一个新的重要进展，因为这个国家已经不是一个中世纪的岛屿，而成为近代的国家了。

亨利对于宗教没有多大兴趣。他因为一次离婚与教皇发生了意见，他很高兴利用这点意见，宣告脱离罗马，将英格兰教会打造成第一个"国民的教会"。在这教会里，世俗的统治者也就是人民精神界的领袖。这个1534年的和平革命，不但使都铎王室获得英国教士的拥护（他们受了许多路德派宣传者的猛烈攻击已久），又因为没收修道院以前所有的财产，增加了国王的权力。同时使亨利八世更受商人的欢迎。这些商人乃是骄矜殷富的岛民，因为他们的岛与其他的欧洲地方隔着一个宽而且深的海峡，所以对于任何外国东西非常不欢喜，且也不愿让一个意大利主教来治理他们忠实的不列颠灵魂。

1547年亨利八世逝世，将王位传给他10岁的小儿子。这个孩子的保护人因为偏祖路德教旨，竭力帮助新教。这国王不到16岁便死了。承继王位的是他的姐姐，西班牙的菲利普二世的王后玛丽。她烧死新"国教"的主教，其他事务都是依着她西班牙的丈夫的办法。

幸而她在1558年逝世。由亨利八世与他六位王妃中的第二位安·博林（这位王妃失宠时，亨利把她枭首）所生的女儿伊丽莎白继位。这位曾在狱中住过些时日，只因神圣罗马的请求而被释放的伊丽莎白对于天主教与西班牙的一切事物都极端反对。她对宗教的冷淡，与她父亲一样，她也承受了她父亲那种识人的锐敏本领。她在位45年，巩固了朝廷的势力，增加了她的快乐的岛国的领土与收入。这是因为她有许多能干的朝臣的辅佐，使伊丽莎白的时代成为英国史上一个极重要的时代。

虽然如此，伊丽莎白总觉得她的王位不甚稳固。她有一个对敌，并且是很危险的一个。斯图亚特王室的玛丽是一位法兰西女公爵与一位苏格兰父亲所生的女儿，是法王圣方济各二世的寡妇美第奇家的凯瑟琳的儿媳（她曾组织圣巴托罗缪节夜的大屠戮），是那个后来成为英国斯图亚特王室第一位君主的孩子的母亲。她是一个热心的旧教徒，凡是伊丽莎白的仇敌都是她愿意结交的朋友。因为她自己的政治才能的缺乏与她对于加尔文派的臣民所采取的暴烈方法，结果引起了苏格兰革命，她不得不逃亡英国。她在英国住了18年，但她时时对于那个庇护她的女人图谋不轨。结果这女人不得不听她所信任的顾问的忠告"切去苏格兰王后的首级"。

那首级遂于1587年被"切去"，这事引起了对西班牙的一场战争。正如我们已经知道的英荷的联合海军把菲利普的"无敌大舰队"打败了。这一击，原为消灭两个反对旧教的大首领的势力的，后来反变成为一个营商获利的冒险。

直到如今，经过多少年的踌躇，英国人与荷兰人才觉得他们应该进攻印度和美洲，报复他们新教的同胞们在西班牙人手中所受的祸害。英国人也是最早继续哥伦布的事业的民族。一个威尼斯的领港乔万尼·卡伯特，率领英国船只在1496年首先发现，并探察了北美大陆。拉布拉多与纽芬兰做殖民地虽不重要，但纽芬兰的海岸却给了英国渔船极厚的报酬。一年以后，即1497年，卡伯特又探险了佛罗里达海岸。

及至到了亨利七世与亨利八世的多事的时代，没有经费做海外的探险。但在伊丽莎白时代，国家太平，玛丽·斯图亚特被禁锢在监狱里，水手们出发可以不必为那些留在家里的人的命运担忧。当伊丽莎白幼年的时候，威洛比曾冒险经过北岬；他的一个船长理查德·谦色勒向东进行，为要寻觅通往印度的路，到了俄罗斯的阿尔汉格尔斯克，他在那里同那个遥远的莫斯科帝国的神秘的君王建立了外交与商业的关系。伊丽莎白在位的初年，许多别的航海家继续了这个航行。那些冒险的商人为谋合股公司的利益，设立许多贸易公司的基础，后来这些基础都成为殖民地。伊丽莎白时代的水手们，一半是海盗性质，一半是外交官性质，愿意为一次侥幸的航行牺牲一切；尽量地偷运凡是一只船里容得下的各种东西；贩卖人口又贩卖货品，除去获利之外，他们什么都不注意，他们把英国的国旗与女王的声名传布到四方。同时国内尚有莎士比亚给女王消遣，而英国最有才智最有头脑的人，又与女王共同计划如何将亨利八世的封建遗产改变成为现代的民族国家。

1596年，斯万剧院

伊丽莎白时期

1603年，这位老太太在她70岁时去世了。她的侄子，她祖父亨利七世的曾孙，她的劲敌玛丽·斯图亚特的儿子，继立为詹姆斯

259

一世。他蒙上帝的恩惠，他的国家没有与它大陆的劲敌同命运。当欧洲的新旧教徒枉然拼命破坏敌人的势力，以图建立自己信仰所独有的统治，而互相残杀的时候，英国则很平安，不必趋于极端去服从路德或罗耀拉，自由自在地从事于她的"改革"。这个使英国后来在殖民地竞争上占到莫大的便宜。且又确保英国为国际政治的领袖，这个地位至今仍然不变。虽然在斯图亚特时代有不幸的事变，也不能阻止这种正当的发展。

承继都铎的斯图亚特王室在英国算是"异邦人"。他们似乎并不看重或理会这个事实。本国的都铎王室不妨偷一匹马，而外国的斯图亚特王室连望一望马鞍子都会惹起人民的反对。老伊丽莎白王后愿意怎样治理她的疆土都可以。虽然如此，在大体上，她的政策永远使诚实的（以及不诚实的）英国商人可以获利。因此这位女王永远受感激她的人民的全心爱戴。人民因为女王陛下强硬的成功的外交政策所得到的利益，也就容让她侵占国会的权利与特权的那些小小的自由了。

在表面上，詹姆斯一世仍然继续同样的政策。但他缺乏他的著名前任所有的热诚。国外的贸易继续奖励。旧教徒不准有任何自由。但当西班牙笑脸向英格兰竭力要求和平的时候，詹姆斯也报之以笑脸。大多数的英国人民都不喜欢这种办法，但詹姆斯是他们的国王，他们只好不说话。

不久又有别的冲突原因发生。詹姆斯王与他儿子查理一世（1629年承继他的王位的）都确信他们有神圣权利，可以任意治理他们的国家，不必征求人民的意见。这种观念不是新的。在许多方面都算是罗马皇帝的承继者（或者应该说是承继罗马帝国唯一的不能分离的全世界的国家理想）的教皇向来自己承认，也被公然承认为"基督的世上的代理者"。上帝按着他认为适当的方式治理世界，无人敢责问的。这个自然的结果，就是这位神圣的代理者，若是也做同样的事情与要求人民的服从，便也很少人敢怀疑他的权力了，因为他是宇宙间唯一的主宰的直接的代表，只对全能上帝负责。

等到路德的宗教改革成功后，从前赋予教皇的那些权力都被许多新教徒的欧洲君主攫夺了。他们既是国教的领袖，便坚持要求至少在他们自己的版图之内，他们是"基督的代理者"。人民对于他们的君主所进的这一步并不过问。他们接受这一点，就像我们今日接受代议制的观念一样，因为我们以为这是最合理、最公正的政体。由此看来，若说对于詹姆斯屡次高声主张他的"神圣的权力"所发生的厌恶，全是路德派或加尔文派的影响那就不公平了。英国人真正不信国王有神圣权力，必有其他原因。

当1581年荷兰会议弃绝他们的合法君主西班牙的菲利普二世时，第一次积极否认国王的神权的呼声是在荷兰。他们说："国王已经破坏他的契约，因此他像其他不忠实的仆人一样需被解职。"从此以后，国王对于人民负责任的那种特别观念传遍了北海沿岸的多数国家。他们是在一个很好的地位。他们很有钱。欧洲中部的可怜人民，凡事都需听命于他们的王家卫队，若是私自讨论一个问题，立刻就会被关在附近城堡最深的土牢里。但是荷、英两国的商人，握有维持大的海陆军所必需的资本，他们知道如何运用那所谓"信用"的全能武器，就不会有这种怕惧。他们愿以他们的金钱的"神权"与任何哈布斯堡、波旁或斯图亚特王室的"神权"相抗衡。他们知道他们的银币是可以打倒国王的唯一武器——拙笨的封建军队。只有他们是敢作敢为的，别的人民不是忍气吞声，便是去冒断头的危险。

等到斯图亚特王室开始要求国王有权可以任意行动，不必计较责任而惹怒了英国人民，英国的中等阶级便以下议院做抵抗王权滥用的第一道防线。国王不肯屈服，竟将国会解散。查理一世独自秉政共有11年之久。他征收大多数人民认为不合法的租税，他治理不列颠王国一如他自己的田庄一样。他有能干的人帮助他，我们必须承认，他对于他的信心是有勇气的。

不幸查理不去求助他的忠实的苏格兰人民，反而加入苏格兰的长老会徒的冲突。这不是查理的本愿，但是迫于现款的亟需，他终究不得再召集国会。这次是在1640年4月开会，议员们显示出很坏的态度。不到几个星期，这个国会又被解散。在11月又召集一个新国会。这一次比上一次更不柔顺。议员们都明白"神圣统治的政府"与"国会统治的政府"的问题应该做一个彻底的解决。他们攻击国王的主要参议作为攻击国王，并且杀死了六个参议。他们宣言不得他们的同意，他们不能被解散。结果在1641年12月1日，他们递给国王一个"大罪状"详述人民对于国王的许多不平。

查理希望他的政策从乡村方面可以得些帮助，遂于1642年正月离开伦敦。国王与国会双方都组织军队，准备做国王的绝对权力与国会的绝对权力的公然决斗。在这次冲突之间，英国最有势力的宗教分子称为清教徒的（他们是英格兰国教会，想要极端澄清他们的教旨）赶快来到前方。奥利弗·克伦威尔率领的"虔诚人"的军队，因为纪律严明，对于他们宗旨的神圣有深的信仰，不久便做了全军的模范。查理两次都战败了。1645年在纳西比一战之后，他便逃奔苏格兰，苏格兰人将他卖给了英国人。

以后就是一个苏格兰的长老会徒反对英格兰的清教徒的阴谋与

叛乱的时代。1648年的8月，在普雷斯顿连战3天之后，克伦威尔结束了这次的内战，占领了爱丁堡。那时克伦威尔的军士不愿对于宗教的纷争再费唇舌与时间，决定按他们自己的观点做去。他们把所有与清教徒意见不合的人，一齐逐出国会。于是由旧国会遗留的残余国会，斥国王为国事犯。但贵族院不肯居审判之地位。于是另委一个审判法庭，定国王死罪。1649年的正月30日，查理王很安详地从白厅的窗子出来，走上断头台。那一天乃是有主权的人民假手于他们所选的代表，第一次处决一位不明白自己在现代国家的地位的元首。

查理死后的时代，普遍称为奥利弗·克伦威尔时代。起初他是英国的非正式的独裁者，他被正式推举为护国者是在1693年。他治理5年。他利用这个时代继续伊丽莎白的政策。所以西班牙又成了英格兰的大仇敌，对西班牙的战争，便成了国家的神圣问题。

在英国，商业和商人利益比什么都重要。性质严格的新教徒的信仰很严厉地维持着。克伦威尔维持英国国外的地位固然成功。但做一个社会的改革家，就非常的失败。世界是由许多人组成的，各人的思想很少相同。为长久设想，这是一个顶聪明的看法。一个只是全社会一部分人的，只由一部分人主持的，只为一部分人的利益的政府是不能存在的。清教徒矫正王权的滥用，实是为善的一个大势力。但是作为英格兰的绝对的治理者，那就不成了。

克伦威尔在1698年逝世，此时斯图亚特王室复辟便容易了。人民真的把他们视为"救主"，因为人民觉得那些温柔的清教徒的束缚与独裁的查理王一样难堪。假使斯图亚特王室肯忘记他们已故的可悲悼的父亲的神权，而愿意承认国会的主权，人民也就答应做他们忠实的百姓。

此后两代的人民都想使这个新的办法成功。但是斯图亚特王室显然没有受到教训，不能放弃他们的坏习惯。查理二世在1660年回到英国，他是一位温文尔雅，但是毫无价值的人。他的懒惰，他的避难就易的性情，他的说谎的大本领，使他避免与他的百姓公然决裂。他借1662年的"宗教统一法"以逐出所有不奉国教的牧师于教区之外的办法来破坏清教牧师的势力。他又藉所谓1664年的"秘密礼拜法"以充军到西印度的恫吓来禁止非国教徒做宗教的集会：这又太像神权时代的情景了。人民渐渐显出不耐烦的故态，国会也忽然感觉供给国王款项的困难了。

　　查理二世既然不能从一个不愿供给他的国会里得到款子，他便私下向他的邻居，又是他的表兄弟，法国的路易借钱。他以每年20万镑的代价，卖了他的新教徒的同盟，暗地笑国会里可怜的傻子们。

　　经济上的独立使国王忽然间对于自己的势力更有信仰。他在他的旧教徒的亲戚中消磨了许多亡命的岁月，因此他私下很喜欢他们的宗教。也许他有力使英国仍归罗马教！他通过了一个"放任谕告"以停止从前对于旧教徒施行的法律。这事的发生正在传说查理的兄弟詹姆斯皈依天主教的时候，人民对此都产生怀疑。人民渐渐害怕将有什么可怕的教皇派的阴谋，一种新的不安的精神弥漫全国。大多数人想要防止二次内战发生。在他们看来，国王的压迫与一个旧教徒的国王——甚而至于神权——都胜于一个新的同族相杀。但另一部分人便没有如此宽容。这些人是极其可畏的反国教徒，对于他们的信仰永远有勇气。他们有几个贵族做他们的领袖，这些贵族都不愿看见昔日绝对的王权恢复。

　　辉格（民权党）与托利（王权党）两大党派相对抗几有10年之

久，但谁也不愿造成危机。他们让查理得了善终，让旧教徒的詹姆斯二世在1685年承继王位。但詹姆斯二世先以可怕的外国常备军（这个军队由一个法国的旧教徒将军率领）威吓国人，后在1688年公布二次的"放任谕告"，命令一切英格兰国教教会诵读这个谕告，这样的行为未免越出范围了。在寻常只有最受人民爱戴的君王，且在特别情形下，才可有这越轨的行为。7个主教拒绝服从王的命令。他们被控为"谋乱"之罪，被逮到法庭。但是判决他们无罪的陪审员备受大众的嘉奖。

正在这个不幸的时候，詹姆斯（他第二次结婚所娶的是天主教的摩德纳埃斯特家的玛利亚）生了一个儿子。意思就是将来他的王位是属于一个旧教的孩子，而不属于他两位新教徒的姐姐玛利亚与安妮了。街头的人又在怀疑了。摩德纳家的玛利亚年岁太大，不能生育！这全是计策！这是一个陌生人的孩子，由一个耶稣会的教士抱进宫来的，为使英国能有一位旧教的国王。全是这一类的话。二次的内战好像又要发生了。于是辉格党与托利党中7个有声望的人写了一封信要求詹姆斯的长女的丈夫荷兰共和国的首领威廉三世到英国来，将这国家从那位虽是合法，然而绝对不成的国王手中救出来。

1688年的11月5日，威廉在托贝登岸。他不愿他的岳父殉难，所以帮助他平安逃往法国。1689年的正月22日，他召集国会。同年的2月13日，他与他的妻子玛丽被宣布为英国的联合君主，因此新教在英国得救了。

国会既然不甘以国王的一个区区的顾问团体自居，便尽量地利用了这个机会。1628年的老的《权利请愿书》又从档案室的已经遗忘的犄角里捞出来。二次的较前更激烈的《权利法案》要求英国国王必须属于英格兰国教教会。且述国王无权停止法律的效力，或允许某种有特权的市民可以不守某种法律。它又订定"不得国会认可，不得征税，不得养兵"。这使英国在1689年获得其他欧洲各国望尘莫及的大宗自由。

但是英国威廉的政治至今未被遗忘，并非只为这大宗的自由。威廉在世时，责任内阁的政府初次发达。当然没有一个国王可以独自行政，必须有几个可靠的顾问。都铎王室有贵族与教士组织的大会议。这个团体扩张得太大。后来被缩成小的"枢密院"。渐渐这些议员们在宫内的小屋里与国王会见成了习惯。因此他们便被称为"内阁会议"。不久便被称为"内阁"。

威廉与在他以前的大多数英王一样，也从各党中选择他的顾问。但是国会的势力渐渐扩充，辉格党在下议院占多数的时候，他便不能借托利党的势力行使国家大政。于是托利党员全被开除，内阁会议全由辉格党员组织。几年之后，辉格党在下议院失势后，国王为便利起见，不得不求助于托利党的主要人物。

威廉直到1702年逝世为止，一生忙的是与法国的路易战争，所以没有多大工夫去麻烦英国的政治。实际上一切重要的政务都由他的内阁会议办理。即在1702年威廉的妻妹安妮即位之后，此种情形仍继续存在。等到1714年安妮逝世后（不幸她所生的17个子女没有一个死在她后头），她的王位便传给汉诺威王室的乔治一世，就是詹姆斯一世的孙女索菲的儿子。

这位有些村俗且一个英国字不识的国王，对于英格兰的复杂的政治组织完全茫然。他将一切事务完全交给内阁会议，自己永不到会，他连一句话都听不懂，所以便厌烦了。于是内阁渐渐养成不必麻烦国王，自己即可治理英格兰与苏格兰的习惯（苏格兰的国会在

1707年时与英格兰的国会合并），而国王便可消磨他的大部分时间在大陆上了。

当乔治一世与乔治二世在位的时代，辉格党的要人（其中的罗伯特·沃波尔任职21年）继续组织国王的内阁会议。到后来他们的领袖不但被认为实际内阁的正式领袖，又为国会当权的大多数党派的领袖。乔治三世想把政权独揽不交国会的企图结果非常不幸，以致此后不能再演。自从18世纪初年起，英国采用了代议政治，有一个负责的内阁支配国家政务。

实在说起来，这个政府并非代表社会的一切阶级。12个人民之中轮不到1人有投票的权利。但这是近代代议政体的基础。在一个不声不响而有秩序的形式中，渐渐将国王手里的权力，移交给人数日增不已的人民的代表们。这虽然未使英国得到千年的太平，但使它免去在18与19世纪使欧洲大陆非常不幸的革命爆发。

46. 势力均衡

一个单独的国家，无论时间久暂，再也不能支配全欧洲或全世界了

让我现在告诉你，在英国人民正为自由奋斗的期间，法国经历了什么事变，作为前章的对照。合适的人民，在合适的时代，居于合适的国家，这种巧遇在历史上是很少的。在法国看来，路易十四就是这个理想的实现，但在欧洲其他的国家，没有他倒还觉得快活些。

这位年轻国王所要治理的国家，是当时人口众多、文物灿烂的国家。马萨林与黎塞留两个大主教正把古法兰西王国经营成17世纪权力最集中的国家时，路易便来即位。路易本人也是一个有非凡才干的人。即连我们20世纪的人，尚且时时想起那位光明之王的光荣时代。

我们今日的社交生活都源于路易朝廷所发展的举止的优美与言词的雅丽。法文在国际与外交的关系上，仍然是外交与国际集会的官用文字，都因为它在200年前已经达到精致简洁的地步，这是至

今为别国文字所不能及的。路易时代的戏剧我们至今还有许多没有学到。路易在位的时代，法兰西学院（French Academy，黎塞留所发明）在文学界占到一个为其他国家争相模仿的地位。我们若继续把这单子开下去，可占很多的篇幅。今日英美的菜单用法文，并不是偶然的事，记录好的烹饪技术也是文明提高的一种表现，最初乃是为这位国王的享用得来的。路易十四时代是一个辉煌美丽的时代，这个时代至今还教给我们不少东西。

可惜这个灿烂的景象还有使人非常失望的一面。国外的光荣往往是国内的困苦，关于这点，法兰西也不例外。路易十四在1643年承继了他的父亲。他在1715年逝世。意思是法兰西政府在一人的掌握中共72年，几乎有两代之久。

最好是紧紧握住这个观念，几千年来，建设所谓"开明专制"的效率最高的独裁政体的帝王之中，路易要算是第一人。他不喜欢以做统治者为游戏，将国家大事作为快乐的郊游。开明时代的君主比任何人民都辛苦。他们比任何人起得早，睡得晚，他们觉得他们的"神圣责任"与那不必与人民商议便可自由治理的"神权"同样的重要。

做国王的当然不能"事事躬亲"。他的左右不能不有几个顾问与辅助的人。一个或两个将军，几个外交专门人才，几个聪明的财政家与经济学家便行了。但这些大臣们只有靠着他们的君主才可以行事。他们自己是没有个人的存在的。从一般人民看来，君主的神圣的身体就是代表国家的政府。共同祖国的光荣成为一个朝代的光荣。这与美国人的观念恰好相反。法兰西是为波旁王朝所有，受波旁王朝治理，为波旁王朝的利益所驱动。

如此制度的缺点是很显然的。国王成为最重要的。其余的人一点不算什么。旧时有用的贵族不得不渐渐放弃在地方政府的旧有势力。国王的小官吏手指上染着墨水，坐在离巴黎遥远的衙署的绿油窗前办理100年前封建主所办理的事务。那个封建主既被剥夺了一切职务，便迁到巴黎来在他宫内尽量取乐。不久他的地产渐渐发生非常危险的经济的病态，就是所谓"缺席地主制度"（译者注：地主不在领地亲自督察，而只收租金的制度）。于是不到一代的工夫，那些勤奋有用的封建行政官就成了凡尔赛宫中有礼貌，但完全无用的闲人了。

当《威斯特法利亚和约》成立而哈布斯堡王室因三十年战争失去它在欧洲的优越地位时，路易才只10岁。像他那样有野心的人，会利用这样一个好机会去为他的王朝博取以前哈布斯堡所享的光荣，那是当然的。1660年，路易娶了西班牙国王的女儿玛利亚·特蕾莎为后。未几，他的岳父菲利普四世（西班牙的哈布斯堡王室的半傻中的一个）逝世。路易立刻去要求西属尼德兰（即比利时）作为他妻子的一部分妆奁。如果这样，必然会不利于欧洲的和平与危害新教国家的安全。于是在荷兰7省联邦的外交总长扬·德·威特的指挥之下，第一个国际大联盟，即1661年的瑞典、英格兰、荷兰3国联盟成立了。这个联盟维持的时间不长。路易以金钱与好话收买了英王查理与瑞典的阶级会议。荷兰被它的联盟国所卖，一任它的命运的支配。1672年法国人进兵荷兰，深入腹地。荷兰二次切开堤防，于是法国国王陷入荷兰湿地的烂泥里。1678年所结的《奈梅亨和约》，什么问题都未解决，只做了第二次战争的伏线。

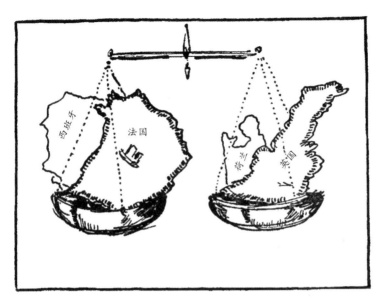

权力的平衡

自1689年至1697年以《里斯维克和约》结束的二次进攻的战争，仍未给路易所欲得的欧洲政治上的地位。他的旧敌扬·德.威特虽然已被荷兰的暴徒所杀，但扬·德·威特的后任威廉三世（这人已在前章见过）阻挠路易种种的努力，不使他将法兰西变成欧洲主人。

1701年西班牙的哈布斯堡王室最后的君主查理二世刚死后，因西班牙王位继承问题发生，而以1713年《乌得勒支和约》结束的大战，也是同样的没有结果。但它毁坏了路易的国库。在陆地上法王是胜利的，但英荷的海军却破坏了法兰西最后胜利的一切希望。此外，这个长期的战争产生了一个国际政治上的新的根本原则。就是从此以后，一个单独的国家，无论时间久暂，再也不能支配全欧洲或全世界了。

那就是所谓的"势力均衡"，这并不是一个成文的法律，但300年来，它像自然规律一样地被人们严格地遵守。首创这个观念的人主张，欲使欧洲在民族主义发展的阶段里生存，必须使全大陆一切冲突的利益绝对的均衡。绝不许一个国家或一个王朝支配其他国家。在三十年战争中，哈布斯堡王室做了应用这个定律的牺牲者，但是不自觉的牺牲者。在那次战争中的各种问题皆被宗教纷争的烟雾所蒙蔽，以至于我们没有弄清那个大战的主要趋向。但是从此我们渐渐明白，冷静地、经济地打算如何支配一切重要的国际事件。我们发现一种新式的政治家，这种政治家个人的感情都集中在经济的较量上。扬·德·威特是这个新式政治家中第一个成功的代表。威廉三世是他的第一位高足。路易十四徒有他的声名与光荣，却做了第一个自觉的牺牲者，还有许多别的在后边呢。

47. 俄罗斯之兴

突然出现于欧洲大政治舞台上的神秘的莫斯科公国

1492年，哥伦布发现了美洲，你是知道的。那年的早春，一个名叫煦纳普斯的蒂罗尔人，奉蒂罗尔大主教之命，率领一个科学的远征队出外旅行，随身带着最好的介绍信与最可靠的汇票，要到神秘的莫斯科城去。他的计划并未成功。他到了这个大莫斯科公国的边境（人们恍惚地以为这个边界是在欧洲的极东边），便被拒绝而返。那里不准外国人入境。煦纳普斯于是要到君士坦丁堡去拜访信奉异教的土耳其人，以便在回国时，对他的主教有所报告。

61年之后，理查德·昌斯勒为要寻一条通往印度东北的道路，被一阵恶风吹进白海。他到了德维娜河口，发现了莫斯科公国的霍尔莫戈雷村。这个小村离着1584年所建的阿尔汉格尔斯克城不过几小时的路程。这一次外国的旅行家居然被请到莫斯科，且被请去会见那位大公爵。他们去了，带回一个俄罗斯与西欧间第一次签订的商业条约到英国。不久别国也就跟着它来往，人们关于这个神秘的地方，多少也就知道了一些。

273

在地理上俄罗斯是一片辽阔的平原。乌拉尔山很低，不能防御外来侵略的敌人，河流虽阔，但往往是很浅的。这是一片理想的游牧地。

当罗马帝国成立、兴盛、灭亡的期间，那早已离开中亚的斯拉夫诸部落，在德涅斯特与第聂伯两河之间的森林里与平原上没有目的地来去游徙。有时候希腊人偶尔遇见他们，还有3、4世纪的少数旅行家也曾提起过他们。除此之外，他们便差不多没有人知道了。

对这些原始人的和平很不幸的是一条贯通他们国内的极方便的通商大道。这是从北欧到君士坦丁堡的一条干路。这路沿着波罗的海直达涅瓦河。于是经过拉多加湖，沿着沃尔霍夫河向南行。再经过伊尔门湖，溯洛瓦季河向上行。那里有一小段陆路通到第聂伯河，沿着第聂伯河下行便直达黑海。

北欧人在极早的时期便知道这条道路。在9世纪时他们开始移居俄罗斯的北部，就像别的北欧人在德意志与法兰西建设独立国家的基础一样。但在862年，北欧人的三弟兄渡过波罗的海去建立了三个王朝。三弟兄之中只有留里克一人活了些年。他占领了其他两弟兄的土地，这位第一个北欧人来了20年之后，一个斯拉夫国家便成立了，以基辅为它的首都。

从基辅到黑海是一个很短的距离。因此一个有组织的斯拉夫国家的成立的消息不久便传到了君士坦丁堡。在那些热心的传道者看来，这又是一个新的传道的地方。几个拜占庭的教士沿着第聂伯河向北行，不久到了俄罗斯中原。他们发现那里的人民都信仰奇怪的神祇，以为这些神祇住在森林、河流与山洞里。他们讲耶稣的故事给他们听。那里还没有罗马传道者来竞争，因为那些好人们启迪异教的条顿人已经太忙了，对于远方的斯拉夫人还没有工夫。因此之故，俄罗斯的宗教、字母以及艺术与建筑的最初观念都从拜占庭的教士得来的。因为拜占庭帝国（东罗马帝国的遗物）已经非常东方化了，且已失去许多欧洲的特色，结果俄罗斯人大吃其亏。

从政治上看来，俄罗斯大平原上的那些新国家没有怎样的成功。北欧人的习惯是将一切遗产平分给所有的儿子。一个小小的国家成立不久，便被八九个继承人分裂，而这八九个继承人又把他们的土地传给他们增加不已的后裔。这些互相竞争的小国家之间，冲突是难免的。紊乱是那时候的常例。这时东边地平线的红光告诉人们有一个野蛮的亚洲部落马上要来侵略，但是这些小国家已经太疲弱，太分裂，无力抵抗这个可怕的敌人了。

蒙古族第一次的大侵略，中国、布哈拉、塔什干与突厥斯坦的征服者成吉思汗的游牧民群第一次出现于西方是在1224年。斯拉夫军队在卡尔卡河附近打了败仗，俄罗斯便落在蒙古人的掌中了。他们去得像他们来得一样快。13年之后，在1237年，他们又来了。不到5年工夫，他们将俄罗斯大平原到处都征服了。直到他们在1380年被莫斯科的大公爵德米特里·顿斯科伊在库利科沃平原上打败为止，蒙古人做了俄罗斯人的主人。

总计起来，俄罗斯人前后费了两世纪的工夫才脱离了这个羁轭。这实在是一个羁轭，一个非常讨厌非常可恨的羁轭。它把俄罗斯的农民变成可怜的奴隶。没有一个俄罗斯人可有生存的希望。它剥夺了全体人民一切的自尊心与独立心。它又使饥馑、苦痛、虐待、滥刑，成为人生常态。

没有方法逃避的。蒙古可汗的骑兵说到即到且没有怜悯。在这样一个无边际的大草原上，实在叫人无法跑到附近平安的地方去。他必须静静地忍受他主人打算加到他身上的罪孽，要不然，便去送命。欧洲当然可以去干涉。但它有它自己的事情，不是加入教皇与皇帝之间的战争，便是压服这个或那个或另一个异教。因此欧洲让斯拉夫人碰自己的命运，同时逼它经营出一条自己拯救自己的路子来。

最后，俄罗斯的救主是早年北欧人所建立的许多小公国中的一个。这个公国在俄罗斯平原的中心。它的首都莫斯科是在莫斯科河边一个险阻的小山上。这个小小的公国全赖讨好（有讨好的必要时）与反抗（不致有危险时）蒙古人，在14世纪中叶把它自己变成一个新的民族生活的领袖。我们必须记得，这些蒙古人毫无政治建设能力，他们只会破坏。他们侵略新的土地的主要目的就是为得到国家的岁入。欲从税收上得到这个岁入，便不得不让残存的老政治组织继续存在。因此有许多小都会托庇于大可汗做牧税者，为蒙古的国库利益劫掠他们的近邻而生存着。

莫斯科公国全赖牺牲左右的疆土而日渐富强，到后来它已强盛到足以冒险反抗它的蒙古的主人。莫斯科公国成功了。它得了做俄罗斯独立的领袖的声名，便成了仍然相信斯拉夫民族可以有更好的将来的人们自然的中心。1453年，君士坦丁堡被土耳其人占领了。10年之后，在伊凡三世的治下，莫斯科对西方的世界宣言说：斯拉夫国家要复兴已经灭亡的拜占庭帝国的物质的与精神的遗产，以及尚存于君士坦丁堡的罗马帝国的文化。一代之后，在可怕的伊凡大帝治下，莫斯科的大公爵已经强盛到采用恺撒或皇帝的名称，及要求西欧列强承认的地步。

1598年，费奥多尔一世逝世之后，老莫斯科公国（即从前北欧人留里克的后裔）便也告终。以后的7年，一个半蒙古种人，名叫鲍里斯·哥特诺夫的即了皇位。俄罗斯全体人民的命运即在此时决定。这个帝国，土地很多，金钱则很少。没有商业，也没有工厂。它的少数的城市都是污秽的村落。它是由一个强有力的中央政府与大批目不识丁的农民所组成的。这个政府是斯拉夫、北欧、拜占庭与蒙古的各种势力的混合物，除去国家的利益之外，什么也不承认。

莫斯科

要保护这个国家必须有军队。要养活军队必须征收租税。征收租税必须有官吏。要供养这许多官吏，必须有土地。在东西两边辽阔的旷野上，土地的供给是足够的。但徒有土地而无人去耕种，去照料牛羊，那土地是没有价值的。因此老的游牧农民的特权逐渐地被剥削。结果到了17世纪的初年，这些农民正式成了他们所居的土地上的一部分。俄罗斯的农民便不是自由人，而做了农奴或奴隶。他们做农奴一直到1861年，他们的命运坏到渐渐地全归灭绝时为止。

17世纪时，这个新国家的疆土，很快地扩张到西伯利亚。它成为一个势力，使欧洲各国不得不对它较量一下。1618年，鲍里斯·哥特诺夫死后，俄罗斯的贵族由他们中间选举一人做皇帝。这人是米哈伊尔。他是莫斯科罗曼诺夫家的费奥多尔的儿子，这家一向住在克里姆林外的一所小房子里。1672年，米哈伊尔的孙子，另一个费奥多尔的儿子彼得出世。彼得10岁时，他的异母所生的姐姐索菲亚即位，把这孩子放在近郊外国人居住的一个区域里过他的生活。这位年轻王子的周围，尽是些苏格兰酒保、荷兰商人、瑞士药商、意大利理发匠、法兰西舞蹈教师、德意志的学校教习，因此他对于远方与俄罗斯情形不同的神秘欧洲有一个最初的但是非常特别的印象。

彼得17岁时，突然推翻了他姐姐索菲亚的王位。自己做了俄罗斯的统治者。但他不满意于仅仅做一个半开化的半亚洲人民的皇帝。他必须做一个文明国家的最高领袖。但在一夜之间将拜占庭、蒙古的国家变为欧洲帝国，非同小可。必须有一副强有力的手腕，和一个能干的头脑。这两件彼得都有。1698年，将现代的欧洲接肢到古俄罗斯的大手术告成了。这个病人虽没有死，但他始终没有恢复元气，这在最近5年来的事变上很看得出。

48. 俄罗斯与瑞典之抗衡

谁是欧洲东北部的主人

1698年，彼得大帝第一次航行到西欧。他的路程是经过柏林、荷兰再到英格兰。他在童年时，在他父亲别墅的鸭池里，坐着自造的小船，几乎溺死。他爱水的热忱至死不变。这个热忱实际的表现就是他希望使他陆地包围的领土与海接近。

当这位不受欢迎的严厉年少皇帝不在国内时，莫斯科赞成旧制度的人们开始运动推翻他的一切改革。他的卫队（斯特累尔支联队）突然地哗变使他不得不乘快船赶回本国。他自任为总刽子手，将这个斯特累尔支联队的人，有吊死的，有解肢的，有杀死的，弄得一个不留。他的姐姐索菲亚是这次叛乱的领袖，也被禁锢在一个修道院里。彼得的治理便从此认真地开始了。1716年，彼得二次做西方旅行时，这样的把戏又演了一次。这次叛党的领袖是他那位半傻的儿子阿列克赛。彼得又急忙回来。阿列克赛被打死在监狱里，所有赞成旧式拜占庭制度的人们跋涉了数千里凄凉的路程，被充军到西伯利亚锡矿场。从此以后，人民对于彼得不满的暴动不再发生了。他一生得以平安地从事改革。

彼得大帝在荷兰造船厂

按着时代的程序来列举他的改革是不容易的。这位沙皇工作非常快。他做事不按系统。他所下命令之快，难以计算。彼得以为以前一切事情全是错的，所以整个的俄罗斯必须在可能的短时间内全行改革。他死后留下20万训练很好的军队与50只兵舰的海军。老的政治制度在一夜之间全被废弃了。贵族会议也被解散了。他用官吏组织一个名为参议院的顾问会议代替它。

他将俄罗斯分为八大"政府"或省份。道路修起来了。城市也建筑了。只要沙皇所爱的地方，不管有无原料，都办起工业来。运河也筑了，东部的矿也开采了。在这个没有教育的地方，学校与高等教育机关，大学与病院，以及职业学校全都创办起来了。荷兰的海军工程师与各处的工人和商人都被请到俄国来，印刷所也成立了，但是一切印刷品必须先受皇家检查员的检查。社会各阶级的职务都很仔细地规定在新的法律内，民法与刑法的全部法律都汇集印成一套。旧式的俄罗斯服装，皇帝命令一概废除。手持剪刀的警察把守着各村的道路，把俄罗斯长发的乡下佬，一刹那间变成剃得精光的西欧人的可爱模样。

关于宗教上的事务，沙皇不许有与他对立的权力。像欧洲教皇与皇帝的冲突，俄罗斯不给发生的机会。1721年，彼得自封为俄罗斯教会的领袖。莫斯科教长的职权被废除了，另立一个宗教会议，作为国教一切事务的最高权威。

因为俄罗斯旧派分子以莫斯科为中心，使许多改革不能成功，彼得便决心将他的政府迁到另一新都。他在波罗的海不卫生的湿地上建立了这个新市。他自1703年起开垦此地。4万农民多少年的工作建成了这个帝都的基础。瑞典人来攻彼得，想要毁灭他的都城，还有疾病与天灾害死了成千成万的农民。但是不论冬夏，工作永远继续进行，这个城市很快强大起来。1712年，它被正式宣布为帝都。12年后，这城已有75 000居民。涅瓦河每年泛滥这个神圣都城两次。但以沙皇的坚强意志，筑堤防，开运河，从此便无泛滥之患了。彼得在1725年去世时，已是北欧最大城市的主人了。

这个非常危险的强敌的崛起，当然使邻邦大为恐慌。彼得很有趣味地看着他的波罗的海强敌（瑞典王国）的种种冒险。1654年，古斯塔夫·阿道夫（三十年战争中的英雄）的独生女克里斯蒂娜放弃她的王位，避居罗马做一个虔诚的旧教徒，以终她的天年。古斯塔夫·阿道夫的一位信奉新教的侄子承继了瓦萨家最后的王位。在查理十世与查理十一的统治之下，那个新王朝使瑞典发展到最高的程度。但在1697年，查理十一突然逝世，而承继他的是一个仅仅15岁的查理十二。

这正是北欧诸邦所等待的一个时机。在17世纪宗教战争时代，瑞典牺牲它的邻邦，发展了自己。这时那些债主们心想要账的机会来了。因此战争立即开始，一方是俄罗斯、波兰、丹麦与萨克森，一面是瑞典。1700年的11月，彼得的未受训练的新军在著名的纳尔瓦之战被查理打得大败。于是查理——那个世纪里的一个最奇特的军事天才——转过来再打其他的敌人。他在波兰、萨克森、丹麦的乡村、城市以及波罗的海沿岸诸省，杀人放火有9年之久。彼得却在遥远的俄罗斯操练他的军队。

结果，在1709年波尔塔瓦一战，莫斯科军队把那已经疲惫的瑞典军剿灭了。查理继续做一个极其生动的人物，一个小说里了不得的英雄。但他报复不成，却毁了自己的国家。1718年，他突然丧命或被暗杀（我们不知道是哪一个）。等到1721年，在《尼斯特兹城和约》签订时，瑞典失去它所有波罗的海沿岸的属地，仅保存了芬兰一处。彼得所创的新俄罗斯国便成了北欧的主人。但这时一个新的劲敌正在兴起。普鲁士国家已经渐渐地成形了。

49. 普鲁士之兴

德意志北部一个凄凉的地方，普鲁士小国突然兴起

普鲁士的历史乃是一部边疆史。9世纪时，查理大帝曾将旧有的文化中心由地中海移到欧洲西北的荒野。他的法兰克军队将欧洲的边疆一直扩充到东方。他们曾从信奉异教的斯拉夫人以及住在波罗的海与喀尔巴阡山之间平原的立陶宛人手里夺到许多土地。法兰克人治理那些遥远的区域，正如同从前美利坚合众国治理它尚未成州的疆土一样。

查理大帝建设边疆的勃兰登堡国本来为防备野蛮的萨克森部落侵掠他东部的属土。住在这地方的文德人属于斯拉夫族，在10世纪时被他征服。他们的勃仑那卜市场做了这个新勃兰登堡省的中心。

在11、12、13与14世纪之间，这个边疆的国家由几个贵族相继行使帝国总督的职权。后来15世纪时，霍亨索伦家出来做了勃兰登堡的选侯，便将这沙土质的荒凉的边疆，变成一个现代效率最高的帝国。

不久以前受欧美联军的压迫而退出历史舞台的霍亨索伦家本来

是从德意志南部迁来的。他们的出身微贱。12世纪时，霍亨索伦家的一位腓特烈结了一门好亲，于是被任为纽伦堡城堡的管理员。他的后裔利用每个机会以增进他们的势力。经过数百年的趁机攫取之后，他们便被任为选侯，所谓选侯就是选举老日耳曼帝国皇帝的贵族们。在宗教改革时代，他们曾经袒护过新教徒。到了17世纪的初年，他们便成了北德一个最有势力的贵族。

三十年战争时，新旧教徒劫掠勃兰登堡与劫掠普鲁士情形一样厉害。但是腓特烈·威廉即位以后，便快快地将这次战争的损失恢复了，并且他聪明而又仔细地利用全国经济的与知识的力量建设一个实事求是毫无靡费的国家。

现代的普鲁士，在这国家里个人和个人的志愿与希望完全消失在社会全体的利益之内。腓特烈·威廉一世是一个努力工作，吝啬的普鲁士军人，最爱听酒馆里俗气的故事，最爱吸荷兰的烟草，最不喜欢女人身上的荷叶边与鹅毛（特别是法国式的）。而他只有一个观念，就是义务的观念。他对自己非常严厉，同时也不能容让他治下的人民的弱点，不论他们是将军或士卒。他与他儿子腓特烈之间，从未有亲热的感情。父亲的粗野态度触怒了儿子细致的性情。儿子爱好法国礼仪、法国文学、法国哲学以及法国音乐，父亲认为是女性的表现。于是在这两个不同性质之间发生极大的裂痕，腓特烈想要逃往英国，但被逮捕，受了军事法庭的裁判，且被迫去看那个设法帮助他脱逃的好朋友的行刑。他的一部分的刑罚就是被遣送到外省的一个小炮台去练习将来做国王的各种事务的细节。其实这是因祸得福。等到腓特烈在1740年即位时，如何治理国事，自一个穷人的儿子的诞生证书起，以至一个复杂的每年预算的细枝末节，他都知道。

著作家的腓特烈，特别在他《反对马基雅维利》那本书里，对于那位佛罗伦萨古代历史学家的政治观念曾经表示过轻蔑，因为他教给亲王的学生们说，若为他们国家的利益在必要时，尽管说谎、欺骗好了。腓特烈的著作里的理想统治者乃是人民的第一个仆人，就像路易十四那样的开明的独裁者。但是实际上腓特烈每天为他的人民工作20个小时，不让一个人做他的顾问。他的大臣们都是些高等书记。普鲁士是他个人的私产，必须按他自己的意思治理，不许任何事情干涉国家的利益。

1740年，奥皇查理六世逝世，他曾签立正式盟约以保障他独生女儿玛利亚·特蕾莎地位的安全。但是这位老皇帝的尸体刚刚埋葬在哈布斯堡家的祖坟，腓特烈的军队便开进奥地利的边境，根据一点极其靠不住的古代权利，占领了普鲁士所要求的西里西亚的一部分（此外几乎还要求中欧所有的东西）。经过几次战争，腓特烈把西里西亚全地征服了。虽然他屡次濒于失败，但他在新得的疆土内，抵抗了所有奥地利方面的反攻，自己居然立住了。

欧洲方面立刻注意到这个突起的新强国。在18世纪时，日耳曼人曾被宗教的大战所摧残，任何人民都看不起他们。腓特烈用一种像俄国人彼得一样的、突如其来的、不声不响的、惊人的力量，把这藐视的态度一变而为恐怖的态度了。普鲁士的内政组织得非常巧妙，所以他的人民抱怨的理由比较少。财政每年必有盈余。酷刑是废止了。司法制度也改良了。好的道路、好的学校、好的大学，又加以极端廉洁的行政，使人民感觉无论政府要求他们尽什么义务，总是不吃亏的。

做了数百年法、奥、瑞典、丹麦、波兰诸国的战场的日耳曼受了普鲁士的榜样的激励渐渐恢复了自信力。这都是那位小小的老人的成绩。这人有一个钩形的鼻子，他的旧的军服上沾满了鼻烟，他用极滑稽而极不中听的话讲他的邻邦。假使他用谎话可以占到便宜，他便不管什么真理，会去玩那18世纪外交上的丑把戏——虽然他曾写过那部《反对马基雅维利》。1786年他的末日到了。他的朋友都走了。孩子，他是从未有过。他临终时，除去一个仆人与几只忠心的狗，身边什么人也没有。他爱狗甚于爱人，就因为如他所说的，狗没有不感恩的，并且永远忠于它的朋友。

50. 重商制度

人们相信这个制度就像早年基督教徒之相信奇迹

我们已经知道现代的国家在16与17两世纪里是怎样渐渐成形的。它们的起源几乎各不相同。有的是由一个单独的君主励精图治而得的结果，有的是偶然成立的，还有的是由于地理上适宜的自然形势造成的。这些国家一旦成立之后，一个个都设法巩固他们的内政，用最大的力量去办理他们的外交，所有这些当然需要很多金钱。中世纪的国家因为缺乏集中的权力，所以不靠殷实的国库。国王的收入取自王室的田地。他的官吏都是自备资斧的。现代中央集权的国家事务复杂得多，老的骑士已经被消灭了，代理他们的是些受雇的官吏。陆海军及中央行政的消费需要几百万的款子。问题便是这些钱从哪里来呢？

中世纪时，金银是件稀有的东西。一般人，我已经说过，一生没有见过金子。只有大城市里的人还看得见银币。自从发现美洲与开发秘鲁矿之后，情形完全改变了。贸易的中心便从地中海移到大西洋的岸上。那些老的意大利的商业城市失去它们财政上的重要作用了。新的商业国家代替了它们的地位，金银便不算稀奇东西了。

贵重的金属渐渐由西班牙、葡萄牙、荷兰、英格兰传到欧洲。16世纪时代由它自己的政治经济的著作家研究出一个他们认为完美的，于他们各自的国家都能有莫大利益的国家财富的理论。他们认为金银是实在的财富，所以他们相信凡是一个国家，国库与银行的地窖里存有最多的现金就算最富的国家。因为有钱就可以有军队，所以最富的国家也就是势力最大，可以统治世界的国家。

我们称这制度为"重商制度"。人们相信这个制度就像早年基督教徒之相信奇迹，与现在美国商人之相信关税制度一样的毫无疑问。重商制度在实际上是这样的：一个国家要有大量的贵重金属，必须输出超过输入。假使你对邻国的输出比它对你国里的输出多，它便欠你钱，便不得不把它的金子送你。这样你赚了，它亏了。因为这个信仰的结果，每个17世纪的国家的经济政策几乎都像以下的样子：

（一）竭力设法攫取多量的贵重金属。

（二）奖励国外贸易甚于奖励国内贸易。

（三）奖励由原料做成输出的制造品的工业。

（四）奖励多量的人口，因为工厂里需要工人，而一个农业社会不能产生够用的工人。

（五）让国家照顾这个程序，并且在必要时加以干涉。

16、17世纪的人民不把国际贸易当作一种像自然势力那样，不顾人类的干涉，而需永远服从某种自然定律的东西，他们设法以正式的命令，王家的法律，以及经济的帮助来规定他们的商业。

16世纪时，查理五世采用了这个重商制度（在当时这是一个完全新的制度）并且又将它介绍给他的许多领土。英国的伊丽莎白也仿用这个制度。波旁王室，特别是路易十四，乃是这个观点的狂热的信徒，他的有名的财政大臣科尔贝尔做了重商主义的预言家，全欧洲都去求他的指教。

克伦威尔的外交政策就是实行重商制度。这个政策始终对它殷富的劲敌荷兰共和国施行。因为运输欧洲各国商品的荷兰商船有一点偏袒自由贸易的倾向，所以无论如何牺牲，必须把它消灭。

这样一个制度会如何影响那些殖民地，是极容易明白的。在重商制度之下的殖民地仅仅是一个供给宗主国吸取的金银宝库。亚、美、非三洲所产的贵重金属与热带的原料皆为据有这些殖民地的国家所独占。外边的人永远不准住到这些地方去，里面的人也不许与挂外国旗的商船做买卖。

在从未有过任何制造事业的国家里，重商制度无疑可以促进它的幼稚工业的发展。它可以筑道路，开运河，造出更好的运输方法。它要求工人们需有更大的技巧，让商人们在社会上有更好的地位，同时逐渐削减据有土地的贵族的势力。

在另一方向，这个制度引起了极大的不幸。它使殖民地的当地人做了剥削的牺牲品。它使祖国的市民走进更坏的命运。它使每个地方变成武装的军营，将这世界分成无数小块的疆土。各疆土都为自己直接的利益工作，还时时刻刻努力消灭邻邦的势力，攫取他们的财宝。这个制度重视占有财富，竟使"发财"成为一般市民的唯一道德。但是经济制度的盛衰好像女子服装的时新一样。在19世纪时，因为采用了自由的开放的竞争制度，于是重商制度被废止了。至少，我听人这样说。

$51.$ 美国革命

那些反对查理王要求"神圣权利"而惩罚他的人的后裔在争取自治的历史上又加上了新的一章

　　为便利起见，我们应该倒退几个世纪，把以前争夺殖民地的历史再来温习一遍。

　　几个欧洲的国家一旦建立在民族或朝代的利益的新基础上，那

争取自由的斗争

就是说当三十年战争的当时与它刚完之后，那些统治者仗着他们商人的资本与贸易公司的商船的力量，继续在亚非美诸洲争夺土地。

　　在荷兰与英格兰登此舞台百余年以前，西班牙人与葡萄牙人早已在印度洋探险了。这事于英、荷两国是有利益的。因为初步的粗糙工作已经完

290

成。还有一点，亚、美、非洲的当地人很不喜欢最早的航海家，因此英国人与荷兰人一去，便被欢迎为朋友，为救星。我们不能说这两个民族有何高尚的道德。不过他们唯一的目的就是做生意。他们不让宗教的观念影响他们实际的常识。欧洲各国最初对于弱小民族的行为，野蛮得吓人。而英、荷两国比较有分寸。若是他们已经得到他们的香料、金银与租税，便很愿意让那些当地人自己去过活。

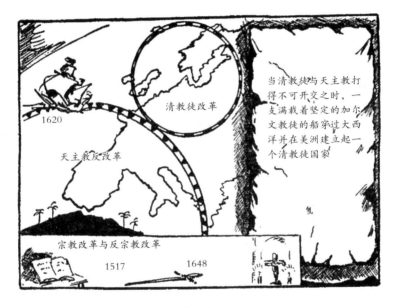

当清教徒与天主教打得不可开交之时，一支满载着坚定的加尔文教徒的船穿过大西洋并在美洲建立起一个清教徒国家

清教徒改革

1620

天主教反改革

宗教改革与反宗教改革

1517   1648

朝圣者

因此他们便一点不费力地在世上最富的区域站住了。但是他们的势力一旦稳定之后，他们又开始互相争夺更多的领土。奇怪得很，殖民地的战争从不在殖民地上解决，而在3 000里外由竞争的国家的海军解决。古今战争中一个极有趣的原则（历史的少数可靠

的定律之一）就是"凡在海上称霸的国家，便也是在陆地称霸的国家"。这个定律直至今日尚未失去效力，也许现代的飞机可以推翻它。但在18世纪还没有飞机时，使英国在美洲、印度与非洲获得广大的殖民地的，乃是不列颠海军的力量。

17世纪时，英荷两国屡次的海战与本题无关，不必多谈。这个战争的结果就像所有势力悬殊的战争的结果一样。但是英国与法国（它的另一劲敌）的战争却比较重要些，因为结果虽是英国的海军战败了法国的海军，但是最初的战争大部分是在美洲大陆上进行的。英法两国在这偌大的境内争相要求凡是已发现的及未发现的一切地方都归己有。1497年，卡伯特在美洲北部登陆。27年之后，乔瓦尼·韦拉扎诺又来游览这些海岸。卡伯特挂的是英国旗。韦拉扎诺的船上挂的是法国旗。因此英、法两国都宣布自己为全大陆的主人。

17世纪时，缅因与卡罗莱纳两州之间成立了十来个小的英国殖民地。这些殖民地往往是英国非国教徒的避难所，例如，在1620年清教徒避难到新英格兰州，或1681年贵格会教徒卜居于宾夕法尼亚州。这些都是边疆的小社会，离海岸极近，那里人民相集，建成一个新家，在国王的监督与干涉所不及的比较幸福的环境里开始他们的生活。

至于法国的殖民地却永远是国王的领土。凡是新教徒都不准进这些殖民地，怕的是他们的危险教旨玷污那些印第安人，或妨害耶稣会牧师的传教事业。因此英国殖民地的基础要比它的邻邦（又是它的劲敌）法兰西的健全得多。英国的殖民地是英国中等阶级的营业精力的表现，法国的殖民地则是国王的奴仆在海外居住的地方，他们一有机会，便希望迅速返回巴黎。

在梅弗劳尔的小屋里

然而英国殖民地在政治上的地位使人极不满意。法国在16世纪发现了圣劳伦斯河口。他们便从大湖的部位向南进行，顺密西西比河而下，沿着墨西哥湾建筑几个炮台。经过一个世纪的探险之后，一列60个法国炮台把英国在大西洋岸的殖民地同内地切断了。

英政府发给各殖民公司的土地证允许给他们"两海之间所有的陆地"。这在纸上看来固然很好，但实际上英国的领土一到法国的炮台线便截止了。要打破这个界线固然可能，但必须人与金钱以及几场边疆的恶战，战争时两方皆需借重印第安人的力量残杀他们的白色芳邻。

只要斯图亚特王室统治英国，便不致有与法国发生战争的危险。斯图亚特王室打算要设立独裁政体，打倒国会的势力，必须波旁王室的援助。但最后一位斯图亚特王于1689年退出英国。而路易十四的大仇敌荷兰的威廉承继了王位。从那时起，到1763年缔结《巴黎和约》时止，英、法两国进行了印度与北美洲属地的争夺战。

法国人探望西方

在这些战争里，我在上边已经说过的，英国的海军永远战胜法国的海军。法国与他的殖民地隔断后，失去不少的领土。等到和平宣布时，整个的北美大陆都落入英国人手里，而法国的卡地亚、尚普兰、拉萨尔、马凯特以及不少别人的伟大探险工作全都丧失了。

这个辽阔的土地上只有极小一部分是有人居住的。从北方的马萨诸塞州（清教徒的Pilgrims一派于1620年在此地上岸。这派最不容让异己，所以他们在国教派的英格兰与加尔文派的荷兰都不能找到幸福）到卡罗莱纳州与弗吉尼亚州（这都是出烟草的地方，完全因为牟利而建立的）伸长一条人口稀少的土地。但是住在这片天高气爽的新地上的人民，却与他们祖国的同胞们极不相同。他们在旷野上学到了独立、自信的精神。他们都是强壮有力的祖宗的子孙。懒惰懦弱的人们在当时是不肯跋涉重洋的。美洲的殖民者厌恶祖国的拘束与压迫所给他们的痛苦。他们想做他们自己的主人。关于这一点，英国的统治者阶级似乎没有明白。政府激怒了殖民者。殖民者不愿这样地被麻烦，便也开始激怒不列颠政府。

荒野中的碉堡

坏的感情可以引起更坏的感情。在这里不必细述实际的经过，也不必说假使那位英王能比乔治三世聪明些，或不像他的首相北欧勋爵那样昏聩、那样不管不顾，有的事情也许可以避免。英国的殖民者知道和平的辩论不能解决困难的时候，便以武力解决。他们由忠实的顺民一变而为叛逆了。他们若被乔治雇来的日耳曼佣兵捉去，都得处死刑。雇兵打仗是当时的风气，因为条顿的贵族曾将全体军队卖给出价最高的人。

英国与美国殖民地之间的战争延续了7年之久。一向看起来，叛逆方面的最后胜利似乎很无把握。对大多数人民来说，特别是在城市里的，仍然忠于他们的国王。他们赞成妥协愿意讲和。但是那位鼎鼎大名的华盛顿却在保护殖民者的利益。

新英格兰的第一个冬天

靠着少数勇敢的人的帮助，他用稳固的可是设备不高明的军队减削王军的势力。有好多次似乎败仗是不能免的了，然而他的战略总把形势转变过来。他的士兵常常营养不足。冬天没有鞋子、衣服穿，而不得不躲在不卫生的泥洞里。但他们绝对信任他们的伟大领袖，永远信任他直到最后胜利的时候。

但比华盛顿的战绩或富兰克林在欧洲向法国政府与阿姆斯特丹银行家借款的外交胜利更有趣的，是革命初年所发生的大事件。那时各殖民地的代表都在费城讨论公众的重要事务。这是革命的第一年，沿海的大多数城市此时仍在英国人手里。英国的援兵正在一船一船地载来。只有那深信他们的观点是对的人，才有胆量下这1776年6、7两月的重大决断。

在6月，维吉尼亚的亨利·李向大陆会议提出一个议案："这些联合的殖民地是——且在权利上应该是——自由的独立的国家，他们对于英王的忠顺一概解除，他们与大不列颠政府之间的一切政治关系完全——并且应该——取消。"

这个议案得到了马萨诸塞州的约翰·亚当斯的赞成，即在7月2日与7月4日通过，接着就是正式的《独立宣言》。这个宣言是由托马斯·杰弗逊起草，他对于政治与政府极有研究，并且注定是一位最有名的美国总统。

这事的消息传到欧洲，接着是殖民者最后的胜利与1787年著名的宪法（这是第一个成文的宪法）的采用，便引起了极大的趣味。自从17世纪的宗教战争后，所发展的中央集权最高国家的王朝制度已经到了权力的最高点。到处的王宫都扩充到无以复加之大，而环绕王国境内的城市却是些生长极快的贫民窟。这些贫民窟里的居民渐呈不稳之象。他们是完全没有办法的。但是上等阶级、贵族与自由职业者，也渐渐怀疑起他们赖以为生的经济状况与政治状况来。美洲殖民者的成功告诉他们，在不久以前，认为不可能的许多事实都是可能的了。

依据那位诗人的话，莱克星顿开战的枪声"全世界都听到了"。那也说得过火一点。中国人、日本人、俄罗斯人（且不说库克船长刚刚发现的澳大利亚人与夏威夷人）就根本没有听到。但这枪弹却穿过了大西洋，落在愤懑不平的欧洲的火药库里，在法国起了爆发，动摇了从彼得格勒到马德里的全大陆，即将老政治、老外交的代表们一齐压在几千斤重的民治砖块之下了。

52. 法国革命

法国大革命向全世界的人宣布自由博爱与平等的原则

在我们讨论革命之前，最好先解释"革命"两字究竟是什么意思。按一位俄国的大著作家（关于这个问题俄国人当然知道得很清楚）所说的话："革命是将几百年来树立的，似乎不能动摇的，连那些最热心的改革家都不敢以文字攻击的，根深蒂固的制度，在几年之间很快地推翻了。就是一向构成一个民族的社会生命、宗教生命、政治生命、经济生命的精华的一切，在最短的时间消灭了，崩溃了。"

这样的革命当18世纪法国的老文明渐渐腐化的时候，便在法国发生了。路易十四时，国王是一切，国王便是国家。从前在封建国家做官的贵族们现在任何职务都没有了，他们只变为朝廷上的社会装饰品了。

18世纪的法兰西耗费了使人不能相信的大宗款子。这个款必须从租税上取来。不幸，那时法王无力强迫贵族和教士缴纳他们分内的租税。于是这些租税全由农民缴纳。但是住在可怜的茅屋的农民早与他们从前的田主没有密切的关系，只给残忍、无能的田产代理人当牺牲品，他们的状况一天不如一天。他们何必工作，何必努力呢？田地的丰收不过是租税的增加而已，于他们本身一无好处，因此他们便任意放弃他们的田地。

于是这位国王，带着空幻的光辉，在广大的宫廷里徘徊，后面照例跟着一群专靠榨取牲畜不如的农民为生的孜孜求禄位的人们。这是一幅令人不愉快的画图，但我并未说得过分。虽然如此，我们必须记着所谓"前朝"还有另一方面。

一个与贵族非常接近的殷实的中等阶级（这个阶级由一位大银行家的女儿嫁给一位穷男爵的儿子那种普通的程序造成的）和一个最使人愉快的法国人所组织的朝廷，曾使优美生活的艺术达到最高的发展。他们不让国内最好的头脑埋没在政治经济的问题里，他们的闲暇尽都消磨在抽象观念的讨论。

思想的方式与个人的行为既然像服装那样地容易趋于极端，当时矫揉造极的社会对于他们所谓的"简单生活"当然会有极大兴趣。国王与王后（他们二位是法国和它所有的属国与殖民地的绝对的主人）带着朝臣们住在可笑的乡下的小房子里，装扮得像挤牛奶的姑娘，像小马夫，假扮住在古希腊快乐山谷里的牧人。国王、王后的左右有朝臣们殷勤伺候，有内廷的乐师编制悦耳的小曲，有内廷的理发匠设计精致贵重的头饰。直到完全厌倦了，没有真正事情可做的时候，这整个矫揉造作的凡尔赛世界（这是路易十四远离他嘈杂纷乱的城市所建的一个大别宫）什么都不谈，只谈些离他们生命遥远的问题，正像一个将要饿死的人不谈别的，只谈食物一样。

当老而且勇的哲学家、剧本作者、历史学家、小说家一切专制的劲敌的伏尔泰对于一切和固定秩序有关的事物大掷批评的炸弹时，法兰西全国都对他喝彩。他的戏剧排演时，戏院里拥挤得无插足的地点。当卢梭对于原始人发生感情，而描写这个行星上原始居民的幸福时——他不大了解原始人民像他不大了解儿童一样，但于儿童教育上他是一位大家公认的权威——全法国的人都读他的《社会契约论》。但那个承认国王即是国家的社会，听见卢梭要求恢复从前真正的主权属于人民，君主不过是人民的公仆的幸福时代时，便伤心落泪了。

孟德斯鸠出版了他的《波斯人信札》，书中叙述两个显贵的波斯旅行家推翻了法国整个固有的社会，对于一切事物，上自君王，下至他的600名糕饼司务，都开了玩笑。这书接连印了4版。因此他的著名的《论法的精神》也获得了无数的读者。在这书中这位高贵的男爵以优越的英国制度与落伍的法国制度互相比较，他主张不要独裁专制，而要一个行政、立法与司法3种权力分立的各管各事的政府。巴黎的书商勒布雷顿宣布，狄德罗、达兰贝耳、杜尔哥诸先生以及二三十位旁的著名作家将要出版一部《百科全书》，内中包含"一切新的观念，新的科学，与新的知识"，那时社会方面的反应非常使人满意。22年之后，那28册《百科全书》的最后一册告成。但是这时警察的干涉已经有点晚了，法国社会接受这个对于当时问题非常重要，然而极其危险的讨论的热忱已经不能约束了。

在这里让我给你一个小小的警告。你读一部法国革命的小说，或看一本戏，或一部电影，你很容易得到一种印象，以为革命是巴黎贫民窟里暴徒的工作。事实绝不是这样的。固然暴徒往往出现在革命的舞台上，但他们永远是受中等社会里专门职业的人的煽动与指挥，这些人在反抗国王及其朝廷时，往往利用饥饿的群众做有力的援助。

断头台

　　引起革命的根本观念，是由少数聪明的头脑所发明的。这种观念，最初原是介绍到"前朝"华美的客厅里，给宫内烦闷的先生太太们做消遣的。这些快乐的不小心的人们玩弄这个批评社会的危险花炮，直到花炮的火星穿过地板（它与这座建筑的其余部分一样的老朽）的裂缝，不幸落到满放着乱七八糟的陈腐废物的地窖子里，于是才有火着了的喊声。但这房子的主人对于什么都有兴趣，只没有兴趣管理他的产业，他竟不知如何扑灭这个小小的火苗。火苗蔓延很快，整个大厦全被这个法国大革命的大火消灭了。

　　为方便起见，我们可将法国革命分成两部分。自从1789年至1791年有一种多少有秩序的努力，要采用君主立宪制度。但是失败了，一部分因为国王的愚昧与缺乏信用，一部分因为当时的情形无人可以支配。

1792年至1799年有了一个共和国和建立一个民主政体的初步努力。但在暴动真正发生之前，已经有过许多年的不安，和许多次真心而无效果的改革。

等到法兰西负到400 000万法郎的国债，国库永远空虚，且至再无东西可以征收新税的时候，那位好好的路易王（他是一位锁匠专家，又是打猎好手，但是一位非常可怜的政治家）都仿佛感觉必须想点办法了。于是他请杜尔哥来做财政大臣。那位年已60的杜尔哥是行将消灭的乡绅阶级的最好代表，是一位成功的省长与极有才能的"业余的"经济学者。他用尽他的能力，可惜并不能创造奇迹。衣衫褴褛的农民身上既然再无可榨的租税，便不得不向从来不纳一文的贵族和教士身上筹必需的款子。因此杜尔哥成为凡尔赛宫中所深恨的人。不但如此，他还遭玛丽·安托瓦内特王后的嫉视，因为任何人敢在她的听域之内提起"经济"两字，她都反对。不久，杜尔哥便被称为"不切实际的幻想家""理论的教授"，如此，他的地位当然不能保持了。1776年他便被迫辞职。

继这"教授"之后，来了一位善于经商的人物。他是一位勤勉的瑞士人，名叫内克尔，他做粮食投机生意与国际银行的股东起家。他的野心的夫人强迫他做官，为给她女儿造一个地位。后来她女儿做了驻在巴黎的瑞典公使德·斯戴尔男爵的夫人，并且成为19世纪初叶的有名文人。

内克尔做事与杜尔哥一样显露出他的热心。1781年，他出版一篇关于法国财政的详细评论。法王对于这篇文章完全不懂。那时他正派兵美洲，帮助殖民者反抗他们共同的英国敌人。这个出征的用费出乎意外之大，责成内克尔筹款。但他并未筹得分文，反又发表更多数码与统计，并且开始做"必须节流"的可怕警告。到这时候，他的日子也就有限了。1781年他以不能胜任被革职。

路易十六

　　在那教授与那实际商人之后，来了一位受人欢迎的财政家，只要人们相信他的无错误的制度，他可以担保每人每月可得10分的利息。他名叫德·卡洛纳，是一位精干的官员，他的成功由于他的勤奋，同时也由于他的完全缺乏信义与顾忌。他看见国家负债很多，但他是一位聪明人，愿意使人人欢喜，于是他发明一个救急办法。他举新债以偿旧债。这个方法不是新的。自古以来结果总是不幸。不到3年工夫，这位漂亮的财政大臣在法国的旧债上又添了80 000万法郎的新债。但他从没着急过，永远在他陛下与可爱的王后（她从小在维也纳时便已养成挥霍的习惯）的要求上，笑吟吟地签上他的名字。

到后来，即连忠于国王的巴黎议会（一个高级法庭不是一个立法团体）都下决心要想点办法。德·卡洛纳要再借8 000万法郎。这年收成不好，乡间的穷困与饥馑非常厉害。若不出点合理的办法，法国就要破产了。国王是永远不知道当时情形的严重的。若与人民的代表们商量，岂不是一个好主意呢？自从1614年以来，阶级会议没有召集过。有见于将至的恐慌，便有召集阶级会议的要求。但是向无决断的路易十六反对走这样的远路。

他为镇压人民的鼓噪，在1787年召集一个贵族会议。这个会议只是上等阶级的集会，他们讨论什么事可做，什么事应该做，只不要妨害封建主与教士的免纳租税的特权。希望社会里某一个阶级，肯为另一阶级的同胞的利益，做政治上与经济上的牺牲，是不合理的。这127个贵族对于他们古来所有的权利绝对不肯放弃一点。这时街头的群众非常饥饿，他们是相信内克尔的，要求再任内克尔做财政大臣。但贵族们说"不行"。街头的群众便动手打破窗户，还做其他的野蛮行为。那些贵族逃走了。德·卡洛纳也被革职了。

平庸的洛梅尼·德·布里安受命为新的财政大臣，路易因为受了他的饥饿百姓的严重的威吓，答应了"在可能的时候立即"召集老的阶级会议。这个空泛的允许当然不能满足任何人。

如此寒冷的冬天几乎是100年来没有经过的。这年的农作物不是毁于水灾，便是冻坏在田里。普罗旺斯的橄榄树全部都冻死了。私人的慈善机构设法做点救济事业，但为这1 800万饥民能够做的真有限。到处都发生抢夺面包的暴动。这种暴动若在前一代内，可用军队镇压。但是新哲学派的工作业已渐有结果。人民也渐渐明白，一支枪对于一个饿肚子的人来说不是有效药剂。即连那些军队

（他们都从民间来的）也已不可靠了。这时绝对的需要乃是国王应该做点切实事情，恢复人民的好感，但他又游移起来了。

新派的党徒已在各省设立小的独立共和国。忠实的中等阶级里发出"没有代表便不纳租"（这是100年前美洲叛党的口号）的呼声。这时法国便陷于无政府的状态。政府为平人民的气增国王的威望，出其不意地停止了从前检阅书籍的严厉办法。法国立刻发生了文字战争。不论贵贱，人人都批评人与受人批评。2 000种以上的小册子出版了。洛梅尼·德·布里安被一阵责骂扫走了。内克尔立刻又被召回来，要他尽力缓和那弥漫全国的不安。股票的行市立刻长起30%。人民相约暂时不下判断。阶级会议将在1789年的5月召集，那时全国的智慧定能很快地把那个将法兰西王国造成一个健全幸福的国家的困难问题解决了。

当时盛行的以为集合人民的智慧才能可以解决一切困难的观念确实危险。这种观念在许多重要的日月里妨碍了一切个人的努力。在这危险期间，内克尔不把政府攫在自己手里，反任一切事务自然变化。因此对于改革国家的最好方法又发生了激烈辩论。各处的警察势力都已薄弱。巴黎近郊的民众在专以捣乱为事的人的指导之下，渐渐发现自己的势力，开始扮演他们在以后若干年的大乱中所演的角色。在这扰乱中，法国大革命的实际的领袖靠着这些民众的暴力获得凡是不能以合法手续得到的东西。

内克尔决定农民与中等社会在等级会议里有双倍的代表，以敷衍这两个阶级。对于这个问题，西耶士神父写了一本有名的册子《第三等级的价值如何》。他的结论是第三等级（即中等阶级的别名）应该是最有价值但在过去是毫无价值，现在希望有点价值。大多数关切国家最高利益的人的心理由它表示了。

城堡

最后，在想象内最坏情形之下开始选举。等到选举告终，308
个教士，285个贵族与621名第三等级的代表收拾好箱笼，动身到凡
尔赛来。第三等级的代表必须多带几件行李，为了装载大部写着他
们选民的不平与冤屈的报告书。那个舞台已为拯救法国最后的一大
幕布置好了。

1789年5月5日召集等级会议。国王兴致很坏。教士与贵族声明
他们不愿放弃一点的权利，国王命令三种代表分室会议，各自讨论
自己的冤屈。第三等级拒绝服从国王的命令。在1789年6月20日，
他们为这事在一个球场（这是专为这个不合法的会议临时布置的）
里很严肃地宣誓。他们坚持所有贵族教士与中等阶级当需在一室开

会，他们这样报告国王。国王生了气。于是他又游移了。他说，他永不放弃他绝对的权力。他便出门游猎去了。把对于国家的关心完全忘了，等他游猎归来，他又屈服了。在不对的时候，用不对的方法做对的事情是帝王的习惯。当人民要求A事的时候，国王将他们申斥一顿，什么也不给他们。等到宫殿的四周，围满了呼号的穷苦民众，国王也就投降了，人民要求什么就给什么了。但是这一次人民所要求的却是A事之上又添B事。于是这个喜剧又重演一遍。等到国王允许给他所爱的百姓A、B两事在敕令上签名的时候，他们又威吓着要杀死全体的王室，除非他们得到了A加B再加C。如此要求下去，等到26个字母全完，也就到了断头台了。

可惜那位国王总是慢一个字母，他永远不明白这一点。甚至等到他的脑袋放到断头台时，他还觉得他是一个受虐待太过的人。他虽然能力有限，但他已经尽力爱护他的百姓，然而却从他所爱的百姓手里得到绝不应当的待遇。

历史上的"假使"两字，我已屡次告诉你们，永远没有价值。我们很容易说"假使"路易是一位能力较大些，心肠较硬些的人，这个王国也许可以保全。但是国王不只是单独的人。即"假使"他有拿破仑的强暴力量，他的事业在那些艰难日子里，也极容易被他的王后毁掉。他的王后是奥地利的玛利亚·特蕾莎的女儿：凡在当时最专制，带有中世纪味的宫廷里长成的少女所特有的优点与缺点，她一概都齐备。

她打定主意要做点事情，要计划反抗革命。内克尔突被免职，勤王的军队亦被调回巴黎。人民得到这个消息，便袭击巴士底狱的炮台，1789年7月14日那一天，他们将这个著名的，为人深恨的专制势力的象征毁灭了。实际这个早已不是政治犯的监狱，而是鼠盗小绺的羁留所。许多贵族明白了这个暗示，便出奔外国。但那位国王同平常一样，什么举动也没有。巴士底狱陷落的那天，他还在打猎，打到几只鹿，觉得很高兴。

于是国民会议便开始工作。8月4日，他们在巴黎群众的喧闹中，废止了一切特权。接着就有8月27日的《人权宣言》，这是法国第一次宪法的著名前提。直到这里都是很好的，是朝廷显然没有得到教训。于是大家怀疑国王又将干涉这些改革，结果在10月5日巴黎发生第二次暴动。这个暴动一直蔓延到凡尔赛，除非将国王带回巴黎来，这个暴动不能平静的。人民不放心他在凡尔赛。他们愿意把他放在人民可以监视的地方，可以禁止他同维也纳、马德里及其他欧洲朝廷的皇亲国戚通消息。

这时在第三等级做了领袖的一个贵族，弥拉波，在国民会议里渐渐从纷乱中理出一点秩序来。但他在能保全国王的地位之先，就在1791年4月2日死去了。国王到了此时才觉出生命的危险，便设法在6月21日潜逃。但是人民从钱币上认识他的脸面，他在瓦雷纳村附近被国民军拦住去路，带回到巴黎。

1791年9月，法兰西第一次宪法得到承认，国民会议的会员便回家去了。1791年10月1日召集立法会议，以继国民会议的工作。在这个人民代表的新集团里有许多极端的革命分子。其中最勇的，名为雅各宾党，因为他们曾在雅各宾修道院里举行政治会议。这些青年（其中大部分都是属于专门职业等级的）做了很激烈的演讲，等到报纸将这些演讲传到柏林与维也纳，普鲁士王与奥地利皇帝便决意要去拯救他们的好兄弟、好姐妹。当时他们虽然忙着瓜分波兰王国（波兰因政党的竞争，引起纠纷，使全国束手无策任人宰割），但他们仍然设法派军队攻击法兰西以救法王。

一种可怕的恐慌这时弥漫了法国全境。受过多年的饥荒与灾难而不得发泄的一切仇恨已经膨胀到了极点。巴黎的暴徒袭击杜伊勒里宫。忠诚的瑞士卫队设法保护他们的主人，但是路易拿不定主意，正在群众后退的时候，他传令"停止开火"。这时人民已为腥血、呼号与劣酒所醉，杀尽了所有的瑞士卫队，便攻进宫去。路易逃到会议厅，他们追到会议厅，就在那里立刻取消他的王位，把他带出来监禁在一个老的城堡里。

　　但是普奥的军队继续前进，这时恐慌已经变成神经病，使男女都变成野兽。1792年9月的第一个星期，群众攻破了监狱，杀死所有的囚犯。政府并未干涉。由丹车率领的雅各宾党知道目前的危机可使革命成功，也可使革命失败，唯有最强暴的勇气方能保全他们。立法会议业已闭会，1792年9月21日，新国民大会成立。这个团体几乎尽是极端的革命党。国王正式被告为国事犯，被带到国民大会前听审。结果他被判为有罪，以361人对360人的投票（多的一票是他的堂兄弟奥尔良公爵所投的）判处死刑。1793年1月21日，他从容地尊严地走上断头台。他从未了解这一切攻击与骚乱是为什么。他太骄傲，不肯问人。

　　于是雅各宾党转而反对大会中较稳健的分子——吉伦特党（这以南方的吉伦特地方为名），并组织一个特别的革命法庭，将21个吉伦特党要人都处死刑。其余的党员也都自杀了。这些人都很能干，很正直。但他们过于明达稳健了，在这乱世里是不能生存的。

　　1793年10月，雅各宾党宣告"在和平宣布之前"停止宪法有效。一切权力都交给一个小的公安委员会，丹车与罗伯斯庇尔为这委员会的领袖。基督教与旧的日历皆被废止。"理性的时代"业已到了（托马斯·佩因在美国革命时代，对于理性的时代已曾畅论过）。与这时代同来的便是一年余的"恐怖时代"，那时每天杀死的好人、坏人与不好不坏的人，总有七八十。

君主独裁政治业已毁灭。代替它的乃是少数人的专制，这些人对于民治的优点非常倾倒，致使他们感觉不能不杀尽与他们意见不同的人。于是法兰西便成了一个大屠场。人人互相猜忌。没有一个人感觉生命是安全的。大会中少数的会员见到罗伯斯庇尔已经杀去他大半的旧同事，知道以后断头台上的候补者就要轮到他们了，纯粹由于畏惧的心理，反抗了罗伯斯庇尔。"那位唯一的真正纯粹的民主统治者"想要自杀，但未成功。他们把他已经受伤的下巴赶快包好，拉他上了断头台。1794年7月27日（按奇怪的革命日历计算，乃是第二年的热月9日）恐怖政府便算告终，全巴黎都欢舞起来。

虽然如此，法国仍在危险境内，在许多革命的仇敌尚未逐出法国之前，政府必须放在少数强勇的人的手里。当那些衣食不足的革命军队在莱茵河、意大利、比利时，以及埃及拼死战争，并且战败了一切大革命的仇敌的时候，政府任命了5个政务委员，这5个委员治理法国共有4年。后来政权交给一位成功的军官名叫拿破仑·波拿巴的手里。1799年他便做了法国"第一任执政官"。在以后的15年里，那个老的欧洲大陆变成了政治实验室，做了许多世界上向来没有过的政治试验。

53. 拿破仑

若你要了解他的生涯，我劝你不要去读那些写他的著作，
"感觉历史"比知道历史尤其重要

拿破仑生于1769年。他是科西嘉岛阿雅克肖城的一位诚实的公证人卡罗·马利亚·波拿巴与他妻子莱蒂齐亚·拉莫林诺所生的第三子，所以他并非法国人，而是意大利人。他的本岛（地中海里一个老希腊迦太基与罗马的殖民地）为恢复自由，奋斗了许多年。先为脱离热那亚人，18世纪中叶后是为脱离法国人。法国人先是好意帮助科西嘉人为自由奋斗，后来却为自己的利益占据此岛。

少年的拿破仑在最早的20年里是科西嘉的爱国志士，他希望救他所爱的国家脱离他深恶的法国军队的羁轭。不料法国革命竟承认科西嘉人的要求，并且曾在布里恩陆军学校受过良好的军事训练的拿破仑，渐渐混进他所归化的国家的军队里。虽然他从未把法国字的拼法拼对，说法国话总带意大利口音，但他已经成为一个法国人了。过了相当的时候他代表了一切法国道德最高的表现。在今日人们认他为高卢民族天才的象征。

拿破仑是一个做事敏捷的人。他一生的事业不过20年，在这短暂的期间，他所打的仗，得的胜利，行军走的里程，占领的土地，杀的人数，所施的改革与扰乱欧洲的范围，比任何人（连亚历山大与成吉思汗都在内）皆多。

他是一个身材矮小的人，在幼年时，他的身体不甚健康。他的面貌从来没有引动过人的注意，他在不得不出来应酬时，永远是笨头笨脑的模样。血统、门第、财富各种好处，他一件都没有沾光过。他少年大部分的日子是极其穷苦，一天不得一饱，或必须用点奇怪法门去做赚点小钱之类的事。

他的文学天才的希望极少。那时里昂学院悬赏征文，他的文章列在倒数第二，在16名应考的人中他第15。但他对他自己的命运，对他光荣的将来，有着不能动摇的绝对的信仰，所以他战胜了一切困难。野心是他生命的主动力。他的自我观念，他对于大写的"N"的崇拜（这个字母他用来签在一切信件上，也常现于他匆忙中造成的宫殿的装饰上），与他必须要将拿破仑这个名字，做成除上帝的名字以外世上最重要的东西的那种坚决意志，所有这些欲望把拿破仑捧到了任何人所不曾到过的声名的顶峰。

年少的波拿巴在当一名支半薪的中尉时，便已爱读希腊历史学家普卢塔克所著的《名人传》。但他从未想过要按这些古代英雄所定的品格的最高标准去做人，使人类与禽兽区别的那种顾虑与关切的情感，拿破仑似乎都没有。除去他自己，他究竟爱过旁人没有，我们很难有正确的断定。他对他母亲总是很有礼的，但是莱蒂齐娅是有大家妇女的风范与意大利母亲的气度，她知道怎样管理她的一群子女，怎样博得他们的尊敬。有几年内，他很爱他的美貌妻子约瑟芬（她是马提尼克岛一个法国武官的女儿，波哈内子爵的遗孀。

波哈内子爵因与普鲁士战争失败，被罗伯斯庇尔处死）。但后来因为约瑟芬不能生育，他便和她离了婚，重娶奥皇的女儿，因为这似乎是一个好政策。

土伦被围时，拿破仑当炮队司令，获得极大的名誉，他很细心研究马基雅维利。他遵守这位佛罗伦萨政治家的忠告，但于他便利的时候，也就不遵守了。"感激"这两字在他个人字典上是没有的。说句公道话，他也不希望旁人的感激。他对于人们的受苦漠不动心。他处死已被赦免的俘虏。1798年他在埃及时，知道无法把叙利亚的伤兵运到船上，便悄悄叫人用药把他们毒死了。只为"波旁王室需受一点警告"的唯一理由，他竟违背一切法律，将昂基安公爵由一个有偏见的军事法庭判处死刑。他下令凡是为他们国家的独立战争而被俘虏的德国军官皆需在最近的墙根边枪毙。蒂罗尔的英雄，霍费尔，经过一番很勇敢的抵抗之后，落到他的手里，便同一个寻常叛徒一样地被正法了。

总之，我们研究这位皇帝的性情之后，便可以明白何以英国的母亲们哄孩子睡觉，总要吓他们："若是你们不乖，那个拿男女孩子当早饭的波拿巴便要来捉你们了。"我们虽然说了这位古怪的专制魔王这许多坏话，然而他对于他军队的各部分却照顾得极其仔细，不过只忽略医药设备这一点。他的军服全被香水染污，因他受不住他的可怜兵士的汗臭。我已说过这些不中听的闲话，并且充分地预备再添许多，但我不得不承认我心里还有某种的怀疑。

我现在坐在一张很舒服的书桌前，桌上堆满书籍，我的一只眼睛在我的打字机上，另一只在猫身上，嘴里是在告诉你们拿破仑皇帝是个如何可鄙的人。但我若向窗外偶然一望，街上无数的车马突然停住，耳边听到一片鼓声，眼前看见那个短小精干的人骑着白马，穿着破旧不堪的蓝色军服，那我就不敢说我将怎么样了。恐怕我会抛掉我的书本、我的猫、我的家，以及一切东西，跟他就跑，不管他领我到哪里。我的嫡亲祖宗就是这样跟他跑了的，上帝知道他不是天生的英雄，还有无数别人的祖宗也是这样跟他跑了的。他们没有得到报酬，他们并不希望报酬。他们高高兴兴地把他们的手、足、生命都贡献给这个外国人，他把他们带到离家千里之外，向着俄、英、西、意、奥的炮火里进行，声色不动地看着他们在死亡的痛苦里打滚。

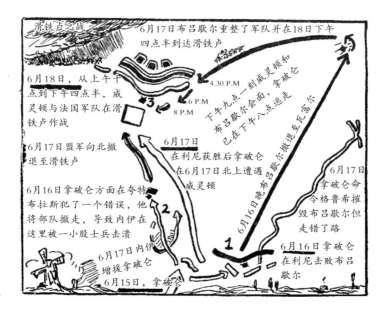

滑铁卢战役

假使你要我解释这个道理，我一定回答你"我不能"，我只能猜想出一个道理来。拿破仑是一个唱戏的最大角色，全欧洲都是他的舞台。在任何时候，任何情形之下，他懂得何种态度可以引起观众最大的注意，怎样说话可以给听众最深的印象。不管他在埃及的沙漠上，在狮首人身像与金字塔面前演讲，或对站在露水湿透了的意大利平原上冷得打颤的军人们训话，永远是一样的。他永远是时局里的主人，即在最后，他做了大西洋中一个小岛上的流犯，一个性命握在深沉执拗的英国政府手中的病人，他依然占据舞台的中心。

拿破仑被流放

自从滑铁卢大战失败之后，除去几个亲信的朋友之外，没有人见过这位伟大的皇帝。欧洲人明知他在圣赫勒拿岛上——明知有一个英国的守备军日夜监视他——明知监视朗伍德农场上那位皇帝的守备军外围还有英国的舰队。但是无论他的朋友或仇敌心里永远放不下这个人。等到疾病与失望夺去他的生命后，他的一双缄默的眼睛仍然不断地在世上憧憬着。即在今日，他仍然是法国生命中的势力，无异于100年前。不论他在俄国最神圣的克里姆林宫里喂马，或对待教皇和世上的伟大人物一如他的仆从，人们一见这位淡黄面色的人都会吓昏。

他的一生，只说一个大概，就得写两本书。若要说他对于法国政治的大改革，他所定的后来欧洲各国都采用的新法律，以及他在各方面的种种活动，那得写几千页。但我可用几句话解释何以他前半生的事业如此成功，后10年的如此失败。自从1789年至1804年，拿破仑是法国革命的大首领。他不只为他自己名字的光荣去战争。他战胜奥地利、意大利、英格兰、俄罗斯，因为他本人与他的士兵都是"自由、博爱、平等"的新信仰的传教徒。他们既是人民的朋友，也就是朝廷的仇敌了。

但在1804年，拿破仑自己做了法兰西世袭的皇帝，他召教皇庇护七世来给他加冕，甚至像800年利奥三世给法兰克的另一皇帝查理大帝加冕一样，因为查理大帝的榜样常在拿破仑的眼前。

这个老革命首领一旦登了宝座，变成了一个模仿哈布斯堡王室的失败者。他忘记了他的精神的祖宗，那个雅各宾的政治俱乐部。他已经不是受压迫者的保护人，而变成更甚的压迫者了，他的射击队永远准备枪毙反对他的旨意的人。1806年，神圣罗马帝国的黯淡的遗迹被扔进历史的垃圾桶的时候，古罗马光荣的最后的遗迹被一个意大利农夫的孙子毁灭的时候，没有一个人落泪的。但是等到拿破仑的军队进攻西班牙，强迫西班牙人承认他们所轻视的君王，并杀了那些忠于旧主的马德里人的时候，舆论便群起反对那位在马伦哥、奥斯特里茨以及其他无数革命战争中获得胜利的老英雄了。等到拿破仑已经不是革命的英雄，而成为前朝一切罪恶的化身时，也只在这时候，英国才能够指挥那个蔓延很快的仇恨的情绪，使一切忠实的人都做那位法国皇帝的仇敌。

英国人在一起头看到他们的报纸详载"恐怖政府"的可怕情

形，便感觉极其厌恶了。他们在100年前曾经演过自己的大革命（查理一世时代）。那次革命，比起这个掀天动地的巴黎事件只是一件极其简单的事情。在一般英国人的眼里，雅各宾党是一见就该枪毙的妖孽，拿破仑是一个魔王。英国的舰队在1798年便将法国封锁了。这个封锁打破了拿破仑的取道埃及进攻印度的计划。且使他在尼罗河两岸打了几次胜仗之后，不得不有一个不名誉的退兵。最后在1805年英国居然得到期待已久的时机。

在西班牙西南岸的特拉法尔加角附近，纳尔逊消灭了拿破仑的舰队，使他决无恢复的机会。从那时起，这位皇帝便被封锁在陆地上了。即使这样，他若能明白当时大势，接受列强提出的光荣和约，他还可以维持他为大众所承认的大陆主人。然而拿破仑的眼睛被他个人光荣的火焰所蒙蔽，他不承认有与他平等的人。他不能容让同他势均力敌的敌人。于是他的仇恨转到俄罗斯，就是那个无边无际的，有着供给不尽的炮灰原料的一片大平原的神秘地方。

只要俄罗斯为叶卡捷琳娜女王的半傻的儿子保罗一世所治，拿破仑就知道如何对付这个局面。但是保罗一天比一天地不负责任，致使他的义愤填膺的百姓不得不把他杀死（不然，他们都要被他送到西伯利亚的铅矿去了）。保罗的儿子沙皇亚历山大，对于篡夺帝位的拿破仑没他父亲对他那样的感情，他把他当作人类的仇敌，永远扰乱和平的人。他是一个笃信宗教的人，相信他是由上帝选定救这世界脱离这个科西嘉人的祸害的。他加入了普鲁士、英格兰、奥地利三国的团体，但他失败了。他尝试5次，5次都失败。1812年，他又痛骂拿破仑一场，骂得那个法国皇帝气昏了，赌咒要到莫斯科来主持讲和。于是四方八面的（从西班牙、日耳曼、荷兰、意大利、葡萄牙）无意战争的军队尽被驱往北方去，去为这位大皇帝的受伤的傲慢进行报复。这个故事的其余部分谁都知道的。拿破仑步行了两个月之后，来到俄国京都，把他的总司令部设在神圣的克里姆林宫内。1812年9月15日的夜间，莫斯科起了大火。这城延烧四昼夜。等到第5天晚上，拿破仑下令退兵。两星期后，天下雪了。他的军队在雪泥中跋涉，直到11月26日才到别列津纳河。俄罗斯的攻击便猛烈地开始了。哥萨克兵团团围住那个"伟大军队"。其实这已不成军队，而是一群暴徒罢了。12月中旬，第一批生还的人渐渐出现在德国东部的城市里。

于是便有不久将有变乱的谣言。欧洲人都说"摆脱这个难以忍受的羁轭的时机到了"。他们开始搜集那些摆脱了法国暗探的眼睛的旧枪。但没有等他们弄清楚事态，拿破仑已经带着一队新军回来了。他抛下他的败兵，坐着他的小雪车赶回巴黎，提出最后的增兵的要求，使他可以抵抗外国的侵略，以保法兰西的神圣疆土。

他向东进行去与联军接触时，跟随他的尽是些十六七岁的孩子。1813年10月16、18与19日，在莱比锡打了一场恶战。两边穿绿色军服与穿蓝色军服的孩子交战了3天，直至易北河尽成赤色。在10月17日的下午，俄罗斯步兵的后备队冲破法国的战线，拿破仑便逃走了。

他逃回巴黎。他让位给他的小儿子，但是联盟的列强非要已故的路易十六的兄弟路易十八即位不可，于是这位两眼模糊的波旁亲王，前后拥着哥萨克兵与东欧的轻骑兵耀武扬威地走进巴黎。

拿破仑呢，他已被任为地中海中厄尔巴小岛的元首。他在那里将他的马夫们组成一个小军队，在棋盘上作战。

但他一离开法国，人们便觉出他们的损失了。过去的20年，代价无论多大，总是一个极大的光荣时代。巴黎是全世界的首都。如今这个肥胖的波旁王，在他亡命的日子里什么也没有学到，什么也没有忘记，他的懒惰脾气使人人厌恶。

1815年3月1日，联军的代表们正预备起手瓜分欧洲地图的工作，拿破仑突然在戛纳附近登陆。不到一星期的工夫，法国军队脱离了波旁王室，奔往南方去，把他们的刀枪献给这个"矮小的军官"。拿破仑便一直向巴黎进兵，即在3月20日开到。这一次他格外小心了。他要求和议，但联军主张战争。全欧都起来反抗这个"不义的科西嘉人"。这位皇帝即向北进，希望在他敌人们的势力尚未联合之前，先将他们捣破。但这时的拿破仑已不是从前的拿破仑了。他觉着身体不爽快，他极易疲倦。在他必须起来指挥他的先锋队进攻的时候，他已睡下了。此外他又少了许多忠实的老将军，他们都已去世了。

6月初旬，他的军队开入比利时。6月16日，他战胜了布吕歇尔率领的普军。拿破仑命一个下级司令去追击败军，但是没有成功。

两日后，拿破仑在滑铁卢附近与威灵顿相遇。这日是6月18日，一个星期日。午后两点钟的时候，好像是法国人打胜了似的。3点的时候，东边地平线飞起一片灰土。拿破仑以为这是他的骑兵来了，这会把英国兵打碎。到了四点，他渐渐明白。老布吕歇尔连咒带骂地将自己筋疲力尽的军队一齐驱入战斗的核心。这个震动冲散了卫队的队伍。这时拿破仑已无别的后备队了。他吩咐他的士兵们各自尽力逃命，他自己也逃走了。

他第二次让位于他儿子。他逃出厄尔巴刚好100天，现在他向海岸逃奔。他打算到美国去。1803年时他曾将法国的路易斯安那殖民地（那时有被英国抢去的危险）廉价出卖给年幼的美洲共和国。所以他说："美国人会感激的，会给我一点点地方，一所房子，我在那里可以平安静穆地过我的余年。"但此时法国所有的海岸都有英国舰队监视着。拿破仑困于联盟军队与英国舰队之间没有办法了。普鲁士人非把他枪毙不可。英国人度量或者比较宽大些。他在罗什福尔等待着，希望或有什么转机。滑铁卢战后整一月，他接到法国新政府训令，命他在24小时内离开法国疆土。他永远是一个演悲剧的人，他写了一封信给英国的摄政王（这时英王乔治三世正在疯人院里），告诉他殿下，他愿意"把他自己交给他的敌人处置，并且像地米斯托克利那样，要求在他敌人的火炉边受款待……"

在7月15日那天，他上了"彼勒罗芬"号，将他的佩刀交给霍塞姆海军大将。在普利茅斯他改乘"诺森伯兰"号，由这船送他上圣赫勒拿岛。他在这个岛上消磨他最后的7年。他想过要写他的传记，他也同他的看守人打过架，他也梦想过过去的时代。最奇怪的，他又回到（至少在他的想象里）他从前的出发点。他记起他从事革命职业的那些日子。他设法使自己相信他是永远忠于"自由、博爱、平等"三大原则的，这些原则由衣衫褴褛的军人传遍了全世界。他喜欢讨论他的总司令和执政的经历。他不提那个帝国。有时他想起他的儿子莱西斯塔德公爵。这只小鹰住在维也纳，他的哈布斯堡的表兄弟们把他当作"穷亲戚"看待，他的表兄弟的父亲们听到"他"的名字就会发抖。他临终时，他正领着军队快要得胜了。他命令将军带着卫队向前进攻，就在这时，他便气绝了。

若是你要了解这个奇怪的生涯，若是你真要知道何以一个人只凭意志这点单薄势力，便可以治理这许多人在这许多年里，我劝你不要去读那些写他的著作。因为那些著作家不是恨这皇帝，便是爱这皇帝。固然你可以得到许多的事实，但是"感觉历史"，比知道历史尤其重要。不必读书，只要等机会去听一个好本事的艺术家，唱那《两个抛弹兵》的歌曲。这曲的词句是拿破仑时代德国诗人海涅编的，谱是德国的音乐家舒曼填的。舒曼在拿破仑觐见岳父德皇的时候，曾经见过这位皇帝，他的国家的仇敌。所以这曲子是由有种种理由可以痛恨这个暴君的两个人所编制的。

　　去听吧。听了之后，多少部书所不能告诉你的事情你都能知道了。

54. 神圣同盟

神圣同盟是一个不幸的男子与一个有野心的女子的共同工作

皇帝、亲王、贵族、特任全权大使、大臣们，以及大队的秘书、听差、食客们，所有这一切人的工作皆因这个可怕的科西嘉人（如今在圣赫勒拿岛烈日之下流汗）的突然归来而停顿，如今又各回各的职业了。于是他们大开宴会、花园酒会、跳舞会，庆祝胜利。跳舞会里的新奇骇人的"华尔兹舞"大为那些只记得前朝的舞蹈的先生太太们所不满。

他们隐居了几乎有一代之久。现在危险可过去了。他们滔滔不绝地诉说他们遭受的了不得的艰难。他们希望从前在那些说不得的雅各宾党手里所损失的每个小钱都有赔偿。这些雅各宾党曾敢杀死他们抹过香膏的国王，废除假发，废除凡尔赛宫中的短裤，而换用巴黎贫民窟的褴褛长裤。

我说到如此琐碎的事情你或者以为太荒谬了。但是维也纳会议就是如此继续不断的荒谬。讨论许多月"长裤短裤"的问题所引起代表们的兴趣远在将来如何解决萨克森或西班牙的问题之上。普鲁士王甚至定做一条短裤，证明他如何轻视一切革命的事物。

另一位日耳曼王，因为仇恨革命不肯落后，下诏给他的百姓，凡是已给那位法兰西篡位者纳过的租税，皆需给这合法的统治者再纳一次，因为他们在那科西嘉人的魔掌中时，他曾远远地爱护过他们。诸如此类的错上加错，直到人们喘着气大声说："何以人民不反对呢？"真的，何以不反对呢？因为这时人民已经筋疲力尽了，已经无可奈何了。若有和平，无论发生什么事，如何发生，在哪里发生，或他们受谁治理，他们一概不管了。战争、革命、改革，他们都头痛了、厌倦了。

在1780年的时候，他们都为自由欢舞。亲王们拥抱他们的厨子，公爵夫人们同她们的仆役们跳舞，他们坦白地相信平等博爱的太平世界终于在这万恶的世上出现了。但来光顾他们的不是那个太平世界，而是一位革命党委员带着10多个肮脏的士兵住在他们的客厅里。等到这个委员回巴黎去报告他的政府这个"被解放的国家"如何热烈欢迎法国人贡献给他们的宪法的时候，连家用的器皿都被他偷走了。

直到他们听见巴黎最末次革命的暴动如何被一个名叫波拿巴的少年军官用枪打死暴徒而镇压了，他们才松一口气。少一点自由、博爱与平等，倒是好一点。但不久这位名波拿巴的少年军官做了法兰西共和国的三位执政之一，以后又做了唯一的执政，最后做了皇帝。因为他比过去的任何统治者都能干，所以他压迫他的可怜百姓也格外厉害。他对他们毫无怜恤。他强迫他们的儿子们投军，强迫他们的女儿们嫁给他的军官们，他攫夺他们的绘画、雕塑，去装饰他自己的博物馆。他把全欧洲变成武装的军营，他杀死几乎一代的人物。

开往特拉法尔加

如今他走了，人民（除去少数职业军人以外）只有一个愿望。他们希望不要搅扰他们。他们曾在一个短时期内获得治理自己，选举市长、市议会议员、法官等各种权利。但这制度大大地失败了。新的当局者既无经验，而又奢侈。因为全然失望，人民便转向前朝的代表们说："你们来治理我们吧，像你们从前所治的一样。告诉我们，我们欠你们多少租，让我们在一边，不要理我们。我们忙着弥补自由时代的损失呢。"

支配著名的维也纳大会的人们，实在已经竭力设法满足这种需要安息与清静的渴望。那个神圣同盟大会的主要结果，将警察变为国家最重要的官吏，对于有敢批评政府一点行为的人处以最严厉的刑罚。

欧洲已经有了和平，但这是坟墓中的和平。

维也纳大会的三个首要人物是俄国的沙皇亚历山大，代表奥地利的哈布斯堡王室利益的梅特涅与曾经做过欧坦的主教的塔列朗。塔列朗纯粹靠他的狡猾与聪明，在法国政府的几度变迁中始终维持他的地位。现在他到奥地利京城来，要为他的祖国从拿破仑的破坏中保存些可以保存的东西。这个不速之客，到大会里来好像是被请的客人那样高兴。果真不久他便坐上首席，用他有趣的故事款待大家，用他优美的态度博得来宾的好意。

他来维也纳不到24小时，便已知道联盟的国家分为两个壁垒。一边是想要占领波兰的俄罗斯与想要并吞萨克森的普鲁士；另一边是奥地利与英格兰，这两国正在设法阻止那一边的侵略，因为不论普鲁士或俄罗斯执了欧洲的牛耳，都于他们不利。塔列朗大施手腕挑拨两边的意见，法国人逃避了欧洲人在拿破仑治下所受的压迫，全是塔列朗的力量。他这样的辩论，法国人民对这事情是没有办法的。拿破仑强迫他们行使他的命令。现在拿破仑已经走了，路易十八即位了。"给他一个机会试试。"塔列朗恳求着。联盟各国因为愿意看一个革命的国家能有一位合法的国王，便好意地答应了。波旁王室得到了机会，但是他们如此不会利用，结果15年后便被驱逐了。

使神圣联盟害怕的幽灵

维也纳三巨头政治中的第二位就是奥地利首相梅特涅、哈布斯堡王室外交政策的首领。梅特涅亲王是一个大贵族，一位翩翩美绅士，态度很文雅，家境极殷富，人也极其能干。但他是在这么一个社会里生长的，那个社会离着在城市里做苦力的，在田间工作的，汗流浃背的群众老远老远的。法国大革命爆发的时候，梅特涅还是一个在斯特拉斯堡大学读书的青年。斯特拉斯堡是法国革命歌Marseillaise（《马赛曲》）的产生地，是雅各宾党活动的中心。梅特涅记得从前他的愉快的社交生活很可惜被打断了，无数没能力的市民忽被召到前方去做于他们不合适的事情，暴徒们杀死完全无辜的人们来庆祝新自由的诞生。但他没有看见民众的诚恳的热忱，也没有看见给国民大会的衣衫褴褛的军队（由城市开赴前线去为法兰西祖国效死疆场）送面包和水的妇孺眼睛里的一线希望。

整个的事情使这个奥地利青年满心的厌恶。这是野蛮。若要战争，必须让精神十足的青年穿上美观的军服，骑着修饰整齐的战马，隔着绿野互相攻击。若使全国尽成一个臭不可闻的武装军营，在那里一夜之间流氓便可升做将军，那不但是坏事，并且是没有道理的。"你们看你们的好理想的结果是什么？"梅特涅在一位奥地利大公爵的小小宴会席上对法国的外交官说："你们要求自由、平等、博爱，你们却得到了拿破仑。假使你们满足固有的秩序，不比这个好得多吗？"他又解释他的"巩固"的制度。他又提议恢复战前好时代的常态，那时人人都快活，没有人说那种"人人都是一样好"的不通话。他说这些话的态度完全是诚恳的。因为他是一位意志坚强颇有说服人的能力的能干人，所以他是革命思想的大仇敌。他活到1859年时才死去，他这样长寿，所以能看见他的政策的完全失败——1848年的革命把他的政策推翻了。那时他便成为欧洲最恨

328

的人，有许多次他几乎被愤怒的市民处私刑。但他至死相信他做得不错的。

他始终相信人民宁可要和平而不必要自由，所以他设法把于他们最有益的东西给他们。说公道话，他之树立普遍和平的努力还算成功的。列强间彼此没有残杀者约有40年，真的，直至1854年方有俄、英、法、意、土耳其之间的克里米亚战争。这样长久的和平实是欧洲大陆上的一个纪录。

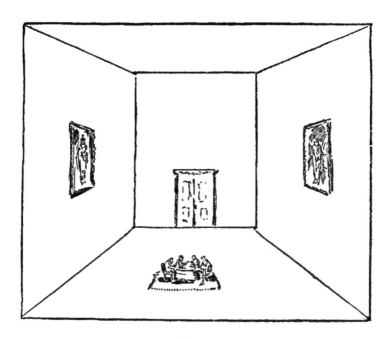

维也纳真正的国会

这个华尔兹舞会议中的第三个英雄就是沙皇亚历山大。他是在他祖母，那位著名的叶卡捷琳娜的宫内生长的。一面这位精明的老妇人教他一生需以俄罗斯的光荣为最要，一面他的教师，那位崇拜伏尔泰与卢梭的瑞士人在他脑筋里灌满了人类的爱。这个孩子长大来，变成一个自私的暴君与用感情做事的革命家的奇怪的混合物。当他的疯癫的父亲保罗一世在位时，他曾受过极大的侮辱。他曾被强迫去看拿破仑战场的大杀戮。后来潮流转了方向。他的军队替联盟方面打了胜仗。于是俄罗斯便做了欧洲的救主。这位大国民的皇帝被称为救济世人许多疾病的半仙。

然而亚历山大并不如此聪明。他不如塔列朗与梅特涅两人懂得男女的心理。他不懂外交上稀奇的把戏。他好虚荣，（在那个情形之下，谁不如此呢？）喜欢听群众的喝彩。不久他便成为会议中引人注目的主要人物。这时候梅特涅、塔列朗与卡斯尔累（最能干的英国代表）三人围桌而坐，一边喝酒，一边决定了要怎样做。他们因为有用得着俄罗斯的地方，所以对于亚历山大极其恭敬。但他个人对于会议的实际工作关系愈少。他们愈是高兴。他们甚至鼓励他进行他的神圣同盟的计划，为使他的全副精神有所专注，可以不来干涉他们要办的事。

亚历山大是一个好交际的人，他喜欢赴宴会，喜欢见人。在这样的时候，他便高兴快活。但他的性格里还有别的一种成分。他竭力想要忘记一件他所不能忘记的事情。1801年3月22日的夜间，他坐在圣彼得堡的圣米哈伊尔宫中一间屋子里，等他父亲让位的消息。但是保罗拒绝在酒醉的军官们放在他面前桌上的文件上签名。这些军官在盛怒之下，用一条围巾套住他的脖子，将他勒毙了。于是他们下楼来告诉亚历山大，他已是俄罗斯全境的皇帝。

这个可怕的一夜的回忆永远不离这位神经灵敏的沙皇。他曾在那些不信上帝而信人类理性的法国大哲学家的学校里受过教育。但在他的情景里，单只理性是不能满足的。他渐渐凭空听见声音，看见东西。他想要找一方法使他对得起他的良心。他变成极其虔诚，并且渐渐注意起神秘主义。这种喜爱神秘与不可知的奇怪心理，和底比斯与巴比伦的庙宇一样古老。

大革命时代的强烈感情使那时代人的性质受到奇怪的影响。经过20个忧患恐怖的年头的男女，心理上已经不是常态的了。不论什么时候门铃一响，他们便跳起来。也许门外送来的就是一个独生子在战场上战死的消息。革命的"友爱""自由"这类字眼，在忧伤过度的农民们听来只不过是些空话。不管什么东西，可以给他们对于可怕的人生问题一个新的把握，他们便抓住了不放。在忧愁痛苦之中，他们很容易受许多骗子的欺骗。这些骗子冒充先知，宣讲由《默示录》里极隐晦的章节里挖出来的新教旨。

曾经请教过许多卫士的亚历山大，在1814年听见一个新起的女先知，在预言世界未来的命运，并在劝人及早忏悔。我们所讨论的女子，克吕丹奈尔男爵夫人，是一个年龄与名誉全都靠不住的俄国女人。她做过保罗皇帝时代一个俄罗斯外交官的妻子。她花尽了她丈夫的财产，又以她离奇的恋爱故事侮辱她的丈夫。她的生活极其放荡，弄到后来，她的神经受不住了。在一段时间内她的心理变态了。后来她看见一位朋友的暴死，她便皈依宗教，从此她便轻视世间一切行乐。她在一个鞋匠的面前忏悔她过去的罪恶，这个鞋匠是一个虔诚的摩拉维亚教徒，是那位老宗教革命家约翰胡斯的信徒，约翰胡斯就是那个因为他的异教在1415年被君士坦丁会议烧死的人。

以后的10年里这位男爵夫人在德国劝导国王与亲王们皈依宗教。她一生最大的野心就是欲使那位欧洲的救主亚历山大感觉自己的过失。至于亚历山大呢，正在苦闷之中，所以无论何人，带给他一线希望，他都愿意听从。这个接见也就容易安排了，1815年6月4日的晚间，她被召入亚历山大的帐幕里。她看见他正在读经。我们不知道她对亚历山大说些什么话，但知道在她离开他3个小时之后，他便泪如泉涌，赌着誓说："他的灵魂终于寻到平安了。"从那天起，这位男爵夫人便是他的忠实伴侣，他的精神上的顾问。她随同他到巴黎，又到维也纳，反正亚历山大不把时间消磨在跳舞场里，便消磨在克吕丹奈尔祈祷会里。

你也许要问我何以我把这故事说得如此详细？难道19世纪的社会变迁还不如这个神经错乱的最好被忘掉的女人的生命重要吗？当然社会变迁重要得多了，不过关于这类事情已有许多记载得很正确很详细的书籍了。我要你们从这部历史里不但学到些连贯的事实，且要你们在研究一切史事时，任何事情都不可认为当然的。不要只以"某某事情在某时某地发生"的单纯叙述为满足了。应该设法找出每个动作后面隐藏的动机。那样，你对于你周围的世界才能知道清楚些，也就更有帮助旁人的机会。这是唯一真正令人满意的生活方法。

我不愿意你们想神圣同盟只是一张空纸，在1815年签字之后，放在国家档案中忘掉便完了。也许人们已经把它忘掉了，但是一点没有完。有了神圣同盟，然后才有那于美国人生命有重要关系的门罗主义（即美洲是美洲人的美洲）。因为这个缘故，所以我要你们切实明白这个盟约是如何发生的，与这位沙皇的虔诚和基督教徒服务的热忱表皮下真正动机是什么。

神圣同盟是一个不幸的男子与一个有野心的女子的共同工作。这个男子精神上受过极大的刺激，如今想要设法安慰他的极其不安的灵魂。这个女子自从经过一个放浪生活之后，已经失去她的美丽与魔力，于是她自命为一个新奇宗教的弥赛亚，以满足她的虚荣与求名。我告诉你这些详细情节，并不是要泄漏什么秘密。脑筋如此清楚的卡斯尔累、梅特涅、塔列朗诸人，很知道这个感情用事的男爵夫人的能力有限。若是梅特涅要把她送回她德国的田庄去是很容易的事。只需写几行字给帝国警察的万能的总司令便成了。

但是法兰西、英格兰都要仰仗俄罗斯的好意。他们不能触怒亚历山大。他们所以容忍这个愚蠢的老男爵夫人，因为他们不得不如此。他们虽然把神圣同盟看作完全是废物，把它写下来，真是糟蹋了纸张。然而他们耐心听着沙皇读他要以《圣经》为基础创造人类同胞情谊的第一次草稿。这就是神圣同盟所要做的，在这个文件上署名的人很庄严地宣言："在各国的行政上以及各个政府间的政治关系上，皆需以神圣宗教的教旨即公道，基督的仁爱与和平，为唯一的指导。这个教旨不单只应用在私人的关系上，还需在各国国王的会议上有直接的影响，且需指导他们一切的行动，作为团结人类制度以及救济它们的缺点的唯一方法。"他们且又互相约定，他们需以"一种真的不能分解的友谊的约束互相结合，彼此皆需认为同国之人，无论何时、何地，皆需彼此帮忙。"此外还有许多同样意义的话。

结果这个神圣同盟，奥地利皇帝因为对它一字不懂，所以签了名；波旁王室因为欲得拿破仑的旧仇的友谊所以签了；普鲁士王因为希望亚历山大赞成他的大普鲁士计划所以签了；至于欧洲各小国因为全在俄罗斯势力之下所以也都签了。英国始终没有签，因为卡斯尔累认为这整个的东西只是废话。教皇也没有签，因为他不愿让一个希腊教徒和一个新教徒干涉他的事情。苏丹也没有签，因为他对这件事情压根儿就没有知道。

虽然如此，不久欧洲一般人民不得不注意起来了。神圣同盟的空话的背后，有着梅特涅在列强中组织的五国联军。这些军队是要有点作为的。他们要使大家知道欧洲的和平不能让所谓的自由党人破坏。这些自由党人实际只是变相的雅各宾党，希望恢复革命时代的日子。此时对于1812、1813、1814、1815年的自由战争的热忱已渐消灭。大家诚恳地相信幸福的时代就会出现。那些适当战事之冲的军人都希望和平，他们也就这样说。

他们却不愿要神圣同盟与欧洲列强会议赐给他们的和平。他们大呼他们受骗了。但他们很谨慎，只怕他们的话被秘密政治侦探窃听去。因为这时反动派已经得胜了。这个反动是由实在相信他们的方法是于人类幸福必要的人们造成的。但它却与动机不如此好的行为一样的不好受。它引起了许多不必要的苦痛，大大妨害了政治发展上有秩序的进步。

55. 大反动

他们压制一切新思想，以保证这世界有一个和平时代

　　要除去拿破仑大洪水所酿成的损失，几乎是不可能的。古老的篱笆已被扫荡。20多朝的宫殿已被破坏得不堪居住。但是有的府第，牺牲了不如他们幸福的邻邦，反而大大地扩充了。洪水退去，留下好些革命理论的奇怪的七零八碎，要除去这些零碎不能不使全社会发生危险。但大会里的政治工程师已经尽了他们所有的能力。以下是他们所成就的。

　　法兰西扰乱世界的和平这样多年，人民几乎本能地畏惧那个国家了。波旁王室已由塔列朗代为答应好好地做。但那"一百天"的日子已使欧洲知道，假使拿破仑二次再逃回来，会有怎样的局面。因此荷兰共和国改为王国，比利时（它在16世纪时没有加入荷兰独立战争，从那时起哈布斯堡的领土，先受西班牙治理，后受奥地利治理）成了这个尼德兰新王国的一部分。这个结合，不论在新教的北方，或旧教的南方，都没有人愿意的，但是并无抗议。为欧洲和平起见似乎这是好的，而欧洲和平正是当时的主要问题。

波兰本来抱着大的希望，因为波兰的曹尔托里斯基亲王，是沙皇亚历山大的一个亲密朋友；而且在战争时，在维也纳会议中，都做他的顾问。但是波兰变成俄罗斯的半独立的一部分，亚历山大做了它的国王。这样解决方法不能得到任何人的喜欢，并且引起许多恶感，与第三次革命。

自始至终为拿破仑忠实联盟的丹麦受到很严厉的惩罚。7年前，英国的舰队驶入卡特加特海峡，并不宣战，也不给任何警告，便用大炮轰击哥本哈根，掳去丹麦的舰队。因为怕这舰队被拿破仑利用。维也纳的会议更进了一步。它从丹麦手里夺取挪威（挪威自从1397年卡尔马联盟之后，便与丹麦联合）转送给瑞典的查理十四，酬谢他背叛拿破仑（查理十四本是拿破仑立的）。这个瑞典王奇怪得很，原是法国的一个军官，名叫贝纳多特，他到瑞典来，是拿破仑的一个副官，因为霍尔斯泰因——哥特普鲁士国王室最后的王死后，没有子嗣，便请他登了这个好国家的王位。他自1815年至1844年以全副精力治理他的归化的国家（他永远没有学会这国的语言）。他是一个聪明人，很受他的瑞典、挪威两国百姓的尊敬。但他并未将这两个受自然与历史分离的国家联络成功。这个斯堪的纳维亚联立国家始终没有告成。1905年，挪威以极和平、极有秩序的方式造成一个独立的王国，而瑞典祝它事业兴隆，很聪明地让它自主了。

意大利自从文艺复兴的时代以来，一向是在一连串侵略者的掌中，所以对于拿破仑也有极大的希望。但是拿破仑皇帝却使他们大失所望。人民所希望的统一的意大利，却被分为无数小的侯国、公国、共和国以及那个教皇国。除去那不勒斯之外，教皇国在这半岛上是治理最坏最可怜的区域。维也纳会议废除了几个拿破仑所立的共和国，恢复几个旧王国以代之，并将这些旧王国交给哈布斯堡王室中有资格的分子（男女皆有）的手中。

可怜的西班牙人，首先发起反抗拿破仑的国民大运动，为他们的国王牺牲了国内最善良的分子。而在这个会议允许国王陛下复位的时候，他们反倒受了极大的刑罚。这个可恶东西（斐迪南七世）的最后4年做了拿破仑的囚犯。他利用他的时间编织他所喜爱的守护神的袍褂。他重新恢复从前革命所废止的教皇法庭与酷刑室，以庆祝他的复辟。他是一个令人厌恶的人，他的百姓同他的4个妃子一样看不起他。只有神圣同盟维持他的合法王位。西班牙的百姓努力铲除这个祸根，使西班牙成为立宪王国，得到的只是流血与枭首的结果。

葡萄牙自从1807年王室逃奔巴西殖民地以后，就没有国王。这个国家当1808年至1814年之间半岛战争时代做威灵顿军队的军需供给地。1815年以后，葡萄牙继续为英国的属地，直至布拉干萨王室回归王位为止。

这个王室中的一位留在里约热内卢为巴西皇帝。这唯一的美洲帝国，只生存了不多几年，到了1889年便成为共和国了。

在东方，斯拉夫人与希腊人，仍然为苏丹的子民。他们的痛苦情形并未改善。1804年一个塞尔维亚牧猪的人，名叫黑乔治（他是首创卡拉乔尔杰维奇王朝的人）开始反叛土耳其。但他被他的敌人打败了，又被敌对的，而他误认为朋友的塞尔维亚首领名叫米洛什·奥布雷诺维奇（他是奥布雷诺维奇王朝的创造者）的人所杀。于是土耳其人继续为巴尔干半岛无人抗衡的主人。

在2 000年前失去独立，而曾为马其顿、罗马、威尼斯、土耳其的百姓的希腊人本来希望他们的国人，科孚岛的加波·蒂斯特利亚和曹尔托里斯基（亚历山大一个最亲密的朋友）可以给他们做点事情。但是维也纳会议对于希腊人不产生兴趣，而对于维持"合法"的君主（不论他是基督徒、伊斯兰教徒或其他教徒），则有极大的兴味。因此任何事情也没有做。

这个会议最后的，或者也是最大的错误，就是对待德意志的办法。宗教改革与三十年战争不仅毁坏了这个国家的繁荣而且把它变成一堆没有办法的政治垃圾。其中有两个王国，几个大公国，无数公国，几百侯国、男国、选侯国，自由城市、自由村落，皆由向来只能在喜剧台上看见的各色各样的稀奇古怪的君王所治理。腓特烈大帝创造一个强大的普鲁士的时候，曾把这个情形改变了，然而新的情形在他死后不久也就完了。

拿破仑拒绝承认大多数要求独立的小国家之后，300多个国家之中只有52国仍然生存在1806年。在独立战争的那些年内，许多青年军人梦想一个新的祖国必须是强壮而统一的。但是没有一个强有力的领袖是不能统一的，谁是这个领袖呢？

说德语的地方计有五个王国。其中奥地利与普鲁士的两位统治者是蒙神恩的君主。巴伐利亚、萨克森与维滕堡的三位君主是蒙拿破仑恩惠的君主。他们既然是拿破仑皇帝的忠仆，其他德国人对于他们的爱国心自然不大相信了。

维也纳会议设立一个新的德意志联邦，是38个有主权国家的联盟，以奥王（当时称为奥地利皇帝）为盟主。这是一种权宜的办法，谁也不能满意的。诚然，另外还有一个德意志会议，在昔日德皇加冕的法兰克福都城集会，讨论"共同政策与重要事务"。但在这个会议中，38个委员代表了38种不同的利益，因为没有全体一致的投票，所以不能有决议的（这种议会的规则在前几世纪内毁了大波兰王国）。不久这著名的德意志联邦便成了全欧洲的笑柄，而这个老帝国的政治渐渐与1840及1850年的美洲中部各国的情形类似了。

这个情形太侮辱了那些为民族的理想而牺牲一切的人民。但这会议并不注意"百姓"的个人感情，而讨论也就告终了。

有人反对吗？必然有的。一到人们对于拿破仑的仇恨情感平静了——一到大战的热忱消沉了——到人民完全理会到顶着"和平与稳固"的名义所犯的罪过，渐渐就有怨言了。他们甚至示威要公然革命。但是他们能做什么呢？他们没有势力。他们是屈服在从未见过的残酷而有效率的警察制度的势力之下。

维也纳会议的代表坦白笃实地相信"革命原则曾经引起前皇拿破仑篡位的罪孽"。他们感觉他们的责任乃是铲除那些相信所谓"法兰西理想"的党徒就像菲利普二世只凭他良心的指挥，烧死新教徒或吊死摩尔人一样。在16世纪之初，凡是不信教皇有神圣权利可以随意治理他的百姓的人就是"异教徒"，而所有忠实市民的责任就是弄死这个异教徒。19世纪的初年，在欧洲大陆上，凡是不信他的国王有神圣权利，可以随他的意或他首相的意治理他的人就是"异教徒"。所有忠实市民的责任就是把他告发给最近的警察而看着他受罚。

但是1815年的统治者已在拿破仑的学校里学到了效率。他们做的事情比较1517年时好多了。1815年至1860年是一个政治侦探的大时期，到处都是侦探。自王宫以至最下等的酒馆，都有他们的足迹。他们窥探内阁会议室门上的钥匙孔，窃听坐在公园长椅上呼吸新鲜空气的人们的谈话。他们防守边境，以免那些没有正常签证的人离境。他们检查一切箱笼，为使凡有危险性的"法兰西思想"的书籍不能运进他们国内。他们坐在教室的学生队里，若有敢说一个反对现状的字的教授立刻就会遭殃。他们尾随男女孩子到礼拜堂，以防他们怠惰。

许多的职务，皆由教士们帮助。在革命时代教会所受的损失极大。教会的财产皆被没收。有几个神父被杀死。公安委员会，在1793年10月取消了上帝的崇拜。以前曾从伏尔泰、卢梭与其他法国哲学家学到思想的一代，这时用"理性"做他们的偶像。神父们随着贵族们去做亡命客。现在他们紧随着联军回来，要开始复仇了。

连耶稣会也在1814年归来，恢复他们从前教育青年的职业。这个教派对于教会的仇敌的斗争有点过于成功。它到处都划分"区域"，把基督教的福音传授给当地人。但是不久，它却发展成一个正式的贸易公司，永远干涉行政当局。当葡萄牙的大改良家逢巴尔侯爵执政时，他们被逐出葡萄牙的疆土，在1773年因为信奉天主教的欧洲列强的请求，教皇克莱门特十四将这个教派封禁了。现在他们又回来，讲"服从"和"对于正统的朝廷之爱"的原则给孩子们听，而这些孩子的父母们曾经在临街的橱窗看过玛丽·安托瓦内特被绑至结束她苦痛的断头台的。

但在新教的国家如普鲁士，情形一点也不见好。1812年的爱国领袖们，就是鼓吹对于那个篡位者应有一个神圣战争的诗人与著作家，现在都被骂为危险的煽动家。他们的家都被抄过，书信都被检查过。他们必须按期报告警察，说明他们的日常行动。普鲁士政府对于青年的一代大肆蹂躏。一群学生在老沃尔茨瓦堡开了一个热闹然而无害的庆祝宗教改革300年纪念大会，普鲁士的官僚便认为这是一个紧要的革命了。一个诚实有余、智慧不足的神学学生谋害了一个在德国活动的俄国政府的侦探，因此所有的大学都要受警察的监督。教授们不经正式审判，便被下监，或被革除。

在俄罗斯，这种反革命的活动当然更荒唐了。亚历山大的虔诚的病症业已复原。他又渐渐变成忧郁症。他很知道他的能力有限，也知道他在维也纳如何做了梅特涅与那个克吕丹奈尔女人的牺牲品。他的后背一天一天转向西方，变成真正的俄罗斯统治者。他的兴趣是在君士坦丁堡即是斯拉夫族第一个教师的老圣域。他年岁越大，做事愈勤，但能成功的愈少。他独坐在书斋时，他的大臣们已将俄罗斯整个地变成一个军营。

这不是一幅美丽的图画。这个大反动的描写也许还可以缩短些。但对于这时代你不妨有个透彻的认识。要将历史的钟向后拨转，这不是第一次，结果总是一样的。

56. 民族独立

民族独立的精神太强，不能这样消灭

若说"假使维也纳会议没有采用这样的政策，而做了别样的事情，19世纪的欧洲历史一定不如此"，这是没有什么用处的。维也纳会议里是一群刚刚经过一个大革命与20年可怕的、几乎永远不断的战争的人们。他们来集会是为给欧洲"和平与稳固"。他们以为这是人民所需要、所要求的。这些人就是我们所称的反动派。他们实在相信全体人民没有自治的能力。于是他们把欧洲地图改变了，以为如此改变可以担保永久成功的可能。他们失败了，但并不因为他们蓄有什么恶意。他们大部分都是旧派人，往往追想他们年轻时代的幸福日子，热烈地希望再有那样的幸福时代。他们没有认识许多革命的原则已深入欧洲大陆上人民的心里。那是不幸，不能称为罪过。但法国大革命给了欧洲，同时也给美洲一个教训，就是人民都有"民族自立"的权利。

那位不尊重任何事情与任何人物的拿破仑，对待民族精神与爱国精神极端专横。早年的革命军宣布过："民族自立的精神，并非政治疆界或圆颅、宽鼻的问题，乃是心与灵魂的问题。"他们一面教给法国儿童法兰西民族的伟大，同时鼓励西班牙人、荷兰人、意大利人同样地教给他们的儿童。那些相信卢梭的原人有高等道德之说的人们便开始挖掘古代的遗物，找到了埋在封建制度的废址之下的大民族的遗骨。他们认为他们即是这个大民族的弱小的后裔。

19世纪的前半叶是历史上的大发现时期。各地的历史学家都忙于印行中世纪的特许状与中世纪早年的编年史，结果每个国家对于自己的祖国都发生一个新的自尊心。这种感情大都是根据历史事实的错误解释而来的。但在实际的政治上并不在乎什么是真的，一切事情全靠人们相信是真的。许多国的君主及人民都深信他们的祖宗有大的光荣和名誉。

维也纳会议并不偏于感情。那些大人先生们以6个王室的最大利益为根据，划分欧洲的地图，将"民族精神"和其他一切危险的"法兰西观点"一同列入禁书之内。

但是历史是不管什么会议的。不知什么原因（或者这是学者们一向没有注意到的历史上的一个公律），"民族"好像于人类社会有秩序的发展上是必需的。阻止这个潮流的企图就像梅特涅努力妨碍人民思想一样地不能成功。

奇怪得很，最初发生问题的，是在世界极远部分的南美洲。大陆上的西班牙殖民地在拿破仑战争那些年内曾享受过一个比较独立的时代。他们甚至于当他们的国王做了法皇的囚犯时，仍然尽忠于他，并且1808年拿破仑封他兄弟约瑟夫·波拿巴为西班牙王，他们坚不承认。

美洲受到革命扰乱最甚的地方实在只有海地岛，就是哥伦布第一次航海所到的挨斯巴奴拉。1791年，法兰西大会议忽然发动了仁爱与人类同胞的情感，将白色主人所享受的一切权利赐给这里的黑色同胞。但同样地忽然又反悔了这举动。可是收回成命的企图引起了拿破仑的姐夫勒克雷尔将军和黑人的酋长杜桑·卢维杜尔之间许多年的恶战。1801年，杜桑被请去见勒克雷尔，商议讲和条件。勒克雷尔很郑重地允许他，以后不再打搅他了。他相信了他的白色仇敌，便被放到一条船上，不久便死在一座法国的监狱里。然而黑人照旧得到他们的独立，建设了一个共和国家。适逢其会的，他们给了那个正在拯救他的国家脱离西班牙羁绊的南美洲第一爱国大志士极大的帮助。

西门·玻利瓦尔是委内瑞拉的加拉加斯人，生于1783年，曾在西班牙受过教育，后游历巴黎，看见革命政府的活动。以后他在合众国住过几时，便回到本国，那时弥漫全国的对于宗主国西班牙的不满已渐成形。1811年，委内瑞拉宣告独立，玻利瓦尔为革命将军之一。在两月之间，叛党败北，玻利瓦尔出亡。

以后的五年里他做了一个显然失败的运动的领袖。他牺牲了他的一切财产，要是没有海地总统的援助，他也不能再有他末次成功的远征。从那时起，革命运动便蔓延了南美洲全地，而且不久西班牙渐呈不得外援不能压服这个变乱的形势了。它求援于神圣同盟。

这一步很使英国发愁。此时英国商船已继荷兰商船为世界的运输者，他们希望由南美洲全体宣布独立，可以收获极大的利益。他们希望美利坚合众国出来干涉，但是参议院里并无这样的计划，众议院里也是如此，有许多人宣言应该让西班牙有自由处置的权利。

正在那个时候，英国内阁改组。辉格党退出，托利党入阁。乔治·坎宁为首相，他给了一个暗示：假使美国政府肯宣言否认神圣同盟对于南美大陆的革命殖民地所订的计划，英国一定欣然以它舰队的全力帮助美国政府。于是门罗总统在1823年12月2日在国会里宣言："联盟各国想要扩充他们的制度到西半球的任何部分，美国都认为危害我们的和平与安全。"且又警告："美国政府认为神圣同盟这样的行为，是对于合众国一种非友谊的态度的表示。"四个星期之后，门罗主义的原文便披露在英国的报纸上，于是神圣同盟的会员们不得不决定他们行动的方针了。

梅特涅踌躇不决。在他个人本来宁愿惹合众国（那国的海陆军自从1812年英美战争结束之后，一无准备）不悦。但是坎宁的恫吓态度与大陆上的骚扰不得不使他特别小心。那个远征始终没有实现，因此南美与墨西哥获得了独立。

至于欧洲大陆的事变来得快而且猛。神圣同盟在1820年已遣法国军队到西班牙去维持治安。奥地利军队为同样的目的也被调到意大利。那时烧炭党（一个秘密的结社）正在宣传统一意大利，且又掀动一个变乱，反抗那位难以形容的那不勒斯的斐迪南。

俄罗斯方面也传来不妙的消息，据说，亚历山大之死乃是圣彼得堡一个革命暴动的征兆。这个暴动，就是所谓的"十二月暴动"（因为是在12月发生的），是一个短期的，但是流血的暴动。结果许多厌弃亚历山大末年的反动，而设法要使俄罗斯成为立宪政府的良善爱国志士都被吊死了。

但是更坏的事情还在后面呢。梅特涅在亚琛、特洛波、莱巴赫，最后在维也纳开了几次会议，保证他的背后有欧洲各朝廷的拥护。列强的代表都按时跑到奥地利首相去避暑的舒服的温泉场。他们始终答应一定尽力压服叛乱，但是谁都没有必定成功的把握。民心渐渐地恶劣，特别是在法国，国王的地位极不稳固。

真正的事变却在巴尔干半岛开始。这个半岛自从有史以来便是欧洲大陆侵略者进攻西欧的门户。最初的暴动在摩尔达维亚，就是古罗马的达谢省。这省自从3世纪与帝国分离，便成了无主的地方。那里的人民继续用古罗马的言语，仍称自己为罗马人，称他们的国家为罗马尼亚。1821年，一个希腊少年伊普西兰蒂亲王，在此处发起反对土耳其人的运动，他对他的党人说，他们可以依靠俄罗斯的帮助。但这时梅特涅的捷足使者已经起程赶往圣彼得堡。沙皇已完全被奥地利的辩论说服，赞成"和平与稳固"，而拒绝帮助。因此伊普西兰蒂不得不逃奔奥地利，在那里坐了7年监狱。

在同年（1821年），希腊也发生变乱。自从1815年希腊的爱国志士结了秘密社，已在准备革命。他们突然在摩利亚（即古伯罗奔尼撒）树起独立的旗帜，赶走土耳其的守备军。土耳其人仍用老法子来对付他们。他们捕获君士坦丁堡的希腊大主教（希腊人与许多俄国人都尊之为他们的教皇），将他同他的许多主教一并在1821年的复活节的星期日吊死了。希腊人回来将摩利亚的都城（特里波利斯）里所有的伊斯兰教徒一齐杀死。而土耳其人便攻击希俄斯岛报复他们，杀死了25 000基督徒，又将其余的45 000教徒卖给欧洲与埃及做奴隶。

于是希腊人便求助于欧洲各朝廷，但梅特涅对他们说了许多让他们"自作自受"的话。我并不是说笑话，不过引用这位沉默的宰相对沙皇说的"变乱的火必须在文明区域之外烧尽"。各边疆都被封锁起来，不让那些要去拯救爱国的希腊人的志愿军前去。他们的运动似乎已经失败了。但因土耳其人的请求，一支埃及军队在摩利亚登岸。不多几时，土耳其的旗帜重又飞扬在雅典的古代要塞雅典卫城之上了。于是埃及军队按"土耳其式"（即残杀方法）平服了这个国家。梅特涅却欣然静观这个过程。等那反对欧洲和平的举动变成往事的一日。

破坏他的计划的又是英国。英国的伟大光荣不在它广大的殖民地，也不在它的财富或海军，乃在它一般人民的沉着的英气与独立的精神。英国人所以服从法律，因为他知道文明社会与狗窝的差别就是尊重他人的权利。但是他可不让旁人承认干涉他的思想自由的权利。假使他的国家做了些他认为不对的事情，他便立起身来指出那不对的地方，而受他攻击的政府便会尊敬他，好好保护他，使他不受暴徒的伤害——现在的暴徒也与苏格拉底时代的一样，往往喜欢毁灭比他们勇敢聪明的人。凡是一个好的观点或好的运动，无论怎样地不受欢迎，或发生得多远，必有英国人做它最忠实的拥护者。英国的一般人民与其他地方的一般人民并无什么不同之处。他们专注目前的事业，没有工夫去做不切实际的"游戏的冒险"。但是他们很能佩服他们怪僻的邻人，抛弃一切，去为亚洲或非洲奥秘的民族战争。假使他战死了，他们给他开隆重的追悼会，并且在他们儿童面前举他做一个英武的好榜样。

即使神圣同盟的侦探对于这样的国民性也是没有办法的。1824年，一位年少殷富的英国贵族拜伦所写的诗，全欧洲读了都落泪。他张起他游船的帆，驶向南方去援助希腊。3个月以后，消息传遍了欧洲，说他们的英雄已经死在希腊最后的要塞迈索隆吉了。他的孤寂的死引起人们的想象。各国都发起援助希腊人的协会。美国革命的老健将拉法耶特在法国为他们的运动辩护。巴伐利亚王送去几百个军官。无数的金钱与食物纷纷送给迈索隆吉的饥饿的人民。

破坏神圣同盟在南美洲的计划的乔治·坎宁现在在英国做了首相。他看出他又有二次打倒梅特涅的机会了。英、俄两国政府因为不敢再压制人民对于希腊爱国运动的热诚，所派来的舰队已经泊在地中海了。法国因为自从十字军告终以后，在伊斯兰教徒的疆界内担负了保护基督教信仰的任务。海军也出动了。1827年的10月20日，三国的军舰在纳瓦里诺湾会攻土耳其舰队，将它歼灭了。战争的消息能使万众如此欢悦，那是少有的。西欧与俄罗斯的人民在他们国内不能享受自由，现在为受压迫的希腊人，做一种想象的自由战争，聊以自慰。在1829年，他们得到了他们的酬报。希腊居然成为一个独立的民族，反动与稳固的政策又遭二次的大失败。

假使我要在这一本小书里将所有其他各民族独立的奋斗，给你一个详细的叙述，那是荒谬了。好在已有许多好书专门研究这类题目的。我所以叙述希腊的独立战争，因为这是攻击维也纳会议所建立的"维持欧洲稳固"的反动政策而得到成功的第一个。至于那个压迫人民的大本营依然存在，梅特涅依然做他的总司令，但是末日已近了。

法国的波旁王室建立一种几乎令人不能忍受的警察统治，他们想要取消法国大革命的成绩的手段，完全不符合文明战争的规则与法律。路易十八在1824年逝世时，人民曾享受过9年"和平"。这9年的和平比帝国时代的10年战争还要不幸。路易死后，他兄弟查理十世继承了他的王位。

路易属于那个从未学到什么，从未忘记什么而著名的波旁王室。他在哈姆内，一天早晨，接到他老哥被斩首的消息的回忆使他永远有戒心：凡是不识时务的君主将有什么临到他头上。至于查理，他在20岁以前便已欠下5 000万法郎的私债，是个什么也不知，什么也不记得，并且执意什么也不学的人。他一经承继他哥哥的王位，便设一个"为教士所治，为教士所有，为教士所享"的政府。威灵顿公爵不能称为激烈的自由主义者，他是一个靠得住的信仰法律与秩序的人，见了查理的治国方法，尚觉得厌恶，予以这样的批评。等到查理禁止凡敢批评政府的报纸发行与解散那个拥护报馆的国会时，他的日子便有限了。

1830年7月27日，巴黎发生革命。同月30日，国王逃奔海滨，坐船亡命英国。"十五年的著名滑稽剧"便这样地结束，波旁王室终于从法兰西王位退出了。他们太不成了。当时的法兰西原可以恢复共和政体的，但梅特涅不能容让这一步。

情形足够危险了。革命的火星已经飞越法国的疆界，燃着另一个满贮着国民怨愤的火药库。荷兰的新王国本来不算成功。比利时人与荷兰人没有相同的地方，他们的国王奥兰治的威廉（他是沉默的威廉的叔父的后裔）虽是一位勤苦耐劳、善于办事的人，但是太无手段，太不温柔，所以不能使两种性情不同的人民相安无事。况且那光临法兰西的大群教士立刻又到了比利时，所以凡是那位新教的威廉想要做的事情，大队愤激的市民便认为是对于"天主教会的自由"新的胁迫而大肆攻击。8月25日布鲁塞尔发生反抗荷兰官厅的民众暴动。两月后。比利时人民宣布独立，推举英国维多利亚女王的舅父，科堡利奥波德即位。这是解决这个困难的最好办法，这两个民族本就不该联合的，现在分手了。从此以后，彼此相安、融洽，皆像要好的邻居相待。

在当时只有几条短小铁路的时代，消息的传达非常缓慢。但是法国与比利时的革命党的成功一旦传到了波兰，波兰人便与他们的统治者俄罗斯人，发生了冲突。恶战一年之后，俄罗斯人全胜，按着人所熟知的俄罗斯式"在维斯杜拉河沿岸奠定了秩序"。尼古拉一世在1825年承继他哥哥亚历山大的帝位，深信他自己的帝室的神圣权利，并向在西欧避难的成千波兰亡命者，证明了神圣同盟的原则在神圣的俄罗斯仍然不只是一句空话。

那时候意大利也有一个不平安的时代。帕尔玛的女公爵玛丽·路易丝，就是前皇拿破仑之后（在滑铁卢战争失败后，她便离弃他了），被逐出境。教皇国里怨愤的人民企图设立一个独立共和国，但奥军开入罗马后，诸事便又恢复原状。梅特涅依旧住在哈布斯堡帝室的外交大臣的官邸，那些警察侦探又都回到他们的任所，于是和平又占了优胜。此后过了18年，才有第二次更成功的举动，将欧洲从维也纳会议的遗孽里拯救出来。

这一次又是做欧洲革命的风雨表的法兰西发出革命的信号。路易·菲利普承继了查理十世的王位。他的父亲便是那位有名的奥尔良公爵，曾加入雅各宾党，曾投票表决他表弟路易十六的死刑，且在革命的初年，顶起"平等的菲利普"的名称，大肆活动。后来他在罗伯斯庇尔设法扫清国内的叛徒（这名称是指那些与罗伯斯庇尔意见不同的人）时被杀。他的儿子便也不得不避开这个革命军。因此这位年少的路易·菲利普到处都游遍了。他在瑞士当过教员，又费了两年工夫探险那无人知道的美洲西陲。拿破仑失败之后，他又回到巴黎。他比他的波旁弟兄们聪明得多。他是一个简单的人，常常肋下挟一把红布伞，在公园里踱来踱去，背后跟着一群孩子，像一个和蔼的父亲。但是法兰西已经不容再有国王了。而路易·菲利普在1848年2月24日早晨，一群暴徒拥入杜伊勒里宫把他驱逐宫外宣告共和成立之前，对于此事毫不知情。

这个消息传到维也纳时，梅特涅发表他的漠然的意见，他说这不过是重演1793年的故事罢了，联盟军队必须再开进巴黎，结束这太不像样的民主政治的喧闹。但两星期后，他自己的都城里公然发生叛乱。梅特涅由他官邸的后门，逃避了暴徒。斐迪南皇帝被迫允许给他的人民一个宪法，这个宪法包含他的首相在过去33年间设法压迫的革命原则的大部分。

这一次全欧洲都感觉到震动。匈牙利宣布了独立，在路易·科苏特领导之下，开始向哈布斯堡帝室宣战。这场势力不均的战争延续了一年有余。后来沙皇尼古拉的军队越过喀尔巴阡山，平服这叛乱，独裁政治又在匈牙利稳固了。于是哈布斯堡皇室设立特别的军事法庭，吊死凡在战场上未被打死的大部分匈牙利的爱国者。

至于意大利方面，西西里岛宣布脱离那不勒斯，驱逐了它的波旁王。教皇治下的首相罗西被杀，教皇也被迫出亡。翌年，他率领了驻守罗马保护教皇的法国军，迅速返回本国。直至1870年，这支军队才被调回法国去抵抗普鲁士军，从此罗马便成了意大利的都城。在北方，米兰与威尼斯共起反抗他们的奥地利主人。他们得到撒丁的亚尔伯特王的帮助，但老拉德茨基将军率领一队奥地利精兵开入波河流域，在库斯托扎与诺瓦拉两处打败了撒丁军，迫令亚尔伯特让位于他的儿子维克托·伊曼努埃尔。几年之后，伊曼努埃尔做了统一意大利的第一位国王。

在德意志，1848年的变乱成了要求政治统一与代议政体的国民大示威。巴伐利亚的国王为一个冒充西班牙舞女的爱尔兰妇人耗费了许多时间与金钱，被一群愤怒的大学学生驱逐了。普鲁士的国王被强迫立在那些在巷战中战死的士兵棺材前脱帽致敬，并承认实行代议政体。1849年的3月，德国各地550位代表所组成的德意志国会在法兰克福集会，提议普鲁士王腓特烈·威廉为统一德意志的皇帝。

但后来大势转变了，无能的斐迪南让位给他的侄子弗朗西斯·约瑟。受过好训练的奥军仍然忠于他们的军阀主人。刽子手得了很多工作，哈布斯堡皇朝凭着他们奇怪的鬼祟的家庭性质，重新恢复了势力，很快地巩固了他们在东欧与西欧做主人的地位。他们玩政治的手段很巧妙，他们利用其他德意志各邦间的嫉妒，阻止普鲁士王升为皇帝。他们经过忍受失败的长期训练，认识了忍耐的价值。他们知道如何等候时机。对于实际政治全无训练的自由主义者只知空谈，谈来谈去，被他们自己的好听的言论所麻醉的时候，奥军便悄悄地集中势力，解散了法兰克福国会，重新建设以前维也纳会议想在一个老实的世界上设立的，那个老而不可能的德意志联邦。

但在出席于这个不务实际的热心者的奇怪国会的人们中，有一个普鲁士乡绅，名叫俾斯麦。他只利用他的耳聪目明。他最讨厌雄辩。他知道（凡是做事的人都知道）空谈绝不成事。他是自成一派的诚挚的爱国者。他受的是旧派的外交训练，他说谎的本领正如他走路、喝酒、骑马，能胜过他的对手。

俾斯麦相信要使这个零落的联邦可以自立，抵抗其他的欧洲列强，它非变成一个强有力的统一国家不可。他是在封建的忠君思想中长大的，所以他是霍亨索伦王室一个最忠心的臣仆，他主张应该由霍亨索伦王室治理这个新的国家，不应该让那无能的哈布斯堡王室治理。因此之故，他的第一招必须脱离奥地利的势力，于是他开始为这困难的工作，做必要的准备。

这时意大利已解决了它自己的问题，已经脱离了它仇恨的奥地利主人。意大利的统一乃是加富尔、马志尼与加里波第三人的功绩。三人之中，那位戴钢边近视眼镜的建筑工程师加富尔，做了政治上谨慎的导师。那位大部分时间消磨在欧洲各种样的顶阁里以避奥地利侦探的马志尼是一个煽动家，而那位率领一队红衣骑士的加里波第却适合民众的理想。

马志尼与加里波第都是相信共和政体的人，但是加富尔是一个君主主义者。前两人承认他于实际政治确有优胜的能力，便牺牲他们自己的野心，接受了他的观点，以谋他们所爱的祖国更大的幸福。

加富尔对于撒丁王室，正如俾斯麦对于霍亨索伦王室。他以十二分的小心与非常的机警，开始把撒丁王引导到能够做意大利全体人民的领袖的地位。欧洲其他部分政治不安的情形帮助他实行他的计划，但没有一国对于意大利的独立像他的可信赖的（往往也是不足信赖的）老邻国法兰西那样出力之多。

1852年11月，在那个扰乱的国家，共和政体忽然地，但非意外地告终了。荷兰的前王路易·波拿巴的儿子，那位大名鼎鼎的叔父的小侄子拿破仑三世，重新建设了一个帝国，立自己为"蒙上帝的恩惠与人民的意志"的皇帝。

这位曾在德国受过教育，他的法国话里夹杂条顿人的口音（就像第一位拿破仑说他所归化的国家的话，永远带着意大利口音一样）的少年竭力利用拿破仑的传统以谋他个人的利益。但是他有许多敌人，所以他觉得他的现成宝座不十分有把握。他得到英国维多利亚女王的友谊，但这并非一件难事，因为这位好好女王并不如何精明，并且喜欢听恭维话。至于其他欧洲各国的君主都以傲慢的态度对待这位法国皇帝，他们整天整夜计划新的方法，表示给这暴发的"好兄弟"，看他们如何地轻视他。

于是拿破仑，不管用感情或用恫吓，必须想出一个方法，破坏这种反抗的态度。他很知道"光荣"这两字对于他的人民仍有极大的魔力。他既然必须为他的帝位冒险，他便决心以帝国做筹码，孤注一掷。他以俄罗斯攻击土耳其为理由，引起了克里米亚战争。在这次战争里，英法两国为了苏丹而联合起来抵抗沙皇。这是一个费用很大，毫无利益的买卖。英、法、俄诸国谁都没有得到多少光荣。

但是克里米亚战争却成就了一件好事。它给撒丁一个报效战胜国方面的机会。等到和平宣布时，加富尔便有机会要求英法两国报答意大利。

这个聪明的意大利人既然要利用国际情势，使撒丁被承认为欧洲比较重要的强国之一，于是他在1859年6月，又引起撒丁与奥地利间的战争。他以萨伏伊省与真正属于意大利的尼斯城作为拿破仑三世帮助的交换条件。法、意两国的军队在马真塔与索尔费里诺的两役，战败奥军，于是先前属于奥地利的省份以及公国等便统一成为意大利王国。佛罗伦萨做了这个新意大利的都城，直到1870年法国调回驻罗马的军队抵抗德国时为止。法国的军队一走，意大利军立即开入罗马城，撒丁王室立即迁入奎利纳累旧宫（这宫是古代一位教皇在君士坦丁皇帝的浴场的遗址上建立的）。

教皇于是迁移到台伯河对岸，匿居于梵蒂冈宫里；这宫自从1377年阿维尼翁放逐之后，曾为他的许多前任者的居所。他在那里大声反抗霸占他土地的强盗，他写信给那些忠实的并且表同情于他的损失的天主教徒，请求他们的援助，但是向他表同情的人数很少，且有逐渐减少的趋势。因为教皇一旦卸去治国的责任，便能将他整个时间完全用在属于精神的事务上。教皇不加入欧洲政客的无聊的纷争，而立于超然的特殊地位，于教会有莫大的利益。天主教会因而较之多数新教派更能了解现代的经济问题，而成为社会进步的一个国际的势力。

维也纳会议解决意大利问题的计划本来是要将意大利半岛变为奥地利的一省，但结果却如此被打消了。

此时德意志的问题尚未解决。这是诸问题中最困难的一个。1848年革命的失败使德意志人民中有精力的高尚分子大批迁居国外。这些青年都移入美国、巴西与亚非两洲的新殖民地。他们的工作在德国继续进行，但要由另一批人物主持。

自从德意志议会消灭，自由主义者设法建立统一国家的计划失败之后，新的会议又在法兰克福召开的时候，普鲁士王国仍由上文所说的俾斯麦代表。这时俾斯麦已经获得普鲁士国王的完全信任。他所求的就是这一点。至于普鲁士国会或普鲁士人民的意见他毫无兴趣。他亲眼看见了自由主义者的失败。他知道不用战争不能脱离奥地利，于是他便渐渐增强普鲁士军队的势力。普鲁士国会的下院愤于他的高压手段，拒绝供给他必需的经费。俾斯麦不屑费事去讨论这个事情。他径自进行，用普鲁士贵族院与普鲁士国王允许他使用的经费，扩充了他的军队。现在他要寻找一个有关全国的大问题，以掀起德国人民爱国心的大波动。

德意志北部的石勒苏益格与霍尔斯泰因两个公国，自从中世纪以来，永远是扰乱之原。两国境内都住着一些丹麦人与一些德意志人；他们虽属丹麦王辖治，却不是丹麦国家的一部分，因此发生无穷的麻烦。我绝对不是要重提这个久已遗忘的问题，这问题似乎已在1919年凡尔赛大会中解决了。但在霍尔斯泰因的德意志人大声诋毁丹麦，而在石勒苏益格的丹麦人却非常得意他们之为丹麦人。那时全欧洲都在讨论这问题，德意志的唱歌会与运动会里都有哀悼"亡国的同胞"的激烈演说，而各国政府都在设法研究这一切的究竟，同时普鲁士已调动军队出去"恢复失地"。

奥地利既是德意志联邦的首领，当然不能让普鲁士对于如此重要的问题单独行动，所以哈布斯堡的军队也开拔了。于是两大国的联军越过丹麦的边界，经过丹麦人的竭力抵抗，便占领了这两个公国。丹麦人求救于欧洲，但欧洲正为他事着忙。可怜的丹麦人只好听诸天命。

　　这时俾斯麦又在预备他的帝国计划的第二幕。他借瓜分赃物与奥地利开战。哈布斯堡王室落入了这个圈套。俾斯麦和他忠实的将军们所组织的普鲁士新军进攻波西米亚。不到6星期，奥地利最后的军队在刻尼格累次与萨多瓦两地全被毁灭，到维也纳的路便毫无阻挡。

　　但是俾斯麦不想太过。他知道他需结纳几个欧洲朋友。他对于战败的哈布斯堡王室提出很合理的讲和条件，只要他们肯放弃联邦的首领地位。但他对于那些偏袒奥地利的德意志小国家却没有如此宽容，他将他们一齐归并普鲁士。于是北部诸邦的大部分便成为一个新组织，即所谓北德联盟，而战胜的普鲁士便自居为德意志人民非正式的领袖。

　　欧洲看着联合的工作做得如此敏捷，非常惊恐。英国是毫不理会的，但法国已有不赞成的表示。拿破仑三世对于人民的把握已渐渐减少。克里米亚战争所费不菲，但是一无所成。

　　1863年法国军队第二次的远征强迫墨西哥人承认名叫马克西米利安的奥地利大公爵为他们的皇帝。但到美国南北战争，北方得胜之后，这次远征便大失败。因为美国政府强迫法国撤回军队，给了墨西哥人一个机会，扫尽国内的敌人，枪毙那位不受人欢迎的皇帝。

　　拿破仑三世的宝座现在应该再涂一层光荣的油漆。北德联盟在数年之内可以成为法兰西的劲敌。小拿破仑认为倘与德国开战，必于他的皇朝有利。他要找出一个借口的理由，而那个可怜的、屡为革命的牺牲者的西班牙，给了他一个。

那时西班牙的王位空悬着。这个王位曾经献给霍亨索伦王室的天主教派。因为法国政府的反对，霍亨索伦王室遂很客气地谢绝了这个王冠。但是刚露病象的小拿破仑正迷恋着他美貌的欧仁妮皇后——她是一个西班牙绅士与在玛拉加（出好葡萄的地方）名威廉·基尔克帕特里克的美国领事的孙女所生的女儿。她虽够伶俐，但也与当时一般的西班牙女子一样缺乏教育。她是在她宗教的顾问的势力之下，而这些杰出的绅士对于那位信仰新教的普鲁士国王毫无感情。"要胆大"是这位皇后对她丈夫的忠告，但她把波斯劝告英雄的名言"要胆大，但不要太胆大"的下半句给遗漏了。小拿破仑相信他军队的势力，强迫普鲁士国王担保"他决不让别的霍亨索伦的亲王做西班牙王的候补者"，霍亨索伦既已拒绝这个荣幸，这个要求乃是多余。俾斯麦就这样答复法国政府。但是小拿破仑并不满意。

这时正是1870年，威廉王正在埃姆斯温泉场休养。有一天法国公使到温泉来见他，想要重新开始这个谈判。普鲁士国王却欣然地答复："今天好天气，西班牙的问题已算结束了，关于这问题无可讨论了。"这个会见照例打电报通知办理外交的俾斯麦。俾斯麦将原来的文书编订一番，以便登在普法两国的报纸上。有许多人因为他做了这事骂他。但是俾斯麦有理由可以辩护，他说："自古以来，修正政府的新闻是一切文明政府的特权。"等到这封"编订了"的电报刊载以后，柏林的百姓认为他们的白胡子、年高可敬的国王，被傲慢无礼的法国人给侮辱了。同样，巴黎人也大为愤怒，因为他们那位极其有礼的公使被一个普鲁士的宫仆给驱逐了。

因此双方便开始战争，不到两个月工夫，小拿破仑和他军队的大部分都做了德军的俘虏。第二帝国遂即告终。第三共和国已在准备保护巴黎，以防德国进攻。巴黎死守了5个月工夫。这城投降的前10日，普鲁士国王在附近的凡尔赛宫中（这宫是德意志人的最大劲敌路易十四所建筑的）正式宣布为德国皇帝。一阵轰轰的大炮声告诉那些饥饿的巴黎人，一个新的德意志帝国业已代替那个老而无害的条顿国家的联盟。

德国的问题便这样草率地解决了。在1871年之末，就是重大的维也纳会议后56年，会议的成果完全化为乌有。梅特涅、亚历山大与塔列朗本来设法要给欧洲人一个永久的和平，而他们采用的方法却引起了无穷的战争与革命。18世纪的"同胞感情"一变而为过度的"民族主义"。这个时代至今还未完结。

$57.$ 机械时代

笨重的老蒸汽机成为人类最忠实最有效的奴隶。它已将他们的世界完全改变了

人类最大的恩人已在50余万年前死去。他是一个身上有毛的东西，有低的前额，深凹的眼睛，大的下巴与一嘴坚如虎齿的牙。若是他在一群现代科学家里面，他的相貌真不雅观，然而他们会尊他为他们的祖师。因为他曾以石块敲碎硬壳果，曾用棍子举起重石。他是发明我们最初的工具锤与杠杆的人；他使人模拟其他动物占到极大便宜，他的贡献之大远非后人所能及。

从那时起，人便利用许多工具，使他的生活更舒服。第一个轮子（用一棵老树做成的圆片）在公元前10万年的社会里所引起人们的惊骇，正与飞机在数年前所引起的一样。

据说美国的专利局长在19世纪初叶提议要取消专利，因为他认为"凡是可以发明的东西都已发明过了"。在历史以前的时代，筏上初次挂起布帆，人们来去不必用橹摇、篙撑或拉纤的时候，必然有过同样的感想。

真的，历史上最有趣的一章，就是人使另一个人或另一件东西替他工作的那点能力，而他自己则享受清福，坐在日光之下，或在岩石上绘画，或将小的虎狼训练得像驯良的家畜一样。

在古代，人们当然常常可以奴使比他软弱的人，强迫他做生活上无味的工作。希腊人与罗马人的聪明并不亚于我们。他们所以没有想出更有趣的机器，皆因到处都有奴隶制度的存在。一位数学大家既然只需花极少的钱，可以在市场上买到所有他所需要的奴隶，他又何必在线、滑车、齿轮上糟蹋他的时间，使空气中充满喧闹与烟雾呢？

中世纪时，奴隶制度虽已取消，只有一种性质较为温和的农奴制度存在。但是行会中仍不鼓励应用机械的观念，皆因他们以为一用机器，他们无数的弟兄皆将失业。并且中世纪并不在乎产生多量的物品。他们的裁缝、屠户、木匠只为他们小社会里直接的需要工作，他们并不想同他们的邻人竞争，或产生超过必要的物品。

在文艺复兴时代，教会反对研究科学的偏见不能再像从前那样严厉，很有许多人开始致其全力于数学、天文、物理与化学。三十年战争开始的前二年，一个苏格兰人约翰·内皮尔出版一部小书解释他新发明的对数。在三十年战争的期间，莱比锡的莱布尼兹完成了微积分体系。《威斯特法利亚和约》的8年之前，英国的大自然哲学家牛顿出世，在同一年内，意大利的天文学家伽利略去世。

这时候，三十年战争毁灭了中欧的繁华。欧洲忽然地，但普遍地注意到中世纪一种奇怪的假科学"点金术"。人们希望用这方法将贱的金属变为黄金。这种法术已证明是不可能的，但那些点金术家在他们的试验室里，无意中得到许多新观念。这些观念对于后来的化学家的工作大有帮助。

以上这些人的工作供给世界一个稳固的科学基础，在这基础上很可以造出非常复杂的机械，并且许多实际的人利用过它。中世纪人曾以木料制造机器的零件，但是木料容易损坏。铁是一种更好的材料，但除去英国以外，铁是很少的。因此熔铁的事情多半皆在英国，要熔铁必须有大的火力。先是以木造火，但森林渐渐使尽了。于是用"煤"（史前时代的树木的化石）代替。但煤这样东西，你是知道的，必须从地下挖起来再运到熔炉里，煤矿里不断地有水流进来，必须把它弄干。

现代化的城市

这是两个必须立刻解决的问题。拉煤车固然仍可以用马，但抽水必须用特别的机器。好几位发明家都忙着设法解决这个问题。他们都知道在他们的新机器上必须用蒸汽。蒸汽机的观念很早就有。生于公元前1世纪的亚历山大城内的希罗告诉我们，机器的几个部分是用蒸汽推动的。文艺复兴时代的人们也曾想过用蒸汽推行兵车。与牛顿同时的伍斯特侯爵在他论发明的书内，也曾说到一种蒸汽的机器。不久以后，在1698年的时候，伦敦的托马斯·萨弗里为他所发明的抽水机申请专利。同时又有一个荷兰人，名惠更斯，正在设法完成一架用火药引起有规则的炸裂的机器，就像我们在汽车里用汽油的办法一样。

全欧洲人都忙着这个问题。一个法国人，名丹尼斯·帕平，是惠更斯的朋友，又是他的助手，在好几个地方做着蒸汽机的试验。他发明了一种用蒸汽发动的小车，与蒸汽的轮船。但当他坐了他的汽船出行时，船夫行会怕这小轮船会夺去他们的生意，便告之于当局。当局便将这船没收了。帕平将他的金钱全费在他的新发明上，结果穷死在伦敦。但在他死去时，另一个热心研究机械的人托马斯·纽科曼又在从事于新的蒸汽泵的问题了。50年后，他的机器为一个格拉斯哥的制造机械的人詹姆斯·瓦特所改良。1777年瓦特贡献给世界第一架真正有实际价值的蒸汽机。

但在试验热力机的数世纪里，政治的世界已经大大改变了。英国人已继荷兰人成为世界贸易的公共运输者。他们开放了新的殖民地。将殖民地出产的原料运到英国，制成物品，再将这些物品天南地北地运开去。在17世纪时，佐治亚州与南北卡罗莱纳州的人民开始种植一种新的植物，这就是产生一种奇怪的绒质的棉花。棉花采下来运到英国，由那里的兰开郡人织成棉布。这种纺织是用手制作的，且在工人家里的。不久纺织的方法经过不少的改良。1730年，约翰·凯伊发明一种"飞梭"。1770年，詹姆斯·哈格理佛士获得了他的纺织机专利。美国人伊莱·惠特尼又发明了轧棉机；以前把棉花轧去棉籽用手工作，每人每日只能轧一磅。后来理查德·阿克莱特与卡特莱特牧师发明用水力发动的大的纺织机。于是在1880年，正在法国的等级会议因为改革欧洲的政治制度，开始召集那些著名的会议时，瓦特的发动机已经完备到足以运行阿克莱特的纺织机。这个发明造出一个经济的与社会的革命，把世界各处的人类关系几乎完全改变。

不动的机械一旦成功之后，那些发明家便又注意用机器的力来推动舟车的问题了。瓦特自己设计了一个火车头，但在他完成他的理想之前，理查德·特里维西克已在1804年造出一种车头，在威尔士的煤矿区的佩尼达兰可以装运20吨煤了。

同时一个美国的珠宝商兼画像家，名罗伯特·富尔顿的，正在巴黎设法游说拿破仑，若用他的"鹦鹉"号潜水艇与他的汽船，法国人也许可以破坏英国海军的权威。

富尔顿制造汽船的观念并不新。无疑的，他是从康涅狄格州一个机械天才约翰·菲奇那里抄来的。菲奇所造的巧妙的汽船在1787年时已在特拉华河中行驶了。但是拿破仑与他的科学顾问们不信会有自己行动的船，所以虽然那个苏格兰制造的小船的机器在塞纳河上很高兴地大放其汽，这位大皇帝却始终没有利用这个有力的武器。假使他利用了，也许可以报复特拉法尔加一役之仇。

至于富尔顿，他又回到了合众国，因为他是一个生意人，所以他同一位在《独立宣言》上署名的利文斯顿（富尔顿在巴黎时，利文斯顿为合众国的驻法公使）合组一个极其成功的轮船公司，设法出卖他的发明。这个新轮船公司的第一条船名"克莱蒙"。船上的机器是由英国伯明翰的博尔顿与瓦特公司所造。这船在纽约州各河上有专利的航行权，1807年，便开始在纽约与奥尔巴尼之间定期航行。

1788年约翰·费奇制造了一艘实验蒸汽船并航行了20英里。
1790年此船在特拉华河上航行的时候被费城报纸记录了下来。

第一艘汽船

至于可怜的约翰·菲奇，虽是第一个用"汽船"营业的人，可是死得很可怜，身体毁了，钱也完了。等到他第5只用螺旋机推行的轮船被毁时，他完全没有办法了。他的邻人都嘲笑他，正如100年后人们嘲笑兰利教授制造飞机一样。菲奇原来希望给他的国人到西方大河里去的一个轻便的交通方法，然而他们宁愿坐平底船或徒步旅行。1798年，菲奇在完全失望与穷困中服毒自尽。

但20年后，那只载重1850吨，每小时可行6海里的"萨凡纳"汽船（现在的"毛里塔尼亚"号的速度比这船要快4倍）从萨凡纳渡过大西洋到利物浦，只走25天，打破纪录的时间。到了这时人们也就停止嘲笑，而在他们热忱之中却将这个发明的光荣错给了一个旁人。

6年以后，一个曾经制造出一种专为从煤矿里运煤到熔炉或纺织厂的机车的苏格兰人乔治·斯蒂芬孙，又发明了那个有名的旅行机器。这个发明使煤价几乎降低70%，因此曼彻斯特与利物浦之间可以开行定期客车。于是人们在两城间往来，有空前的每小时15英里的速度。12年后，这个速度增加到20英里每小时。然而到今日，凡是没有毛病的小自动车（这是1880年戴姆勒与莱瓦莎发明的，用马达发动的小机器的直接的后裔）都比从前这些吹汽的家伙跑得快。

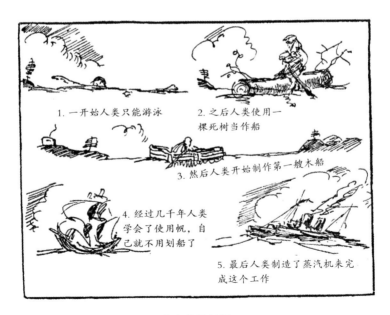

1. 一开始人类只能游泳
2. 之后人类使用一棵死树当作船
3. 然后人类开始制作第一艘木船
4. 经过几千年人类学会了使用帆，自己就不用划船了
5. 最后人类制造了蒸汽机来完成这个工作

蒸汽船的起源

但当这些务实的工程师改良他们辘辘的"热力机"时，一群"纯粹"的科学家（这些人每日费14小时的工夫专门研究"理论的"科学现象，假使无此研究，不会有机械的进步）正在探寻一条可以把他们引入最隐深、最神秘的自然范围内的新线索。

两千年前，几个罗马与希腊的哲学家（最著名的有泰勒斯与普林尼，普林尼为研究公元79年的维苏威火山爆发而死）已经注意到那种奇怪的现象，就是一块用羊毛磨擦过的琥珀可以吸引草屑和羽毛。中世纪经院学派的学者尚未注意到这个神秘的"电"力。但是文艺复兴之后，伊丽莎白女王的医生威廉·吉尔伯特，著了一本有名的《磁力之性质与作用论》。在三十年战争时，马格德堡的市长，即抽气筒的发明者格里克，造成第一架电气机。在下一世纪中，就有许多科学家专心致力于电的研究。在1795年便有三个教授发明了著名的莱顿电瓶。同时美国第二位无所不能的天才（第一位是本杰明·汤姆孙，自从他因为表示同情于英国，而从新罕不什尔出奔之后，人都称他为朗福德伯爵）本杰明·富兰克林，也全心注意这个问题。他发现闪电与电火是同一种电力的两种表现，他继续做他的电的研究，直到他的忙碌有用的生命完了为止。此后又有伏特发明了著名的"电堆"，又有加尔瓦尼、戴伊、丹麦的奥斯特教授、安培、阿拉果与法拉第等发明家，以上这些人都竭力研究电力的真性质。

他们都是无条件地把他们的发明贡献于世界。塞缪尔·摩尔斯（像富尔顿一样，原是一个美术家）想利用这个新电流传达消息。他打算用铜丝与他发明的小机器通电，人们都讥笑他。摩尔斯不得不自备资本做试验，不久他把钱用光了，便很穷了。人们讥笑他也更厉害了。于是他要求美国国会帮忙，一个特别的商务委员会允许给他帮助。但是国会的议员们对于他一点也不注意，因此摩尔斯等了12年之久，才得到一小笔国会协助的经费。于是他在巴尔的摩与华盛顿之间设立一架电报机。1837年，他在纽约大学的讲堂里表现他初次成功的电报。结果在1844年5月24日，华盛顿与巴尔的摩之间第一次通行长距离的消息。到今日，全世界都布满了电线，数秒钟之内我们便可以将消息从欧洲传到亚洲。23年后，格雷厄姆·贝尔在他的电话机上也用了电流。半世纪后，马可尼又将这些计划改良了，发明了一种完全不用老式的电流可以通消息的方法。

汽车的起源

当美国的摩尔斯正在研究他的"电报"的时候，英国的法拉第已经造出第一架"发电机"。这个小机器在1831年欧洲还在那里受七月大革命（这几次革命推翻了维也纳会议所订的计划）大震动的时候完成的。第一个发电机慢慢地进步，如今已进步到可以供给我们热、光（你知道那些发光的灯泡是爱迪生根据1840与1860年之间英法的试验加以改良，在1878年造成的），以及运行各种机器的动力。假使我的推测不错，不久电力机完全可以驱逐热力机，就像上古时代史前最高组织的动物驱逐那些能力不如他们的动物一样。

对我个人而言（然而我对于机械完全是一个门外汉），这倒使我很高兴。因为用水力运转的电机是一种洁净不讨人厌的东西，而为18世纪奇迹的热力机是一种嘈杂肮脏的东西，永远将世界布满丑陋的烟囱，充满灰土与煤烟，并且必须用煤供给，又需使无数人经无数麻烦，冒无数危险到煤矿里去挖煤。

假使我不是一个必须根据事实，不能利用想象的历史学家，而是一个小说家。我将描写幸福的一日，如何将最后一架蒸汽机送到自然博物院去与恐龙、羽龙以及其他已经灭绝的古生物的骨架陈列在一起。

58. 社会革命

以前在自己小工厂里做惯主人的木匠或鞋匠，如今不得不受雇于握有大机器的主人了

　　早先的时候，世上的工作都是由独立的工人做的。他们坐在自己住宅前的小工厂里，有着自己的工具，可以随便打自己学徒的嘴巴；只要遵守行会的规矩，可以随意做他们的生意。他们的生活简单，虽然不得不做长时间的工作，但他们自己即是主人。早晨起来，假使看见这日的天气宜于钓鱼，他们便出去钓鱼，没有人会说"不"字。

　　但是机器发明之后，这个情形改变了。一架机器诚然算不得什么，不过是一件放大的器具。一辆载着你一分钟行一英里的火车，实在就是两条走得极快的腿；一个可以将厚铁板打成薄片的汽锤，实在就是一个厉害的、钢制的大拳头。

　　人人都可以有两条好腿一个厉害的好拳头，但是一辆火车、一个汽锤、一个纺织机都是很贵的，往往不能为一个人所有而为一群人所有；他们合捐了一笔款子，按各人所投的资本的多寡，分摊火

车或纱厂所获的利益。

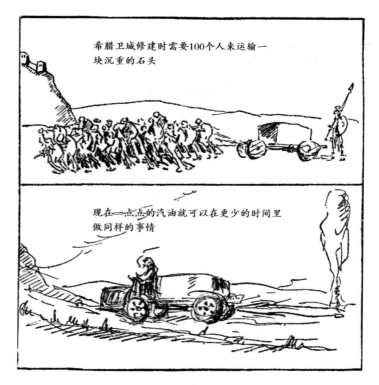

希腊卫城修建时需要100个人来运输一块沉重的石头

现在一点点的汽油就可以在更少的时间里做同样的事情

人的力量和机器的力量

因此等到机器真正进步到可以实用、可以获利之后，那些机器的制造者，便去寻找能以现钱购买机器的顾客。

中世纪中叶的初期，土地几乎为财富的唯一形式，贵族为唯一可以称为有钱的人。但我曾在前边说过，他们手里的金钱是没有什么价值的，他们沿用以牛易马，以卵易蜜的老的交易方法。在十字军战争时代，城市的市民在东西方之间的商业复兴上发了财。当时他们做了贵族与骑士的很大的对敌。

法国革命整个毁灭了贵族的财产，而大大增加了中等阶级的财产。大革命后骚乱的年头给了许多中等阶级的人民一个机会攫取比他们应得的还多的财货。教会的田产由法兰西会议没收而拍卖了。当时曾有许多攫取非法财货的事件。做土地投机的人盗取了数千方英里有价值的土地，而在拿破仑战争时代以他们的资本做粮食与火药的生意。此时他们手里的财产已经超过他们家庭日用的开销，他们已经有力建造工厂，雇用男女工人来使用他们的机器。

工厂

因此成千成万人的生活发生了一个突然的变化。在不多几年之内，好些城市内增加了一倍的人口，向来为市民的真正"家庭"的老的城市中心现在围满了丑陋的，以贱价建造的郊市。工人在工厂里做了11、12或13个小时的工作之后，便睡在那些小房子里，工厂的汽笛一鸣，他们又急忙从那些小房子里出来回到工厂里。

乡下到处都在谈论城市里可发大财。习惯于露天生活的乡下孩子到了城里来，沉浸在不通空气的工厂里的烟味、灰尘、污秽之中，很快地失去他原来的健康，结果往往死在贫民院或病院里。

这样多的人由农业改到工业，当然要受多少的反对。因为一架机器既然可做100人的工作，那99个失业的人自然不会高兴。这些人便常常去毁坏工厂的建筑，放火烧掉机器，但在17世纪已有保险公司的组织，各工厂的主人多半早已保险预防损失了。

不久又有了更新更好的机器，工厂的四周造起高大的围墙，到这时滋闹的事也就没有了。旧日的行会在这个蒸汽与铁的新世界内万无生存的可能。它们便逐渐消灭了，于是工人们设法组织正式工会，但是工厂的主人们仗着他们的财富很有左右各国政客的势力。他们到立法院去通过几条禁止组织工会的法律，因为这种工会干涉工人的"行动自由"。

你千万不要以为通过这些法律的国会议员们都是些恶毒的专制魔王。他们确实是革命时代人物的直接后裔，那个时代人人都谈"自由"，往往有人因为没有尽力爱自由而被别人杀死。自由既然是人类的最高道德，工会便没有权力限定会员一天可以做多少时的工作，可以要求多少钱的工资了。工人无论在何时都可以"在公开的市场自由出卖他的劳力"，而雇主也必须同样按他自己的意见"自由"支配他的事务。从前全社会的工业生活由国家规定的重商主义时代业已告终。新的"自由"观念要求国家完全让商业自己进行。

18世纪的后半叶不但是知识上和政治上的怀疑时代，即连老的经济观念的地位也让那个更适宜于现代需要的新观念所替代了。在法国革命的前几年，路易十六时代，一位失败的财政大臣杜尔哥，曾经鼓吹一种"经济自由"的新学说。杜尔哥生长的国家吃亏在太多官僚习气，太多条文规则，与施行太多法律的太多官吏。他的书上说："除去这种官吏的监视，让人民做他们所愿意做的，那么，事事便都好了。"不久他的有名的"自由竞争"便成为当时经济学家号召的旗帜。

同时英国的亚当·斯密正在写他那部《国富论》的大著作，再为"自由"与"贸易的自然权利"请愿。30年后，即拿破仑覆亡以后，欧洲的反动势力已在维也纳获得胜利之时，人民在政治上不许有自由，但在产业上则必须有自由。

我在本章的开端说过，机械被普遍地应用，于国家是大有利益的，财富迅速地增加。机械可使一个国家，如英国，担负拿破仑大战一切的负担。资本家（供给购买机器的金钱的人）既然获得莫大的利益，他们便渐渐有野心，渐渐注意起政治来，设法与那些在欧洲大多数政府内仍然握有势力的地主贵族们相竞争。

因为英国的国会议员仍是照1265年英王的敕令选举的，许多新产生的工业中心在国会里便没有代表，所以他们进行通过1832年的"选举改良议案"。这个议案变更了选举制度，使工厂主们对于立法团体有更大的势力。但是这使工场内千千万万的工人大不满意，因为他们对于政府没有发言的权利。于是他们也发起一个要求选举权的运动。将他们的要求写成一个公文。这个公文称为《人民宪章》。关于这个大宪章的争论越到后来越激烈，直到1848年革命爆发时还没有结束。英国政府为雅各宾主义的新暴动所慑，乃使80岁的老翁威灵顿公爵为总司令，召集义勇军。伦敦宣布戒严，准备一切去阻止将要来临的革命。

但是民宪党运动因为领袖不得其人，便自行消灭并没有发生任何暴烈的行为。有钱的工厂主人的新阶级（我不喜欢"布尔乔亚"这个名词，因为已被那些社会主义者用得讨厌）慢慢增加它对于政府的势力，而大城市里工业生活的情形不断地将大片牧场与麦田变为凄惨的贫民窟，如今欧洲每个城市都有这类贫民窟看守门户。

59. 大解放

人们预料将来机器普遍应用之后，即是幸福与繁昌时代实现之时，然而事实并不如此

1831年，正在英国的选举改良案通过之前，英国研究立法的大家，也是最务实际的政治改良家——边沁，写信给他朋友说："要自己安乐，即是使别人安乐，要使别人安乐，即需表示爱他们，要表示爱他们，即需真正爱他们。"边沁是一个诚实的人。他所说的话，他相信是真的，国内许多人都同意他。他们觉得对于不幸的人们的幸福应该负起责任。他们曾尽力去帮助他们。这真正是应该做事的时候！

在一切工业进步皆被中世纪的制度所妨害的老社会里，"经济自由"的观念（即杜尔哥的"自由竞争"）实在是必要的。然而这种"行动自由"做了最高法律之后，却酿成一种可怕的状况。工厂中工作的时间只受工人们体力的限制。只要一位女工仍能坐在纺织机前，未因疲劳而晕过去，她就要不停地工作下去。五六岁的儿童皆被送入纱厂，为使他们避开街上的危险，脱离懒惰的生活。国会里通过一条法律，强迫贫民的儿童做工，不听的人即处以捆绑在机器上的刑罚。他们工作的报酬只是足以维持他们生命的恶劣饭食与夜间可以休息的类似猪窝的一席地方。他们往往因为过于疲劳，即在工作的时间瞌睡了。为防止他们瞌睡，一个工头拿着一根鞭子，在周围巡查。若需唤醒他们工作，便以鞭子鞭打他们的节骨。当然的，在如此情形之下，成千的儿童都累死了。这种事情是极悲惨的，那些雇主们究竟也都是人，并非没有心肝，他们曾经真心希望他们可以取消"童工"。但既然人是"自由"的，儿童当然也是"自由"的。况且假使一厂的主人主张他的工厂里不用五六岁的儿童，他的竞争者就要多用儿童，以压迫他走入破产的途径。因此一个厂主单独不用儿童劳工是不可能的，除非国会的法案禁止一切雇主雇用儿童。

但这时国会已经不受老的地主贵族（他们看不起大腹便便的暴发的厂主们，以公然藐视的态度对待他们）的统治，而为工业中心的代表们支配了，并且在法律未许工人联合成立工会之前，能够做的事情很少。有知识的良善的人们对于此种可怕情形当然不是看不见的。他们就是没办法。机器突然征服了世界，自然必须经过不少的时间与无数高贵的男女的许多努力，才可以使它尽它的本职，就是为人类的仆役，而不为人类的主人。

奇怪得很，第一次对于当时普及全世界的暴戾的雇佣制度的攻击，乃是为非洲与美洲的黑奴而发的。美洲大陆的奴隶制度是西班牙人输入的，他们以前用印第安人在田地与煤矿里工作，但是印第安人一离开露天的生活便病死了。为不使他们灭绝起见，一位慈善的牧师提议把非洲的黑奴运来做这些工作。黑人身体强壮，经得起残暴的待遇。并且他们一旦与白人接触，即有信仰基督教的机会，如此他们便有法拯救他们的灵魂了。所以从各方面看来，为慈善的白人或为他无知的黑人兄弟，这是一个最好的计划。但是采用机器之后，对于棉花的要求大为增加，黑人因此便需加劲工作；于是他们也像印第安人一样，在监工的待遇之下渐渐地死亡了。

荒谬绝伦的凶残的故事不断地传到欧洲，于是各国男女皆开始鼓吹取消奴隶制度。在英国，威廉·威伯福斯与扎格瑞·麦考利组织一个废止奴隶制度会。第一步，他们设法通过一条禁止"贩卖奴隶"的法律。1840年后，英国各殖民地没有一个奴隶了。1848年的革命使法国各属地的奴隶制废止了。1858年，葡萄牙人通过一条法律：允许从通过之日起，20年内所有的奴隶皆得自由。1863年，荷兰废止了奴隶，同年，沙皇亚历山大二世将200余年来剥夺农奴的自由全都归还他们。

在美利坚合众国，这个问题引起了严重的困难与长久的战争。美国的《独立宣言》虽曾提出"所有的人生来平等"的原则，但在美国南部各州大农场上工作的黑皮肤的男女则属例外。日子一天一天过去，北部人民厌恶奴隶制度日甚一日，于是不再隐藏他们的感情了。但南部的人硬说，他们没有奴隶工作便不能种植棉花，在国会的两院里起了一个极大的争论，几乎争论了50年之久。

北部始终不变他们的态度，南部也绝对不肯让步。等到和解绝望时，南部诸州便以脱离联邦为恫吓。这是北美联邦史上一个最危险的时期。本来许多的事故都"可以"发生的，所以没有发生乃是一位非常伟大非常好的人的力量。

1860年11月6日，亚伯拉罕·林肯，一位伊利诺伊州的律师，一位自学成才的人，被反对奴隶各州势力极大的共和党选推举为总统。林肯对于奴隶制度的弊端有直接的认识，他的锐敏的常识又告诉他北美大陆上不能容许两个互相竞争的国家存在。等到南部的几州脱离联邦，自立为"美国联邦州"的时候，林肯便接受这个挑战。他在北部诸州征集义勇军。几十万青年以满腔热忱来响应他，于是发生了4年严重的内战。南部准备得好些，又有李与杰克逊两位能干的领袖，几次三番打败了北部的军队。后来新英格兰与西部的经济势力渐渐发生影响。一位无名的出身微贱的军官格兰特，突然成为这次解放奴隶大战争的查理·马特。他的势如破竹的猛力攻破了南部的防御。林肯总统，在1863年之春发表他的《解放宣言》，释放了所有的奴隶。1865年4月，李将军带着他最后一支精兵在阿坡马托克斯投降。几天之后，林肯总统被一个疯子暗杀而死，但是他的事业已经完成。除去西班牙统治下的古巴以外，世界文明各邦奴隶制度皆已完全废止。

此时黑人已经享受一种较大的自由，然而欧洲"自由"的工人却没有享受同样的幸福。这许多受苦的工人（即所谓无产阶级），居然没有死尽，实在使当时许多著作家和观察者惊奇。他们住在贫民窟的污秽的房子里。他们吃坏的饭食。他们只受一点仅仅能够担当他们工作的教育。遇到死亡或灾害时，他们的家庭生活没有保障，但是造酒业者（他们可以操纵立法院）供给他们无限的、极廉价的威士忌酒与烧酒，可使他们忘记一切的苦痛。

1830年与1840年以来，所有的大进步不是出于一个人的力量。两代最好的头脑都费尽心力拯救世界脱离那个骤然采用机器所产生的不幸结果。他们不想推翻资本制度。这个办法太笨，因为别人积蓄的财富，使用得当，也许于全人类可有莫大的利益。但是寻常认为在有钱办厂的，可以任意关门而不至挨饿的主人，同任何工作都得做，再少工资也得要，不然即有饿死他自己与他妻子的危险的劳动者之间，会有真正平等的那种观念，他们却要反对的。

他们竭力增加许多规定工厂主人与工厂工人间的关系的法律。在这一点，那些改良家在各国逐渐地成功了。在今日，大部分的劳动者都受到很好的保护；他们的时间已经减到最好的，平均8小时制，他们的儿童也都被送进学校，不再到矿洞与纱厂里工作。

但是还有许多人，看着冒烟的烟囱，听着火车的隆隆之声，见着货栈里堆满过剩的各色各样的原料，奇怪这种惊人的活动究竟会变到什么地步呢？他们想起人类以前活了几十万年从未有过商业、工业的竞争。他们可否改变现行的制度，可否除去这个牺牲人类的幸福以牟利的竞争制度呢？

这个观念——这个想念会有好一点日子的渺茫希望——并不限于一国的。在英国，一位开设许多纱厂的人罗伯特·欧文，组织了一个"社会主义社区"得到成功。但他死后，那个新拉拿尔克社会便也随之衰落了。一位法国新闻记者路易·布朗，打算要在全法国设立"社会的工厂"，结果失败了。于是逐渐增加的社会主义的著作家不久便看出凡是脱离普通工业生活而孤立的小社会，永远是不能有所成就的。在提出有用的补救方法之前，需先研究资本主义的产业社会的基本原则。

继实际的社会主义者，如罗伯特·欧文、路易·布朗与弗朗索瓦·傅利叶而起的，有两位理论的社会主义的学者，马克思与恩格斯。两人之中，马克思尤为著名。他是一个有奇才的犹太人，他在德国住很久。他听过欧文与布朗的试验，于是他注意起劳工、工资、失业等问题来。但是他的自由主义大为德国的警察当局所不喜，他不得已逃往布鲁塞尔，后来又到伦敦。他在伦敦当《纽约论坛报》的通信员，过着很苦的生活。

直到这时候，还没有人注意到他的关于经济问题的著作。1864年，他组织第一个国际的劳动会。3年后，在1867年，他出版了他的著名的《资本论》的第一册。马克思相信所有的历史全都是"有"者与"无"者之间长久斗争的过程。机器发明与普遍应用之后，社会上便产生了一个新阶级，即资产阶级，资本家用他们剩余的财富购买工具，使劳动者用那些工具产生更多的财富。有了更多的财富，又去建造更多的工厂，如此永远进行不已。而在这个时候，据马克思的观察，第三阶级（即中等阶级）一天比一天地富起来，第四阶级（即无产阶级）则一天比一天地穷下去。他预料将来的结果，必是一个人占有全世界一切的财富，而其他的人皆成了他的雇员，皆需仰他的鼻息。

为防止这种情形发生，马克思劝告各国的劳动者联合起来为几个政治与经济的政策奋斗。这些政策他都逐条列举在1848年（这是欧洲最后一次大革命之年）的宣言上。

这种思想当然为欧洲政府所最不欢迎。许多政府，特别是普鲁士，通过几条压迫社会主义者的严厉的法律，命令警察解散社会主义者的集会，并捉拿演讲的人。但是这种压迫一点没有好处。为思想牺牲乃是给这个运动一个最好的广告。在欧洲，社会主义者的人数一往直前地增加。不久，人都知道社会主义者并不是指望计划一个激烈的革命就取得胜利，而是利用他们逐渐扩充的势力，在各国国会里增进劳动阶级的利益。到后来，社会主义者甚至有被邀请做阁员的；于是他们便与开明的新旧教徒共同合作，补救工业革命所引起的损失，重新公平一点地分配由机器之采用与财富之增加所生的许多利益。

60. 科学时代

科学家受了几代的压迫与摧残之后，终于获得行动的自由。如今他要设法探寻支配宇宙的各种基本法则了

埃及人、巴比伦人、迦勒底人、希腊人与罗马人对于科学和科学研究的最初的缥缈的观念皆曾有过贡献。但是4世纪的民族大迁徙曾将地中海的古典世界破坏了，而重视灵魂、轻视肉体的基督教会则视科学为人类骄恣的一种表现，是窥探全能上帝统治范围内的神圣事物，所以将它与七宗罪并列。

文艺复兴曾经打破过多少（虽然有限的）中世纪的偏见的墙垣。在16世纪初年，追上文艺复兴的宗教改革却极仇视"新文明"的各种观念。科学家想要跳出《圣经》所定的知识范围之外，又将受到严厉的刑罚了。

我们今日的世界到处有骑着跳跃的马，领导欢悦的士兵去博光荣胜利的大将军铜像。这里那里一块块小小的大理石的墓碑表示一位科学家安葬的地方。再过1 000年，这种事情也许不是这样做法，将来幸福时代的儿童，可以知道那些首先发现造成现代世界唯

一要件的抽象知识的人们那份了不得的勇敢和对于职务的几乎不可思议的热心。

哲学家

　　研究科学的老前辈中有许多人曾受尽穷困、藐视与屈辱。他们住在顶阁里，死在土牢里。他们不敢将他们的名字印在他们著作的封面上，也不敢在他们本国印行他们研究的结果，唯有把稿子偷送到阿姆斯特丹或哈勒姆的秘密的印刷所去。他们遭受教会（新旧两教）极端的仇恨；讲道的用他们做题目，煽动教会中人，用惨烈手段对待这些"异教徒"。

　　他们有时找到了避难所。在荷兰，容让的精神最大，政府当局虽不十分赞成科学的研究，但也不肯干涉人民思想的自由，所以荷兰成了一个求知自由的小小避难所。英、法、德三国的哲学家、数学家和医生都可以到这地方去享受短期的休息，呼吸自由的空气。

我在前面一章里说过那位13世纪伟大的天才罗杰·培根，有多少年不得写一个字，怕被教会当局再找麻烦。500年后，那部哲学的《大百科全书》的撰稿者常受法国宪兵队的监视。半世纪后，那位竟敢怀疑《圣经》上所说的创造人类故事的达尔文，在每个教堂的讲台上皆被痛斥为人类的仇敌。即在今日，对于那些胆敢深入尚未发现的科学范围的人的迫害，尚未完全停止。当我写到这里时，布赖恩先生（美国的前国务卿）正向大众演说"达尔文思想的危险"，警告听众莫蹈英国这位自然科学大家的错误覆辙。

但是所有这些，纯粹是问题的枝节。凡是必须要做的事情终归要做。至于那些发现与发明的最后利益，却归之于时常毁谤有识见的人为不切实际的理想家的民众了。

17世纪还喜欢探求遥远的天空，研究我们的地球和太阳系的关系。即使如此，教会尚且不赞成这种不应该的好奇心。那位最先证明太阳是宇宙的中心的哥白尼，在生前始终没有刊印他的著作。伽利略一生大部分的生活皆在教会当局的监视之下，但他继续玩弄他的望远镜，供给牛顿不少实际的观察，大大地帮助这位英国的数学家发现下坠物体的有趣的规律（即所谓的万有引力）。

以上的成就使人们对于天空的兴趣至少暂时消失了，于是他们开始研究起地球来。17世纪的后半叶，列文虎克发明了可以应用的显微镜（一种奇怪的拙笨的小东西），便给人们一个机会研究造成许多疾病的微生物。显微镜做了微生物学的工具，使它在过去的40年间发现了作病源的微小生物，免除了世界不少的疾病。它又使地质学家可以更精细地研究他们从地下挖掘出来的各种岩石与化石（史前的植物所化之石）。这类研究使他们相信地球的年代必定比《创世记》上所说的老多了。1830年，查理·莱伊尔爵士出版了他的《地质学原理》，否认《圣经》上所述的创世纪的故事，并且对于地球缓慢的生长与渐渐发展的情形做一个较《创世记》更为神奇的描写。

同时，拉普拉斯侯爵正研究一个新的创世论。他说行星系统出于星云，而地球不过是这云中的微小的一点。又有本森与基尔霍夫两人用分光镜研究星与太阳（太阳的奇怪的斑点最初已由伽利略看见）的化学成分。

同时解剖学家与生理学家跟新旧教的教会当局经过一场很激烈、很惨的战争之后，才得到解剖尸体的权利，才对人身上的器官和各器官的性质得到一个比中世纪庸医的臆断确切的认识。

人类初次注意天空的星斗而诧异它们何以会在那里，是在几十万年以前。自1810年至1840年一代之中，人类在科学上的进步比那几十万年的还多。在旧制度下受过教育的人们一定觉得这个时期很苦。我们很能明白他们对于拉马克、达尔文这些人们的仇恨。要知道达尔文并没有说他们是"由猴子变成的"（我们的祖宗似乎把这种说法当作一种侮辱）。他不过隐约地说高贵的人类是由一长串的祖宗演化出来的；如果向上追溯人类的祖宗，一直可以追溯到最早居住在地球上的小水母。

在19世纪形成势力的富裕的中等阶级，鉴于科学大发明的许多实际的应用，很愿意采用煤气与电气。但是专门做研究的人们，没有他们，进步便不可能的。研究"科学原理"的人们，在最近以前仍然不为人所信服，后来他们的功劳总算被人承认了。在过去时代，有钱的人都出资建造大礼拜堂，现在他们建造大实验室了，不声不响的人们在那里与人类潜伏的仇敌交战，常常因谋后代的更大的幸福而牺牲了他们自己的性命。

飞艇

诚然，我们的祖宗以为世上许多的疾病是无可避免的"上帝的行为"，现在它被揭穿了，乃是我们自己的无知与忽略的表现。今日的儿童个个都知道，假使喝水小心一点，他可以避免伤寒症。然而医生必须费许多年艰难的工作，才能使人们相信这个事实。现在的人很少不去请教牙医。研究我们口内的微生物，才可以防止我们的牙齿腐烂。有时候就算必须拔掉一颗牙，也只是鼻子吸吸气，便欢欢喜喜地走了。1846年欧洲报纸上传说美国用乙醚实行"无痛苦的手术"的故事，欧洲的好百姓都摇脑袋。他们认为人要避免一切生物所不能不有的痛苦乃是违反上帝的意旨，所以用乙醚与氯仿施行手术经过了很久才得以通行。

　　但是追求进步的战役已经胜利了。老的偏见渐渐消灭了，从前的无知亦已与时俱亡了。一个新的、更幸福的社会里的热心的先锋队猛向前进。忽然，他们遇见一个新的阻碍。在那个久已过去的废址之外，又竖起另一个反动的壁垒，若要打破这最后的防御，尚需牺牲数百万人的生命。

61. 艺术

一个没有艺术与幸福的世界好比一个没有笑声的幼儿园

　　如果一个十足健康的孩子吃饱睡足之后，他会哼哼一个小调，表示他如何快乐。对于年长的人，这种哼哼算不得什么，但是对于孩子这是很好的音乐。这是他对于艺术最初的贡献。

　　等到他年岁稍长，能够坐直起来，做泥饼的时代便开始了。这种泥饼在大人看来毫无意味，因为同时有多少孩子做着多少的泥饼。然而对于小小的孩子，这是代表一个新的探险，走进艺术的快乐之境了。在此时，这个小孩已是一位雕刻家了。

　　到了三四岁，两手可以服从他的思想的时候，他便成了一个画家。他的慈爱的母亲给他一盒五彩的粉笔。不久，每块小纸上便涂满了奇形怪状的东西，代表房子啦，马啦，以及可怕的海军战争啦。

　　但是这种"制造东西"的快乐不久便完了。学校生活开始了，一天大部分的时间都被功课占据了。生活的事务，不如说"求生活"的事务，便成为每个男女儿童生命中最重要的事业。在学习

387

乘法表与法文的不规则动词的变化之间，只剩一点点时间给"艺术"。除去纯粹以制造为快乐，不求实际报酬的那种制造欲极强的人外，一般的儿童长大成人以后，全忘记了他们一生最初的5年是完全致力于艺术的。

民族也与儿童一样，穴居的人刚刚脱离了令人战栗的长久的冰河时期那种骇人危险，整顿了他的日常生活之后，便开始制造他认为美丽的东西，虽然这些东西于他和树林里的野兽战斗时毫无用处。他的洞里的墙壁上涂满了他猎到的鹿的画像，他还从一块石头里刻出他认为最好看的女人的模型。

埃及人、巴比伦人、波斯人以及其他一切的东方民族一旦在尼罗河与幼发拉底河的沿岸建设了他们的小国家之后，他们便开始给他们的国王建造宏大的宫殿，给他们的女人发明明珠和宝石，布置种满各种花卉的花园。

我们自己的祖先，就是那从老远的亚洲大草原来的游牧民族，因为享受一种做战士和猎人的自由舒服的生活，所以编出了许多颂扬他们伟大领袖的伟大功绩的诗歌，后来渐渐发明一种诗的体裁，这种诗体一直保存到现在。1 000年后，他们安居到希腊的大陆上，建设了他们的"城市国家"之后，他们便表现他们的快乐（与他们的悲哀）在庄严的庙宇上，雕刻上，喜剧与悲剧上以及各种可以想象到的艺术的形式上。

罗马人同他们的仇敌迦太基人一样，忙于治理其他民族与赚钱的事情，所以无暇欣赏那"无用且无利"的精神的冒险。他们征服了全世界，筑路、修桥梁，但他们的艺术整个地是从希腊人学来的。他们自己也发明了几种建筑上应用的形式，以应当时的需要。但是所有他们的雕刻、他们的历史、他们的镶嵌、他们的诗歌全是希腊的原物，加以拉丁的模仿。如果没有那点缥缈难以解释的人们称为"个性"的东西，便不能有艺术。罗马的世界就是不信那点"个性"。帝国所需要的乃是有能力的军人与有能力的商人。作诗或作画这类事情留给旁人做去了。

以后来了黑暗时代。野蛮人是用不着文化的。凡是他所不能了解的东西于他皆是没用的。按现代的说法，他喜欢保存杂志封面上的美女画，但反将继承得来的伦勃朗的蚀刻丢到灰桶里，不久他渐渐学了一点。于是他要补救前几年他所酿成的损害，但是灰桶已经丢掉了，画也遗失了。

但在这时，他从东方带来的自己的艺术业已进步成很美的东西了，他用所谓"中世纪艺术"来补救他过去的忽略与冷淡。这个中世纪艺术，至少在北欧可算是日耳曼精神的产物，仅仅采用一点点希腊与拉丁的艺术，完全不受埃及与亚述的艺术的影响，至于印度与中国的影响那更不消说了，因为那时候的人简直不知道这些艺术的存在。因为北方民族受南方的影响很少，所以他们的建筑产物完全不为意大利人所了解、所重视。

你们都听过"哥特式"这个词的。你们或者会把它联想到一座矗立天空的美丽的老教堂。但是这词真正的意思是什么呢？

这词是指"村俗"与"野蛮"的东西——是指一个"未开化的哥特人"，一个对于古代艺术的定则一点不尊重，不慎重地考察罗马广场与雅典卫城的榜样而造些"近代的鬼东西"以满足他下流的嗜好的粗野边疆人。

虽然如此，这种哥特式的建筑算是爱好艺术的真正感情的最高表现，感动北欧大陆上的人民数百年。你们记得在前边一章所说的中世纪晚年的人民如何生活。他们不是住在乡村的农民，即是城市里的市民。这些好市民住在高深的城池里，正如部落的人互相保卫，有难同当、有福共享。

在古代希腊与罗马的城市里，有着庙宇的市场即是城市生活的中心。在中世纪时，那个上帝之家的教堂便是这样的中心。在今日相信新教的人们一星期只去教堂一次，一次只几个小时工夫，再也不知道中世纪的教堂对于中世纪社会的意义。那个时候，你生下来不到一星期，便被送到教堂去受洗礼。长成到儿童时，便需到教堂去听讲《圣经》上的神圣故事。以后你便是教会里的会友了。假使你很有钱的话，你便自己造一座小礼拜堂，纪念你自己家里的保护神。至于那座神圣的大厦，白天是整天开放的，晚间也开放好几个钟头。在某种意义上，一座教堂好似一个现代的俱乐部，贡献给全城的居民。你在教堂里很有希望见到那位将来与你在神坛前同行婚礼仪式的女子。等到最后，你一生的路程走完之后，你就会葬在这座熟悉的建筑之下了，所有你的子孙皆会走过你的坟墓，直到审判之日为止。

因为教堂不但是上帝的家，而且是一切共同生活的真实中心，所以这个建筑必须与其他人造的东西不同。埃及、希腊、罗马的庙宇只是一地方的神社。因为在奥赛里斯或宙斯或朱庇特神之前不布道的，所以教堂内不必为信徒留出多大的空地。老的地中海的人民，一切宗教上的仪式皆在室外举行。但在北方，天气不好之日居多，所以多半的祭典皆举行在教堂之内。

好几代的建筑家专门研究建造一座足够大的建筑的问题。罗马的传统教给他们怎样建造巨大的石墙，上开小窗，窗之所以小，是怕墙吃不住，石墙之上覆以重大的石顶。但在12世纪十字军东征以后，建筑家看见了伊斯兰教建筑的尖拱，于是西方的建筑家便发明一种新的形式，使他们第一次造出当时热烈的宗教生活所需要的建筑。后来他们渐渐发展成这个奇怪的形式，意大利人送它一个轻蔑的名称，即"哥特式"或"野蛮的"。他们发明一种以"弯梁"支持的拱形的屋顶，完成他们的计划。但是这样一个屋顶，如果太重，很容易压坏墙壁，就像一个300磅重的大人坐在一把小孩的椅子上，准会把椅子压塌一样。为消灭这种危险，法国的建筑家想法用石制的"拱柱"，支撑那架着屋顶的石墙。为加倍保护屋顶的安全起见，又用一种"飞拱柱"支撑屋顶的弯梁，这是一种极简单的建筑法。

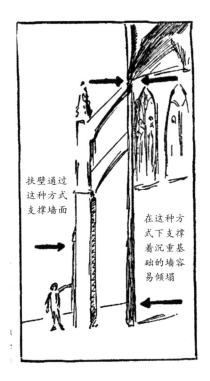

扶壁通过这种方式支撑墙面

在这种方式下支撑着沉重基础的墙容易倾塌

哥特式建筑

有了这种新的建筑法，便可以有大的窗子。在12世纪的时候，玻璃还是贵重的珍品。只有少数私人的建筑才有玻璃窗。即使贵族的城堡都没有遮蔽，屋内永远透风，因此当时的人在屋内同在屋外一样地穿皮衣。

　　幸而古代地中海人所熟知的制造彩色玻璃的技术还未完全失传。这时制造彩色玻璃的事业重新恢复了。不久，哥特式教堂的窗户便在长的铅框里装上画着《圣经》故事的光明灿烂的彩色玻璃窗。

　　看哪！这个新的、辉煌的、上帝的住宅，里面充满了热心的人群，将他们的宗教"生活化"到古今所未有的程度。这个上帝的住宅，人类的家，不论造得如何讲究，如何巧妙，不嫌过分的。自从罗马帝国颠覆以来，失业的雕刻家如今也一颠一跛地回到他们的高贵的技术了。门、柱子、拱柱、飞檐，满是上帝与圣徒的雕像。刺绣家也开始他们的工作，织制壁上的绣幔。珠宝工人也献出他们无上的技术，使神坛值得完全的崇拜。即使画师也极尽他的能事。这些可怜的人，因为缺乏适宜的媒介很是吃亏。

　　关于这个，有一段故事。

　　耶稣纪元初期的罗马人将他们教堂的和房屋的地板上、墙壁上，镶满了镶嵌的细工。图画则以小块彩色石块儿制成。但是这种技术非常之难。它不给画师一个机会发表他所有要想发表的东西，这个困难，凡是用过五彩方木搭图画的儿童皆能明白。因此在中世纪晚年这种嵌画术渐渐灭亡了，只有在君士坦丁堡陷落之后的俄罗斯尚有拜占庭嵌画师的立足之地，尚在那里继续装饰希腊教堂的墙壁，直到"布尔什维克"成立后，才不再建造新的教堂。

　　中世纪的画师当然能把颜色调在刷墙的湿浆里。这种浆画的方法流行了好几百年。在今日，这种画法就同在抄本书上画小画的技术一样少有了，在我们现代的城市里，几百个艺术家之中，也许只寻得出一个能用此法的人来。但在中世纪只有此法，因为没有其他的材料，美术家便都是用泥浆画壁的工人。然而这个方法有很大的缺点。往往不到几年，灰泥掉下了，或者湿气把画毁坏了，正如湿气毁坏我们现在的墙纸的花纹一样。人们试验了许多可以想象得到的方法，不用灰泥做底子。他们用酒、醋、蜂蜜与蛋白调颜色，但是没有一个成功的。这种试验做了1 000多年。中世纪的艺术家在抄本书的羊皮纸上绘画很成功。但是想在大片木板或石头上使浆画粘住不掉，他们便不能办了。

到了15世纪的前半叶，这个问题终于由尼德兰南部的扬和胡伯特·凡·爱克两人解决了。这两位有名的弗兰德斯人把颜料调在特别制成的油里，因此无论木板、帆布、石块或其他物品，皆可做画的背景了。

但在这时，中世纪初叶的那种宗教热诚已成过去的东西。城市里有钱的市民继主教之后为艺术的保护者。因为艺术永远是跟着富贵人走的，所以当时的艺术家都去给世俗的雇主，如国王、大公爵、银行家工作。不久，这种用油绘画的新法传遍了全欧洲。各国都发展各国特有的派别，表现各国人民特有的风味。

例如，在西班牙，委拉斯凯兹专画宫内的小丑，御用的绣帷织造厂的女工以及凡与国王和宫廷有关系的人物。在荷兰，伦勃朗、弗朗斯·哈尔斯与维米尔画的都是商人家的仓库，他的衣服不整洁的妻子，他的身体坚实而莽撞的孩子，以及使他致富的船只。在意大利，教皇仍为艺术的最大保护者，所以米开朗基罗与柯勒乔仍画圣母与圣徒。但在英国，因为贵族富而有势力，在法国，国王是国家的至尊，所以艺术家都画政府的重要人物，同与国王要好的漂亮贵妇人。

自从老的教堂被弃置，社会上产生一个新的阶级后，油画的大变化又映射到其他种类的艺术形式上。印刷术的发明使著作家因为给群众著书得到了名誉。因此产生了小说家与插画家的职业。但是有钱买新书的人，不是那类愿意晚间坐在家里看房顶，成天只坐坐的人。他们需要娱乐。中世纪数量有限的乐师不够应付这种娱乐的要求。自从希腊的城市国家衰亡之后，2 000年来，专门的戏剧家第一次得到了从事他的职业的机会。中世纪的戏剧只是教堂内一种庆祝的典礼。13、14世纪的悲剧只描写基督受苦的故事。但在16世纪时，世俗的戏剧又出现了。起初的时候，编剧家和演员的地位固然不是很高的。莎士比亚不过被看作一种演马戏的人，用他的悲剧与喜剧取悦于旁人。但是等到1616年他死后，他渐渐受到人们的尊敬，这时的演员也不再做警察监视的目标了。

与莎士比亚同时的有洛佩·德·维加，那个不可思议的西班牙人写了1 800本世俗剧与400本宗教剧。他是一位贵族，他的著作得过教皇的嘉许。100年后，法国的莫里哀居然被认为其声望不亚于路易十四。

自此以后，戏剧便得到民众方面继续增加的好感。在今日，一个"戏院"是每个完备的城市的必需品，无声电影则已深入美国顶小的村子了。

然而还有一种艺术顶受欢迎，那就是音乐。许多老的艺术的形式都需要不少技术的才能。在我们拙笨的手可以服从我们的思想，将我们的想象表现到帆布上或大理石上之先，必须有多少年的训练。要学到如何扮演或如何写作一个好故事，需穷毕生的工夫。在观众方面亦需受不少的训练，才能欣赏最好的油画、文学与雕刻。但是差不多的人（只要不是完全不通音调的人）都能懂得一支曲调，几乎人人都能从某种音乐里得到一点娱乐。中世纪的人听过一点音乐，但都是教会的音乐。那些圣歌需受韵律和声学的极严厉的规则的限制，所以变得单调无味了。再说，这些圣歌不能在大街上或市场里随便唱着玩的。

民谣歌手

文艺复兴改变了这个情形。音乐重新恢复了它的本来面目，成为人在快乐与愁闷时候的最好朋友。

埃及人、巴比伦人与古犹太人都是酷爱音乐的。他们甚至将几种乐器合并为有规则的管弦合奏。但是希腊人对于野蛮的异邦的喧闹是攒眉头的。他们爱听一个人独诵荷马与品达的庄严诗歌。歌诵的时候，还可以和以一种七弦琴（弦之中最可怜的一种）。为避免一般人的反对起见，只有这个办法。罗马人则正同他们相反，他爱那宴会里会场上的管弦合奏的音乐。他们发明了许多乐器，其中大部分仍为我们今日所用，只是形式上大大地改变了。早年的教会却很鄙视这种音乐，因为它含有很多刚被他们毁灭的邪恶异教徒世界的气味。所以3、4世纪的主教所能允许的，就是让全教会人唱几首赞美诗。因为没有一种乐器做指导，教徒们容易唱得不成音调，于是教会便许他用一架风琴，这风琴是在公元2世纪发明的。

后来便到了大迁徙时代。最后的罗马音乐家不是被杀死，就是沦落为拉四弦琴的乞丐，奔走各城，在街头拉琴行乞，像今日渡船上的奏竖琴者一样。

等到中世纪末年的城市里，恢复了一种较为世俗的文明之后，便发生需要音乐家的问题了。乐器之中像号角这件东西，原先只在游猎或战争的时候作为号令的器具；后来改造到发出来的声音适宜于跳舞厅同宴会场的地步了。用马毛制的弓，是替代旧式六弦琴用的；这种六弦的乐器（这是弦乐器中最古的一种，在埃及与亚述时代就有了）在中世纪末年之前，变成了今日的四弦琴。后来斯特拉迪瓦里以及其他18世纪的意大利提琴制造家，又把它改良到了最完美的程度。

最后发明了近代的钢琴，成了乐器中最普遍的一种。它跟着人们到热带的丛林，到寒带的冰野。风琴是第一种有键的乐器，但是奏琴者必须靠另一个管风箱的人同他合作，在今日管风箱的事已由电气代替做了，因此音乐家设法寻一种比较灵巧简单的乐器，帮助他们训练教会里许多唱诗班的学生。在那著名的，11世纪内，阿雷佐城（诗人彼特拉克诞生的地方），一个本笃会派的教士基多，给了我们现代的记音调法，在那个世纪里的一个时期，人民对于音乐的趣味非常之大，制造了第一个键弦的乐器。这种乐器的声音好比今日玩具店里买得到的儿童玩的小钢琴的叮咚声。中世纪的走坊乐师（这是属于变戏法及变纸牌戏一类的人）于1288年在维也纳城组织第一个独立的音乐行会，把那小小的一弦琴改成今日钢琴的嫡祖。"翼琴"（clavichord）这种有键乐器从奥地利传到意大利，在意大利又由威尼斯的斯比奈蒂将它改成"斯比奈特"古钢琴（spinet由发明家的名字Spinetti来的）。最后在18世纪，即1709至1720年之间，克立斯托福里制造一种"键盘乐器"，可使音调随便高低。这个器具经过很多次改变，成为今日的"钢琴"。

从此世界上便有一种容易方便的乐器，只学两年工夫便可以弹弹了。不必像"竖琴"与"四弦拉琴"那样需时时调弦调，且比中世纪各种口吹的乐器好听得多。最初的钢琴扩充了音乐知识的范围，正如留声机使现代无数的人对于音乐发生爱好一样。音乐便成为每个受好教育的男女的一种教育。王族同富商都有私人的管弦合奏队。这时乐师不再是满街游荡的歌者，而是社会中价值很高的分子了。音乐又加入了戏剧的演奏，从这里产生了近代的歌剧。最初只有少数极富的王族有力资助"歌剧团"的经费。后来一般人民对于这种娱乐的兴味增加了，于是许多城市都建造了自己的戏院，奏演意大利和日耳曼的歌剧，给了全社会——除去几个极端严格的基督教派仍然对于音乐有很深的怀疑，以为太可爱的东西对于灵魂不是很好的以外——无量的快乐。

18世纪的中叶是欧洲音乐全盛的时代。当时出了一位比谁都有名的巴赫，他是莱比锡城内托马斯教堂里一个普通的风琴师。他为每件著名的乐器制出一个乐谱来，自滑稽歌剧与普通舞乐以至最庄严的圣歌与神乐，无所不备。他设立了现代一切音乐的基础。在他于1750年死后，又出了莫扎特，创造极美丽的音乐；这种音乐，叫我们听了，会疑心是以和谐与节奏织成的花边。以后又有贝多芬，这位天下最不幸的人，就是贡献现代的管弦合奏的。但是他的杰作他自己一个也没有听过，因为他贫困的时候因为受了感冒而致使耳朵聋了。

贝多芬生在法国大革命时代，他满心希望有一个新的光荣的日子，他贡献他谱写的一个和乐给拿破仑，但他后来懊悔了。等到他在1827年去世时，拿破仑也死了，法国革命也完了，而蒸汽机出世了，这世界充满一种不能同贝多芬所梦想的第三和音并立的声音。

这是真的，美术、油画、雕刻、诗歌与音乐对于那个蒸汽、煤、铁、大工厂的新制度没有多大的用处。老的艺术的爱护者，如中世纪与17、18世纪的教会、王族、商人等已经不复存在了。新的工业世界的领袖，因为事情太忙，受的教育也太少，不会费神去注意蚀刻、歌曲和象牙雕刻这类的东西。至于创造这类东西的人，于他们所居的社会没有实际的用处，那更不待言了。再说，工厂内的工人老听机器的扎扎声，就把他们乡间的祖宗传下来的笛子或四弦琴的嗜好完全消失了。艺术便成为新的工业时代的过继儿子。艺术与生命完全分离。就算还有一点油画，也在博物馆里渐渐咽气了。音乐则变成少数艺术家的专有品，他们将它从家里搬到音乐会里。

但是艺术稳重地，可是缓慢地，又恢复它的本来面目了。人民渐渐知道伦勃朗、贝多芬与罗丹是他们民族中真正的先知、真正的领袖。一个没有艺术与爱的世界好比一个没有笑声的幼儿园。

62. 殖民地的扩张与战争

这一章应该告诉你许多关于过去50年的政治消息，但是实在含有几个解释和辩明

假使我早知道写一部世界史如此困难，我再也不担任这件大事了。固然，只要一个足够勤奋的人，肯把自己埋在图书馆的旧书堆里6年工夫，便可以编出一大部书来，记载过去的每一世纪里，在每一地方上所经过的事件。但那个并不是著此书的目的。书店内要印一部历史，需有节奏的——一个疾走的不是缓步的故事。现在我差不多快要写完了，我才发现有几章是疾走的，其他的是在久已被人遗忘的时代内的沙漠上缓步而行的——有几部分好像一点不向前进，有几部分则又信笔写得有声有色。我并不喜欢如此，我曾提议过将全稿一齐毁去，再来从头写过，但是书店不肯这样办。

那么，我退而求其次的办法便是把我的稿子带给几位好心的朋友，请他们读一读我的东西，希望可以给我一点忠告。但是这个结果未免使人们有点失望。人人都有他自己的偏见，自己的嗜好同偏爱。他们都要知道何以、何处与如何我敢遗漏他们所爱的国家，他

们所爱的政治家，甚至于他们所最爱的罪犯。有几位认为拿破仑和成吉思汗是应该特别优待的人物。我说，我对于拿破仑已经力求公道了。以我个人的判断，他还远不如华盛顿、古斯塔夫·瓦萨、奥古斯都、汉谟拉比、林肯以及许多别的人，所有这些人尚且因为篇幅所限，只写了一二节。

第二位批评家说："这些都是很好的，可是清教徒怎么样呢？我们正要举行他们到普利茅斯来的300年纪念。应该把他们多写几页的。"我的答复是：假使我写一部美国史，那么清教徒便得占据最初的6章，如今这是一部人类史，而普利茅斯的事件直至数世纪后，才有国际的重要性质；合众国是由13个殖民地，不是由一个殖民地建立的；美国史上最初20年的最显要的领袖皆是从弗吉尼亚、宾夕法尼亚、尼维斯岛，而不是从马萨诸塞州（清教徒的中心）来的；因此清教徒占据一页已经应该满足了。

先驱者

其次，来了研究世界史前史的专家。何以我不多留几页专给那在10 000年前已将文化发展到很高了的可钦佩的克罗马农民族呢？

真的，何以不如此呢？理由很简单。我不像我们最著名的人类学家那样相信古代民族是完全无缺的。卢梭与18世纪的哲学家创造了"高贵的野蛮人"理论，认为这些野蛮人生活在太古时代非常幸福。我们现代的科学家已把我们祖宗所溺爱的"高贵的野蛮人"抛弃了，而以35 000年前住在法兰西谷地，曾取尼安德特人及日耳曼附近区域内简陋的、下等生活的畜生而代之的"优越的野蛮人"代替它。这些科学家发现了克罗马农人所绘的画像与所雕的塑像，并且给了他不少的光荣。

我不是说他们错了。但我认为我们对于这整个的时代知道得太少，我们不能在正确的程度（虽然如何低）内，把这早年的西欧社会重新构造一番。我宁愿有些事情不写，也不要冒险写些不正确的事情。

还有几位批评家责备我太不公道。何以我不写爱尔兰、保加利亚与暹罗（今泰国）等国，反倒把荷兰、冰岛、瑞士，等等，拉进去呢？我的答复是：我没有把任何一个拉进去。它们完全是被形势的力量推进去的。我不过无法撇开它们而已。为求读者了解我的观点起见，我要说明这部历史采取这样的内容是以什么为根据。

其中只有一条规则："我们所讨论的国家或人曾否创造一个新的观念或一件完全新奇的行为，若没有这样的观念或行为，全人类的历史便与现在的不同了。"这不是个人的嗜好问题，乃是冷静地，几乎像数学那样精细地判断的问题。没有一个民族再比蒙古人在历史舞台上扮演得更生动的了，而在成绩或知识的进步方面看来，没有一个民族对于人类的贡献再比蒙古人少。

亚述的提拉格–帕拉萨的事业满是戏剧似的情节。但就我们的关系看来，他存在与否也许都是一样。同样地推论下去，荷兰共和国的历史之有兴趣，并不是因为有一回德·鲁伊特的水手到泰晤士河打鱼的事情，乃是因为这个在北海沿岸的泥滩，贡献给那些对于各种极不受欢迎的题目，发生各种怪僻的观念的各种奇怪人一个很好的避难所。

　　诚然，雅典城或佛罗伦萨城即在最盛时代，只有堪萨斯城人口的十分之一。但如果从来未有过这两个地中海沿岸的城市，我们现在的文明一定不是这样的。然而我们对于堪萨斯这个繁盛城市却不能这样说。

　　我既然说到具体的事情了，让我再说一件给你听。我们请教医生的时候，必须预先打听他是外科医生，还是诊断家，用药治疗的医生，还是以精神治疗的医生，因为我们要知道他从哪一个角度观察我们的病症。我们选择历史学家应该也同选择医生一样谨慎。我们心里以为"喔，历史就是历史"，让它去吧。然而一位在苏格兰乡僻地方的长老会教徒家里受过严格教育的历史学家，同一位从小听惯那位反对一切宗教的罗伯特·英格索尔的言论的历史学家，对于人类关系的一切问题的见解一定不同。经过相当的时期，这两个人也许把他们早年受的教育全忘了，也许再也不到礼拜堂或讲堂里去。但在最容易受感动的年龄内所得的影响仍然保留在他们脑海里，无论他们写的、说的、做的都免不了显露这种影响。

　　我在这书的序文里已经声明过我不是没有错误的指导者，现在我们快到末尾了，我再要警告你一遍。我的生长同所受的教育皆在那个老式的自由观点（即达尔文与其他19世纪的先觉的各种发现以后的自由观点）的空气里。我幼年时代多半的时间，是与我的叔父在一起。他是一位收藏16世纪法国的大文章家蒙田著作的人。因为我生在鹿特丹，在高达城内受教育，所以我常常遇见伊拉斯谟，不知什么缘故，这位容让异端的宣传者，便大大影响了这个向来不能容让的我。后来我又发现了阿那托尔·佛朗士，我同英文的第一次经验是从偶然遇到萨克雷的《亨利·埃斯蒙德》而得的。这部小说给我的印象比任何英文书给我的都深。

对西方的征服

假使我生在美国中部一个快活的城市里，多半我会对于我幼时听过的赞美诗发生某种的感情。如今我对于音乐最早的记忆，是在一天下午，我的母亲带我去听巴赫的赋格曲。这位新教的大音乐家的音乐之精美，给了我如此大的影响，使我再听祈祷会的普通赞美诗，不能不有一个深刻的苦痛。

再说，假使我生长在意大利，常浴在快乐的阿尔诺河流域的和暖日光里，我或者会喜欢颜色鲜明、光耀的图画。今则我对它一点不产生兴趣，因为我第一次得到美术的影响，是在那么一个地方：那里不大出现的太阳猛烈地直射在被雨水湿透的地面上，使一切东西皆成阴暗与明亮的强烈的对照。

我很审慎地举了这几个事实，好使你们知道写这部历史的个人的偏见同他的观点。你们可以用他人的著作代表各种见解与观点来同我的比较一下。这样你可以得到你自己的最后结论，比用其他方法公平得多。

我们写了这段短短的，然而必需的题外之言，得回到最近50年的历史了。许多事件在这个时期内发生过，但在当时视为最重要的事件则很少。列强中的大多数不但是政治的机关，也变成大的企业组织了。他们建造铁路，在世界各处设立并且奖励汽船的航线。以电线联络他们各处的属地，一步步增加他们在其他大陆上的租界地。非洲、亚洲每块有用的土地必有一个强国去要求。法兰西变成一个殖民的国家，在阿尔及利亚、马达加斯加、安南（今越南）与东京都有他们的利益。德意志索取了非洲的西南部与东部，他在非洲西岸的喀麦隆，在新几内亚和太平洋里许多的岛上建设他们的殖民地，又以两个教士被杀为理由夺取中国黄海的胶州湾。意大利要在埃塞俄比亚试探它的命运如何，但为皇帝尼格斯的军队所败，于是占领非洲北部属于土耳其的的黎波里以自慰。俄罗斯占领了西伯利亚全境之后，又从中国手里夺取旅顺。日本在1895年打败中国之后，占领了台湾，又在1905年并吞了朝鲜全国。世上殖民最大的国家英格兰，在1883年担负起"保护"埃及的责任。它尽力完成了这件大事，而这个被人忽略的国家——自从1868年，苏伊士运河开通之后，常有受异邦人侵略的恐惧——因此得到不少物质上的利益。此后的30年间它在各地方打了不少殖民的仗。又在1902年（经过

3年的苦战之后）征服了德兰士瓦与奥兰治自由邦两个独立的共和国。同时它又鼓动塞西尔·罗德斯从好望角起几乎到尼罗河口，设立一个大非洲国家的基础，且将凡是没有欧洲主人的一岛一地皆很老实地搜罗进自己的手里了。

比利时的狡猾精明的国王利奥波德，利用亨利·斯坦利的发现，在1885年建设了刚果自由国。这个庞大的热带帝国本来是一个"绝对的专制国"。但经过了许多年荒谬得可羞的统治之后，比利时的人民合并了它，在1908年设为殖民地，将那位无所顾忌的国王——只要得到象牙和橡胶不管当地人的命运的——所容让的可怕的虐政也废止了。

论到合众国有了很多的土地，不再希望别的土地了。但是古巴（西班牙在西半球的一块最后的属地）的可怕的虐政逼得华盛顿政府不得不实行干涉。经过一个短期的、极平常的战争后，西班牙人便被逐出古巴、波多黎各同菲律宾群岛，后二者便成了合众国的殖民地。

这个世界的经济发展是很自然的。英、法、德三国因为工厂数目的增加，需要永远不绝的原料，而同样增加的欧洲工人也需要永远不尽的食物。各处皆要求更多更富的市场，更容易去的煤矿、铁矿、橡胶园和石油井与更多粮食的供给。

从那些设计维多利亚尼亚萨湖的汽船航线或山东省内的铁路的人看来，欧洲大陆上的政治事件已经缩到无可注意的了。他们知道还有许多欧洲的问题等待解决，但是他们不愿意去费事。完全因为冷淡与不留心，他们留给子孙一个仇恨与苦痛的可怕遗产。在数不清的年岁中，欧洲东南角曾为叛逆、流血的舞台。在1870年，塞尔维亚、保加利亚、门的内哥罗（即黑山）与罗马尼亚诸民族又想得到他们的自由，但是土耳其人（借着西方列强的许多帮助）竭力阻止这事。

保加利亚在1876年经过一个非常残酷的屠杀时期之后，俄国人便不能忍耐了。正如同麦金利总统到古巴去阻止哈瓦那的威勒将军的射击队一样，俄国政府不得不出来干涉。1877年的4月，俄国军队渡过多瑙河，袭击希普卡山隘，占领了普列夫纳，以后便长驱南下一直到君士坦丁堡的门外。土耳其便去求救于英国。许多英国人民弹劾他们的政府，因为它帮助了苏丹。但是迪斯累利（他刚把维多利亚女王奉为印度的皇后，他爱那些如画的土耳其人，同时恨那些虐待俄国境内的犹太人的俄国人）决定要干涉。俄罗斯被迫缔结《圣斯蒂法诺合约》（1878年），巴尔干的问题便留给同年6、7两月在柏林召集的大会解决。

这个有名的柏林会议完全为迪斯累利的人格所笼罩。即连俾斯麦也怕这位有着一头光亮的卷发与一等的高傲，带一点幽默味儿同一副善于谄媚的高明手段的聪明老人。这位英国首相在柏林极小心地注意他的朋友——土耳其人的命运。门的内哥罗、塞尔维亚与罗马尼亚皆被承认为独立国家。保加利亚以沙皇亚历山大二世的侄子巴登堡的亚历山大亲王为国王，得到一个半独立的地位。但是所有这些国家没有一个得到发展他们权利的机会。若是英国少注意一点苏丹的命运（土耳其的疆土是防御俄罗斯侵略的屏藩，为大英帝国安全所必须）他们可以有这机会的。

那个会议只有把事情弄得更糟点，它让奥地利从土耳其手里拿到波斯尼亚与黑塞哥维那，作为哈布斯堡疆土的一部分。奥地利固然把它们治理得很好。这两个被人忽略的省份居然治理得同一等的英国殖民地一样；这样说，成绩很可观了。但是里面住着许多塞尔维亚人。在早先时候，他们曾为斯特凡·杜尚的大塞尔维亚帝国的一部分。斯特凡·杜尚在14世纪时曾保护西欧抵抗土耳其人的侵略。他的斯科普里都城在哥伦布发现新大陆前150年时已为文化的中心。塞尔维亚人仍然怀念他们不能不想念的古代光荣，他们恨在这两省里住着的奥地利人，因为他们认为按传统的权利，这两省无论如何应该属于他们的。

奥地利皇太子斐迪南大公爵，于1914年6月28日在波斯尼亚的都城萨拉热窝被刺。刺客是一个塞尔维亚的学生，他行刺的动机完全是为爱国。

这件可怕的惨案虽然不是世界大战唯一的原因，但是直接的原因。而负这惨案的责任的，不是那个半疯的塞尔维亚少年，也不是奥地利的牺牲者。我们应该追溯到那个著名的柏林会议，那时候，欧洲忙于建设物质的文明，所以没有留心到巴尔干半岛的荒凉犄角上，那个久为大家遗忘的民族所抱的梦想。

63. 一个新的世界

欧洲的大战是为求一个新而更好的世界的战争

孔多塞侯爵是法国大革命时忠实革命家小团体中一位顶顶高贵的人物。他一生皆为贫苦与不幸的人们努力。当达兰贝尔与狄德罗写那部著名的《百科全书》时，他是他们的助手。在革命的初期他做了国民大会里稳健派的领袖。

法国国王同他宫廷里的党羽的不轨行为给了过激派一个机会去攫取政权并大杀反对党的时候，孔多塞的宽容、慈善同可靠的常识使他成为大家猜忌的目标。他被宣告为一个"不法之人"，从此可受任何真正爱国者的随意处置。他的朋友皆愿冒险将他隐藏起来。孔多塞不愿接受他们的牺牲。他自己逃走，设法回到他的家乡，希望在那里可以得到安全。他在露天过了3夜，身上擦破了，流血了，他走进一个客店里去讨东西吃。那些对他发生怀疑的村人搜他身上，从他衣袋内搜出一本拉丁诗人贺拉斯的诗。这本诗证明他们的囚犯是上等社会的人。在这个凡受过教育的人皆被视为革命政府的仇敌之时，他不该在这大道上走的。于是他们捉住孔多塞，绑起他来，塞住他的口，将他投在乡村监狱里，但是第二天早晨，几个士兵进去要拉他到巴黎枭首的时候，啊，他已经死了。

这个牺牲一切而不得一点报酬的人很有理由对人类失望。但是不然，他说过几句话，这几句话在130年前像今日一样的真实。我把它们写在这里：

"自然并不限制我们的希望。虽然至今仍有种种的过失，罪恶与不平玷污折磨这世界，可是人类如今脱离了它的束缚，已在真理、道德和幸福的大路上踏着坚实的脚步前进。这景象还可以使哲学家有一点安慰。"

战争

世界上刚刚经过一场大痛苦；与这痛苦比起来，先前的法国大革命不过是件极小的事情。它的震动之烈，连数百万人胸怀里最后的一点希望都给毁灭了。他们正在歌颂进步，而他们祈祷和平的结果却是4年间的杀戮。所以他们这样问："为这些尚未脱离上古穴居阶段的人们去劳作、去服务，值得吗？"

那只有一个答复，就是"值得的！"

这次世界大战是一个可怕的不幸，但这不幸并未把一切事情都毁灭。正相反，它倒产出一个新的时代来了。

写一部希腊罗马史或中世纪史倒都是容易的。在那久已遗忘了的舞台上扮演的角色皆已死去。所以我们可用冷静的头脑批评他们，并且对这些角色的功绩喝彩的听众也已分散。我们的批评不会伤他们的感情。

帝国主义思想的传播

但要对于现今的事实做一个真实的记载是很难的。我们日常所遇见的人的心里所有的问题也就是我们切己的问题；这些问题或者使我们太苦痛，或者使我们太高兴，所以叙述起来，不能像写历史所需要的忠实而无宣传鼓吹的色彩。虽然如此，我还要告诉你为什么我赞成那位可怜的孔多塞所说的他深信有更好的将来的话。

　　我在前面屡次警告你，不要让我们常用的历史时期给你一个错误的印象，所谓历史时期即将人类的历史分作古代、中世纪、文艺复兴与宗教改革和近代四个段落。最后一个名词最靠不住。"近代"这名词意思就是说我们20世纪的人是人类成就的顶峰。50年以前，在格拉斯通领导之下的英国自由党人，认为自从二次选举改良法案，使工人与雇主对于政治享受同等权利之后，真正代议的民治政体问题便解决了。迪斯累利同他保守党的朋友们批评这是一个大"冒险"，但他们回答："不是。"他们认为他们的道理是对的，并且相信从此以后，社会的一切阶级可以同心戮力地使他们共同国家的政府成功。但后来许多事情发生了，而少数至今活着的自由党人都渐渐明白他们从前的错误。对于任何历史问题都没有确定的答复。每一代必须重新好好地奋斗，否则必须像史前洪荒时代的懒惰的动物那样灭绝了。

　　假使你一旦抓到了这个伟大的真理，你便会有一个新宽大的人生观。然后再进一步，你设身处在10 000年时你的子孙所站的地位。他们也要学历史的。但他们对于短的4 000年——关于这时期内我们的行为，我们的思想都有文字的记载的——做如何想呢？他们或者会把拿破仑与亚述的征服者提拉格·帕拉萨认作同时代的人，或者会把他同成吉思汗或马其顿的亚历山大分不清。把刚刚完结的世界大战同罗马和迦太基在地中海上争霸的128年的长期商业战争混到一起去。他们会把19世纪的巴尔干问题（即塞尔维亚、希腊、保加利亚与门的内哥罗为自由的战争）当作与民族大迁徙所引起的纷乱相联的。他们看那才被德国大炮轰坏的兰斯大教堂的绘画，会像我们看250年前被土耳其与威尼斯的战争所毁的雅典卫城相片一样。他们将把现在许多人仍然常有的怕死心理认为幼稚的迷信，这种迷信一直延续到1692年，还用火烧死女巫的人类中或者不足为怪。即便是今日我们所自负的医院、实验室、外科手术室，他们也将认为不过比点金术士与中世纪外科医生的工作室略为进步一点而已。一切理由是很简单的。我们近代的男女实在一点不"近代"。正相反，我们还是属于穴居人的最后一代。至于新的公元的基础不过昨天才成立。人类有了怀疑一切事物的勇气而用"知识与了解"造出一个更合理的人类社会的基础时，人类才得到成为真正文明的机会。此次大战便是这个新世界的"诞生之苦"。

　　将来人们将要写许多大部的著作，以证明这个人、那个人或另一个人是此次大战的祸首。社会主义者将要发印书籍，指摘"资本家"为图"商业的利益"引起了这场战争。资本家便要回答说，他们在战争时所失的，远过于所得的——他们的孩子也是首先投军、打仗与战死的——他们要证明各国的银行家曾如何设法阻止战争的爆发。法国的历史学家将要从查理大帝起，以至霍亨索伦帝室的威廉止，逐一地数说历来德国的罪人。而德国的历史学家也必答之以敬礼，将从查理大帝时代起，至普恩加莱总统时代止，细述历来法国的惨案。然后他们各为自己的满意，证明对方是引起这场战争的罪人。各国的政治家，已死的、未死的，皆将辩明自己如何设法避免战争，而他们凶恶的敌人如何强迫他们投入战争的旋涡。

　　100后的历史学家便不会为这些辩明费事了。他会明白事件的真实性质，他会明白个人的野心，个人的凶恶，以及个人的贪婪同那最后的破裂关系很少。对于这个不幸事件应负完全责任的基本错误，是在我们的科学家只知创造一个钢铁、化学、电气的新世界，而忘记人类的思想比故事里所说的龟子走路还要慢，比著名的懒虫还要懒，它的进步比那一小队勇敢的领袖的要落后100年乃至300年。

一个粗鲁人穿上一件大礼服，仍然是个粗鲁人。一只受过训练而会骑脚踏车，会吸烟斗的狗仍然是只狗。一个有着16世纪的商人脑筋的人，虽然坐着1921年新出的汽车，仍然不免是个有着16世纪的商人脑筋的人。

以上的话，假使你读了不明白，请你再读一遍。不久你就会明白的，并且最近6年来所发生的许多事情全能用这个道理来解释。

或者我可以再给你举一个更习见的例子来说明我的意思。在电影的银幕上常常出现可笑有趣的句子。再有机会的时候，你注意看看那些观众们。能把全体字句几乎像一气吸下的人很少，就是只用一秒钟工夫把几行一气都读了，有的人稍慢些，还有人需用20秒乃至30秒钟。最后还有不大读书的男女，直到聪明的观众已经起首领略下边的说明时，才抓到那个要点。在人类的生活上，道理也是一样的，我现在就告诉你。

我在前面的一章告诉过你，在罗马最后一位皇帝死后的1 000年内，罗马帝国的观念如何继续存在着。由这个观念产出不少"仿造的帝国"。它给罗马的高级教士们一个做全教会领袖的机会，因为他们代表罗马称霸世界的观念。它又驱使许多原来完全无害于人的野蛮酋长为非作歹、穷兵黩武，因为他们永远受着"罗马"这个名词之魔。所有那些人，教皇、皇帝及普通的战士与你我没有多大差别。但是他们生活在那样一个世界里，那里罗马的传统是一个重大的问题——一个活的问题——是父亲、儿子、孙子皆记得清清楚楚的一种东西。因为如此，所以他们要为这个观点奋斗和牺牲。在今日，情愿为这理想奋斗牺牲的人就很少了。

在另一章内，我曾告诉你，自从宗教改革初次公然实施之后，宗教战争一直继续了100余年。假使你将三十年战争的一章与发明的一章参看一下，你可以看出在这凶残的屠杀时代，最初粗制的蒸汽机已经在法、德、英三国的科学家的实验室内喷气了。但是当初一般人对于这些奇怪的机械毫不注意，仍在继续从事重大的神学讨论。这种讨论在今日只能引起人们的呵欠，不会引起愤怒。

照这样下去，从今1 000年后的历史学家对于过去的19世纪的欧洲也将是同样的说法。他会看出人们如何从事于可怖的民族战争，同时周围的实验室里充满着勤奋的做研究的人，对于政治一点也不介意，只要他们能够从自然的无数件秘密中发现它几件。

现在你会渐渐明白我所说的意思了。工程师、科学家、化学家，在一代之中，便使欧、美、亚三洲，充满了他们的大机器、电报机、飞机和煤的副产物。他们造出一个时间与空间完全无足轻重的新世界。他们发明了新的物产，又使这些物产的价格极便宜，几乎人人都能买得起。这一切，我在前面都已说过，然而实在值得再说一遍的。

今日的工厂主人，也即是国家当局，欲使永远增加的工厂继续工作，必然需要原料与煤，尤其是煤。同时，一般人民仍然是16、17世纪的心理，仍然抱着老的观念，把国家当作一朝的或政治的机关。而这个蠢笨的中世纪制度忽然需对付起这机械和工业世界的最新问题。它照着许多世纪前定下的老法子，很尽力量了。各国都

414

造起巨大的海陆军，以备到遥远的地方去攫取新的领土。无论哪里剩下一点点土地，不定是英国、法国、德国或俄国便去建立殖民地。若是当地人反抗，便把他们杀了。在多数的场合，当地人皆不反抗；若是他们不来干涉钻石矿、煤矿、石油矿、金矿或橡胶场，他们被让平安地生活下去，而因为外国人的占领，反获得许多的利益。

有的时候，两个国家为寻觅原料，恰好同时需要同一土地，于是便有一场战争。15年前，日俄两国为争一块属于中国的土地，曾发生过这样的战争。然而这样的战争究属例外。没有一国真正愿意战争的。这不是假的，用军队、战舰、潜水艇战争，20世纪的人渐渐感觉为荒谬了。他们把强暴的观念同许多年代前的独裁君主和阴谋的王朝联系到一起。他们每天在报纸上看见更新的发明，看见英、美、德的科学团体，皆为增进医学或天文学的进步纯粹友谊地一同工作，他们生活在一个工商业繁盛的世界里。只有少数人能看到国家（即承认某种共同理想的人民的巨大社会）的发展落后了好几百年。他们打算要警告别人，但是别人的脑筋里被自己的事情占据了。

我已经用过太多的譬喻了，所以我要请诸位原谅我再用一个。埃及、希腊、罗马、威尼斯与17世纪冒险的商人的"国家"是一条坚固的船，用干燥的木料造成，由许多的船员驾驶，这些船员皆深晓得他们的船同水手的性质，并且也知道由他们祖宗传下来的航海技术的限制。

后来钢铁与机械的时代来到了。这条老船先改变了一部分，后来又改变了一部分。它的容积增加了，帆已被取消而换为蒸汽了。船上虽然有了更好的起居的地方，但是许多人皆被驱逐到锅炉舱里。那时的工作虽可靠，报酬也不坏，然而他们反倒喜欢从前帆船上的不可靠的职业。到最后，那条老的木制的横帆船几乎不知不觉地变成一条现代的大洋游轮。但是船长和他的伙伴还是那班老人，他们的选举或任命还是100年前的老方法。他们学到的航海术还是15世纪航海家所用的那一套。他们的房舱里挂的还是路易十四和腓特烈大帝时代所用的航海图和信号旗。总之，他们（一点不是他们自己的过失）完全不能胜任。

国际政治的海面并不很广。这些帝国的和殖民的游轮彼此都要赛过其他的速度的时候，必定会有不测的事情。不测的事情已经发生过了。若是你敢渡过大洋的那一面去，还可以看见那条破船。

这个故事的教训是极简单的。这个世界非常需要可任新领袖的人们——他们对于自己的眼光要有胆量，他们要认清楚我们只是刚出发，还应该学习一种崭新的航海术。

他们还得做许多年的学徒。他们必须从一切可能的反对里挣扎出来。等到他们到了船桥上，全体怀恨在心的船员的暴动也许会把他们置于死地。但是总有一天，会有一个人起来，驾了这条船安然地开进港去，这个人便是万世的英雄。

64. 永远是这样的

"我越研究我们的人生问题，越相信我们必须选择讥讽和怜悯做我们的陪审员同裁判官，像古埃及人为他们的死者呼唤伊西斯与娜夫蒂斯两女神一样。

讥讽与怜悯二者都是很好的顾问；前者的微笑可使生命适意些，后者的眼泪可使生命圣洁些。

我所呼吁的讥讽不是一位残忍的神。她不讥讽爱，也不讥讽美。她是温柔慈祥的。她的笑乐使人不能反抗。是她教给我们看出流氓与呆子的可笑。假使没有她，我们说不定会软弱到要轻视他们，怀恨他们了。"

我引一位法国大人物（阿那托·佛郎士）的这段聪明话来向你们告别。

作者简介

[美]亨德里克·威廉·房龙（1882—1944）：20世纪美国历史学家，影响数代人的人文启蒙作家。他曾获得慕尼黑大学历史学博士学位，但与一般的历史作家不同，他的历史类著作大多幽默诙谐，轻松易懂，字里行间充满了强烈的人文情怀，因此受到世界各国读者的喜爱。他一生著作颇丰，代表作有《人类的故事》（又名《人类简史》）《房龙地理》（又名《地球简史》）《宽容》《圣经的故事》等。

译者简介

沈性仁（1895—1943）：浙江嘉兴人，商务印书馆编辑沈秉钧之女，北大教授、著名社会学家陶孟和之妻。早年翻译有王尔德的作品《遗扇记》，并在《新青年》发表，受到诸多读者喜爱。后又与徐志摩一起翻译《玛丽玛丽》，受到胡适、金岳霖、朱自清等人的赏识。1925年沈性仁用心翻译房龙的《人类简史》（即《人类的故事》），此书一经出版，便在中国掀起了一股经久不衰的"房龙热"。